휘리릭 하루 한 문단 쓰기

초등 4문장 글쓰기

손상민 선생님은요……

신춘문예에서 희곡으로 등단한 뒤 희곡, 뮤지컬, 동화, 에세이 등을 써 왔어요. 열 살, 여섯 살 천방지축 두 아이를 키우는 엄마이기도 합니다. 엄마가 되면서 본격적으로 아이에게 보여 주고 들려주고픈 이야기를 쓰기 시작했어요. 지은 책으로는《아홉 살에 처음 만나는 유관순》,《아홉 살에 처음 만나는 김구》,《휘리릭 초등 4문장 글쓰기 탈무드 편》,《휘리릭 초등 4문장 글쓰기 그리스 신화 편》,《초등 글쓰기 무작정 따라하기》 등이 있고요. 지금은 뮤지컬, 동화, 영상 작가이면서 동시에 아이들과 어른들을 대상으로 한 글쓰기 강사로 바쁜 하루하루를 보내고 있어요. 언젠가는 두 아이가 자라 엄마가 쓴 책으로 글쓰기에 푹 빠지기를 기대하며 오늘도 열심히 글감을 찾는 중이랍니다.

하루 한 문단 쓰기

휘리릭 초등 4문장 글쓰기 속담 편

| **초판 1쇄 발행** 2022년 8월 10일 | **초판 4쇄 발행** 2024년 11월 25일

| **지은이** 손상민 | **발행인** 김태웅 | **기획 · 편집** 황준

| **마케팅 총괄** 김철영 | **제작** 현대순 | **디자인** syoung.k | **일러스트** ㈜어필

| **발행처** (주)동양북스 | **등 록** 제 2014-000055호(2014년 2월 7일) | **주 소** 서울시 마포구 동교로22길 14 (04030)
| **구입 문의** 전화 (02)337-1737 팩스 (02)334-6624 | **내용 문의** 전화 (02)337-1763 이메일 dybooks2@gmail.com

ISBN 979-11-5768-818-0 64700 | **ISBN(세트)** 979-11-5768-628-5 64700

〈일러두기〉
– 이 책은 국립국어원에서 지정하는 한국어 어문 규범의 원칙을 따랐습니다.
– 원고지 쓰기법은 어문 규정과 달리 통상적인 사용법을 따릅니다.
  이 책은 한국독서문화재단의 글나라 연구소(gulnara.com)의 원고지 사용법을 따랐습니다.
– 책 제목은 《 》, 작품의 제목은 〈 〉으로 표기했습니다.
– 수록된 속담은 《표준국어대사전》과 《우리말 절대사전》을 참고했습니다.

휘리릭 하루 한 문단 쓰기

초등 4문장 글쓰기

속담 편

손상민 지음

동양북스

속담의 풍요로운 비유가 여러분의 글쓰기 실력을 쑥쑥 키워 줄 거예요!

쓴 약을 먹어야 할 때 '입에 쓴 약이 몸에는 좋다'라고 독촉하는 말을 들어 본 적 있나요?

아는 체를 하다가 '벼는 익을수록 고개를 숙인다'는 핀잔을 들은 적은요?

무심코 던진 말이 지나치다며 '말이 씨가 된다'는 주의를 들은 적은 없나요?

이 때 쓰인 '입에 쓴 약이 몸에는 좋다', '벼는 익을수록 고개를 숙인다', '말이 씨가 된다'는 무엇일까요? 맞아요. 바로 속담이에요.

속담은 우리의 일상 생활 속에 수시로 등장하며 대화에 생기를 더해 주는 한 마디의 짧은 말이에요. 한 줄밖에 되지 않는 짧은 말이지만 삶의 지혜와 지식을 담뿍 간직한 덕에 수없이 긴 세월을 견디며 지금까지 전해졌지요.

여러분 중에는 속담이 아주 옛날에 만들어진 것이어서 지금의 우리 삶과는 동떨어져 있다고 생각하는 사람도 있을지 모르겠어요. 하지만 속담이 전해 주는 삶의 지혜는 예나 지금이나 크게 변하지 않았어요. 인터넷으로 모든 정보를 찾는 요즘 세상에도 말을 조심해라, 모든 일에 정성을 다해라, 하나라도 꾸준히 해라, 윗사람이 잘해야 아랫사람도 잘한다, … 등 살아가면서 필요한 덕목은 옛날과 다르지 않으니까요.

생활 속에서 속담을 쓰면 대화에 윤기가 돌고, 말맛이 살아나는 걸 느낄 수 있어요. 또 속담이 만들어졌을 때의 모습 그대로 옛 어른들의 문화와 풍습을 담고 있으니, 우리의 문화를 더 잘 알 수도 있지요. 그래서 많은 전문가들은 속담을 두고 한 나라 문화의 '보물'이라고 한답니다. 《휘리릭 초등 4문장 글쓰기 속담 편》은 보물처럼 귀한 속담의 유래를 알 수 있는 이야기를 읽고, 이를 4문장의 글쓰기로 완성하도록 만들어졌어요.

전체 이야기 구성

1장 동물을 비유하는 속담

2장 음식이 등장하는 속담

3장 상황을 묘사하는 속담

4장 역사 속 인물이 등장하는 속담

5장 사자성어와 같은 뜻을 가진 속담

전체 5장으로 구성된 각 장은 자주 등장하는 동물, 음식, 특정 상황, 역사 속 인물, 사자성어와 관련된 속담을 각각 하나로 묶어 구성되었어요. 여러분은 장별로 각각 유래가 다른 속담 이야기를 읽고, 인물관계도를 보면서 다시 한번 본문의 내용을 머릿속으로 정리해 볼 수 있어요. 그런 다음 본문의 내용을 떠올리며 주어진 네 개의 질문에 한 문장씩 답을 적어 보세요.

첫 번째는 이야기의 핵심 문장을, 두 번째는 본문에서 읽은 내용을 확인하는 문장을, 세 번째는 등장인물의 생각이나 느낌을 유추하는 문장을, 마지막 네 번째는 내가 등장인물이라면 어떻게 말할 지 상상하는 문장을 써 보세요. 앞서 쓴 네 개의 문장을 모아서 한 문단으로 다시 쓰면 나만의 멋진 글이 만들어진답니다.

여러분은 보물이 있다면 어떻게 할 건가요? 보물로 가고 싶은 곳을 여행하거나 먹고 싶은 음식을 살 수도 있겠지요. 속담이라는 보물도 마찬가지예요. 쌓아 두기만 하고 쓰지 않으면 아무 소용이 없어요. 게다가 속담은 말 속에서 전해져야 비로소 그 가치를 드러내는데, 여러분이 쓰지 않는다면 언젠가 우리의 소중한 속담이 사라져 버릴지도 몰라요.

《휘리릭 초등 4문장 글쓰기 속담 편》을 통해 속담이 생겨난 배경을 자연스럽게 익히고, 생활 속에서 사용할 수 있도록 노력해 보아요. 나도 모르는 사이 쑥쑥 자라나는 글쓰기 실력은 또 다른 선물이 될 거예요. 그럼 이제 속담의 세계 속으로 여행을 떠나 볼까요?

–2022년 여름 **손상민**

차례

3장 상황을 묘사하는 속담

4장 역사 속 인물이 등장하는 속담

5장 사자성어와 같은 뜻을 가진 속담

이렇게 활용하세요!

≪휘리릭 초등 4문장 글쓰기≫는 우리 친구들이 글쓰기를 어려워하지 않고, 자신의 생각과 느낌을 언제든지 솔직하게 표현할 수 있는 평생 친구로 삼기를 바라는 마음으로 만들었어요. 학년이 올라갈수록 늘어나는 문장형(논·서술형) 시험을 대비하는 건 덤! 이 책으로 자신만의 글쓰기 무기를 만들고, 차곡차곡 쌓은 실력을 마음껏 발휘해 보세요.

1 그림 보고 상상하기

이야기의 내용을 함축하고 있는 그림을 보고 어떤 내용이 펼쳐질지 미리 상상해 보세요. 그림은 이야기를 구체적으로 표현하는 것보다 내용을 상징적으로 나타내고자 했습니다. 이야기의 제목인 속담과 함께 각 그림을 통해 등장인물은 누구이고 어떤 상황이 벌어지고 있는지 생각해 보아요. 그리고 생각했던 이야기가 실제 이야기와 얼마나 일치하는지 확인해 보세요.

2 하루 3쪽 읽기

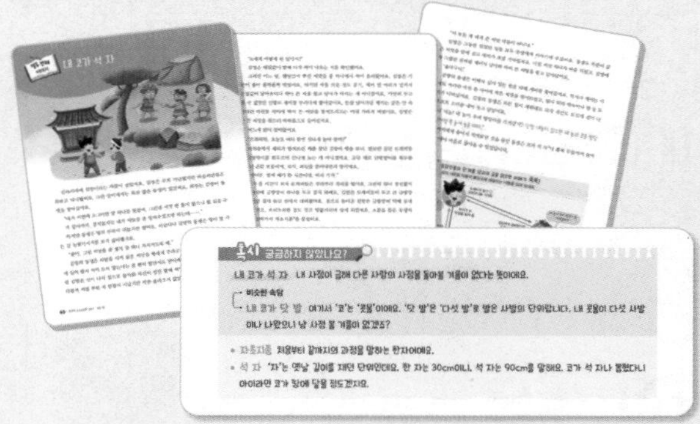

한 편의 이야기는 3쪽 분량으로 이루어져 있어요. 속담 편은 유래를 설명하고 있기 때문에 과거 우리 조상들의 다양한 삶의 모습을 함께 배울 수 있어요. 이야기의 흐름을 따라 속담이 현대 사회에서는 어떻게 활용될 수 있을지 함께 생각해 보세요.

속담이 담고 있는 속뜻이나 어려운 표현은 '혹시 궁금하지 않았나요?'에서 찾아 보세요

3 인물관계도로 줄거리 정리해 보기

이야기를 읽고 나서도 내용이 무엇이었는지 잘 기억나지 않는다고요?

걱정 말아요. 귀여운 인물관계도로 내용을 다시 한번 기억하게 해 주니까요. 참고로 파란색은 친한 사이, 빨간색은 서로 싸우거나 생각이 다른 사이, 회색은 서로 특별한 사건이 벌어지지 않았지만 연결되어 있는 사이를 나타냅니다.

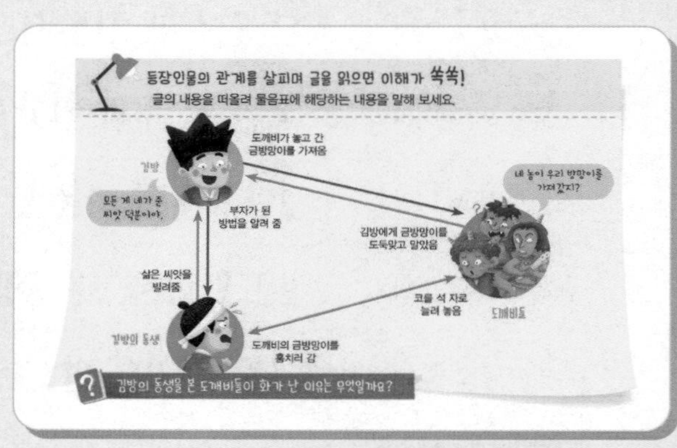

4 중심문장 따라 쓰기

맞춤법이 자꾸 틀려서 고민이라고요? 걱정 마세요. 이야기의 중심문장을 칸에 맞춰 따라 쓰다 보면 맞춤법 실력이 훌쩍 자라 있을 거예요.

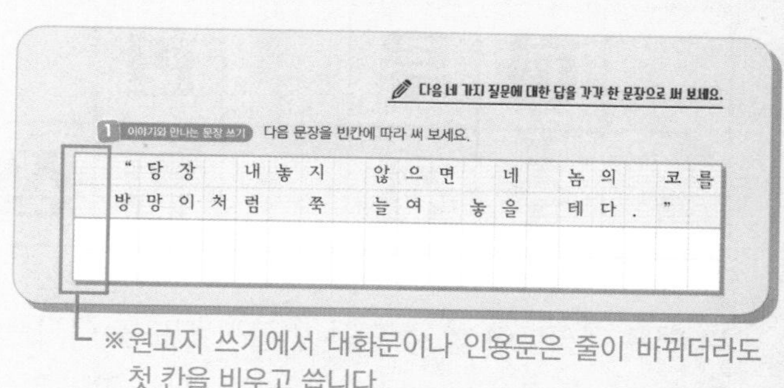

※원고지 쓰기에서 대화문이나 인용문은 줄이 바뀌더라도 첫 칸을 비우고 씁니다.

5 내용과 생각을 묻는 질문에 대답하기

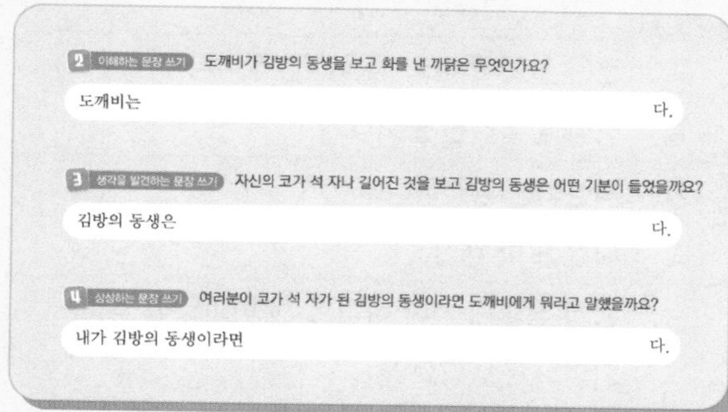

책은 좋은데 독후감은 어떻게 쓸지 모르겠다고요? 그래서 힌트를 줄 수 있는 질문을 준비했어요.
세 가지 질문 유형에 따라 각각 한 문장으로 써 보는 연습을 하다 보면 독후감 쓰기에 익숙해질 수 있어요.
답에 '누가 ~했는지' 약간의 단서를 주었으니 그에 맞춰 자신만의 답을 잘 찾아 보아요.

6 지금까지 쓴 문장을 모아 써 보기

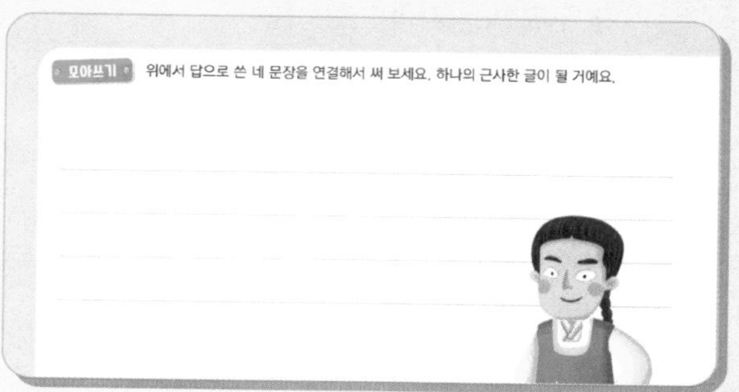

따라 썼던 중심문장부터 질문에 답한 3개의 문장을 쭉 연결해서 한 문단으로 써 보세요. 그리고 그것을 읽어 보세요. 놀랍지 않나요? 내용이 이어지는 멋진 글 한 편이 완성되었어요!
글쓰기는 어려운 것이 아니에요. 중심문장과 연결된 질문에 대한 답만 잘 이어서 쓰면 얼마든지 좋은 글을 완성할 수 있어요.

자, 이제 두려워하지 말고 글쓰기를 시작해 볼까요?

7 가이드북

부모님 혹은 선생님과 함께 가이드북의 예시 답안과 풍부한 배경 설명을 보면서 다양한 이야기를 나눠 보세요. 더 많은 글감을 찾을 수 있을 거예요.

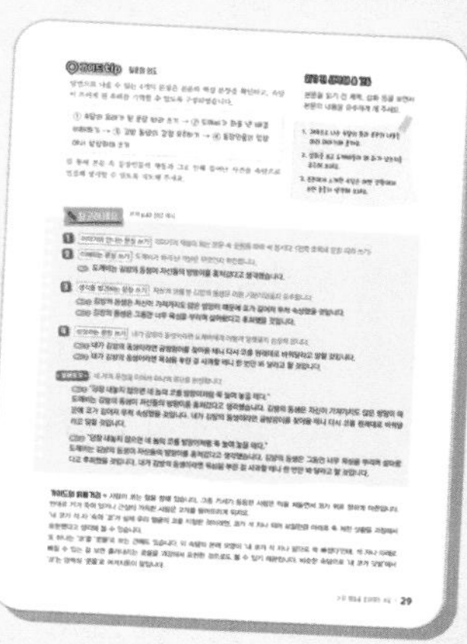

하루 한 문단 쓰기 추천 일정

이 책은 여러분이 할 수 있는 만큼씩 진도를 나가는 것이 가장 좋습니다. 가뜩이나 볼 것도, 할 것도 많은 우리 친구들이 글쓰기를 너무 버겁게 느끼지 않기를 바랍니다. 다만 글쓰기는 조금씩이라도 매일 쓸 때 실력이 쌓입니다. 가능하다면 아래 일정에 맞춰 글을 읽고 써 보기를 추천합니다.

1주 동물을 비유하는 속담

토	가재는 게 편
일	까마귀 고기를 먹었나
월	꿩 대신 닭
화	포수 집 강아지 범 무서운 줄 모르듯
수	호랑이 담배 먹을 적
목	기억하고 있나요?
금	휴식

2주 음식이 등장하는 속담

토	꿩 구워 먹은 자리
일	뒤로 호박씨 깐다
월	미운 놈 떡 하나 더 준다
화	싼 게 비지떡
수	썩어도 준치
목	기억하고 있나요?
금	휴식

3주 상황을 묘사하는 속담

토	같은 값이면 다홍치마
일	내 코가 석 자
월	독장수구구는 독만 깨트린다
화	신선놀음에 도낏자루 썩는 줄 모른다
수	혹 떼러 갔다 혹 붙여 온다
목	기억하고 있나요?
금	휴식

4주 역사 속 인물이 등장하는 속담

토	꿈은 잘못 꾸어도 해몽만 잘하여라
일	이미 엎질러진 물이다
월	지성이면 감천이다
화	티끌 모아 태산
수	황희 정승네 치마 하나로 세 어이딸이 입듯
목	기억하고 있나요?
금	휴식

5주 사자성어와 같은 뜻을 가진 속담

토	닭 쫓던 개 지붕 쳐다본다
일	계란으로 바위 치기
월	고양이 목에 방울 달기
화	보고 못 먹는 것은 그림의 떡
수	사람은 죽으면 이름을 남기고 호랑이는 죽으면 가죽을 남긴다
목	기억하고 있나요?
금	휴식

1장

동물을 비유하는 속담

- 가재는 게 편
- 까마귀 고기를 먹었나
- 꿩 대신 닭
- 포수 집 강아지 범 무서운 줄 모르듯
- 호랑이 담배 먹을 적

첫 번째 이야기

가재는 게 편

“우린 민물●에서만 사니까 절대로 바다에 나가면 안 된다. 알았지?”

냇가에 사는 엄마 가재가 아들 가재에게 말했어요. 아들 가재는 고개를 끄덕였지만 속마음은 전혀 달랐어요.

‘냇가는 이제 지겨워. 재미있는 일이라곤 하나도 없단 말이야.’

아들 가재는 온종일 바다를 생각했어요. 사실 아들 가재가 바다에 가 보고 싶어 하는 건, 몇 달 전 일 때문이었어요. 아빠를 따라 먹이를 찾으러 나간 아들 가재의 눈에 태어나 처음 보는 엄청난 크기의 물고기가 들어왔어요. 두 눈이 휘둥그레질 만큼 크고 멋진 물고기였지요. 무엇보다 그 물고기는 온몸을 튕겨 내며 물길을 거슬러 올라가고 있었어요. 자신 역시 가끔 물살을 거슬러 갈 때도 있었지만 거센 물살이 내려오는 여울●에서 물길을 거슬러 올라간다는 건 상상조차 할 수 없는 일이었지요.

“아빠, 저 물고기 이름은 뭐예요?”

“연어란다. 알을 낳으러 상류로 올라가고 있지.”

그날 이후 가재에게는 꿈이 생겼어요. 바로 바다에 나가 보는 것이었어요.

'나도 언젠가 바다에 나가서 넓은 세상을 구경하고 연어처럼 돌아올 거야.'

아들 가재는 바다에 나갈 날만을 손꼽아 기다렸어요.

억수같이 비가 쏟아지던 어느 날, 아들 가재는 드디어 바다로 갈 때가 되었다고 생각했어요. 엄마, 아빠가 잠든 틈을 타서 바위 바깥으로 나온 가재는 거칠게 쏟아지는 물살에 몸을 맡기고 있는 힘껏 앞으로 앞으로 나아갔지요.

다음날, 아들 가재는 여느 때와는 다른 아침을 맞이했어요. 맞아요! 그곳은 바다였어요. 바다 속은 온갖 희귀한 생물들로 가득했어요. 하늘하늘 흔들리는 해초숲과 살금살금 자리를 옮기는 조개들, 크고 작은 물고기들이 바쁘게 오가고 있었어요.

가재가 정신없이 주변을 둘러보는 사이, 얼마 떨어지지 않은 곳에 자신과 비슷하게 생겼지만 특이한 가재 한 마리를 보았어요. 이상한 생김새를 가진 가재는 한 물고기와 말다툼을 하고 있었어요.

"저기…… 무슨 일 있나요?"

아들 가재가 용기를 내어 다가가 물었어요.

"어, 너 마침 잘 왔다. 내 얘기 좀 들어 봐. 여기 바위 아래가 우리 집이거든. 그런데 잠깐 나갔다 왔더니 이 게가 우리 집을 엉망진창으로 만들어 놓은 거야."

"나 아니야. 증거 있어?"

"온통 네 발자국이 이렇게나 잔뜩 있는데 정말 이렇게 발뺌할거야?"

아들 가재가 본 이상하게 생긴 가재는 사실 게였어요.

혹시 궁금하지 않았나요?

가재는 게 편 가재와 게처럼 서로 모양이나 형편이 비슷한 사이끼리 감싸 주는 걸 의미해요.

비슷한 속담

솔개는 매 편 마찬가지로 비슷한 사이끼리 한 편이 되어 돕는 걸 말해요.

- **민물** 민물은 바닷물과 달리 소금기가 거의 없는 육지의 물을 말해요. 냇가나 강, 호수, 지하수처럼 염분이 없는 물에 사는 물고기를 민물고기라고 하지요. 우리나라에서 발견되는 가재는 대부분 민물 가재예요.
- **여울** 계곡은 아니지만 하천에서 경사가 있는 곳으로 물의 흐름이 빠른 부분을 말해요. 여울에는 굵은 조약돌이 있어서 물 흐르는 소리를 들을 수 있어요.

가재처럼 딱딱한 등딱지와 집게발이 달리긴 했지만 게는 몸이 납작하고 옆으로 기어 다니는 특징이 있었어요.

"옆으로 걸어 다닌 발자국은 안 보이는데요."

아들 가재는 게가 옆걸음으로 들락날락하느라 두 줄로 난 발자국을 못 본 척하며 말했어요.

"으휴, 가재는 게 편이라더니."

물고기는 기가 차다는 듯 지느러미를 휘휘 젓더니 자리를 떠났어요.

"장난 좀 친 걸 가지고 시끄럽게 굴긴."

물고기가 사라지자 게는 별꼴을 다 보겠다는 듯 집게를 흔들며 말했어요.

"저, 제가 바다가 처음이라 그런데 좀 도와주실 수 있을까요?"

이때다 싶어 가재는 용기를 내어 게에게 말을 걸었어요.

"바다가 처음이라고? 당연히 도와줘야지. 그런데 이를 어쩌나. 지금은 내가 좀 바빠서……."

게는 고맙다는 인사도 없이 쌩하니 가 버렸어요. 게의 도움을 기대했던 아들 가재는 그때서야 생김새만 보고 게 편을 든 걸 후회했답니다.

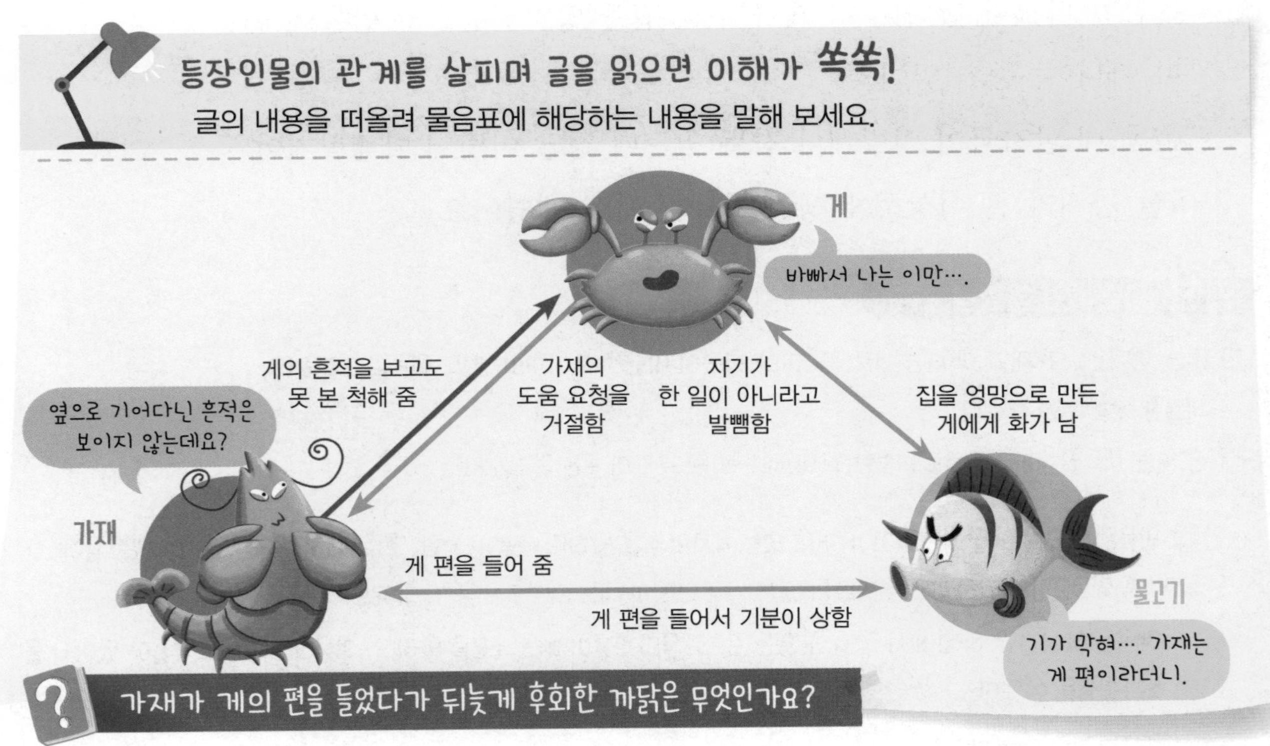

다음 네 가지 질문에 대한 답을 각각 한 문장으로 써 보세요.

1 이야기와 만나는 문장 쓰기 다음 문장을 빈칸에 따라 써 보세요.

	“	으	휴	,	가	재	는		게		편	이	라	더	니	.	”		

2 이해하는 문장 쓰기 물고기는 게의 발자국이 보이는데도 게의 편을 드는 가재를 보고 어떻게 했나요?

물고기는 다.

3 생각을 발견하는 문장 쓰기 가재는 어떤 생각으로 게의 편을 들었을까요?

가재는 다.

4 상상하는 문장 쓰기 여러분이 가재라면 물고기의 집을 엉망으로 만든 게에게 뭐라고 했을까요?

내가 가재라면 다.

모아쓰기 위에서 답으로 쓴 네 문장을 연결해서 써 보세요. 하나의 근사한 글이 될 거예요.

두 번째 이야기 까마귀 고기를 먹었나

오랜 옛날 까마귀는 이승과 저승을 오가는 유일한 새였어요. 어느 날 까마귀는 염라대왕●이 자신을 찾는다는 소리에, 막 먹으려던 아침밥을 제쳐 두고 황급히 염라대왕 앞으로 날아갔어요.

"염라대왕님, 저를 찾으셨습니까?"

"응. 그래 잘 왔다. 내 너에게 아주 중요한 심부름 한 가지를 시키려고 하느니라. 이 편지를 인간 세상에 있는 강림도령에게 지금 즉시 가져다 주도록 하여라."

염라대왕은 까마귀에게 한시도 지체하지 말고 당장 인간 세상으로 떠나라는 명령을 내렸지요.

'아직 아침밥도 못 먹었는데…….'

까마귀는 먼 길을 떠나기 전에 식사를 마저 하고 싶었지만, 염라대왕이 워낙 다급하게 명령을 내린 터라 찍소리도 하지 못하고 곧바로 인간 세상으로 향했어요.

하지만 퍼득퍼득 날갯짓을 하며 강림도령에게 날아가던 까마귀가 일순간 속도를 늦추었어요. 바로 바람결에 실려 온 군침 도는 고기 냄새 때문이었어요.

'잠깐, 이게 어디서 나는 냄새지?'

까마귀는 편지를 입에 문 채로 주변을 둘러보았어요. 아니나 다를까 바로 근처 수풀에 말 한 마리가 쓰러져 있는 것이 보였어요. 죽은 말 위로는 솔개• 한 마리가 열심히 밥을 먹고 있는 게 아니겠어요.

까마귀는 침을 꼴깍 삼키며 솔개 근처로 다가갔어요.

"아유. 맛있어. 오늘따라 말고기가 왜 이렇게 맛있니?"

솔개의 말에 귀가 솔깃해진 까마귀는 근처 나뭇가지에 앉아 말고기를 먹고 있는 솔개를 쳐다보았어요.

"까마귀야! 너도 와서 먹어. 조금 있으면 다른 애들이 우르르 몰려와서 너 먹을 건 하나도 남아 있지 않을걸."

까마귀는 솔개의 말에 결심한 듯 재빠르게 나뭇가지에서 내려와 말고기를 먹었어요. 시장했던 탓에 고기맛은 꿀맛이었지요. 까마귀는 배가 터지게 고기를 먹은 다음 '아차' 싶었어요.

'맞아, 염라대왕이 주신 편지!'

까마귀는 주위를 둘러보았지만 염라대왕의 편지는 이미 사라지고 없었어요. 이를 어쩌나요. 염라대왕이 아시면 노발대발 크게 혼이 날 일이 벌어지고 말았어요.

"야이 솔개야! 너 때문에 편지를 잃어버렸잖아."

애꿎은 솔개에게 화도 내 보았지만 이미 벌어진 일을 주워 담을 수는 없었어요. 하는 수 없이 까마귀는 편지 없이 강림도령을 찾아갔어요.

혹시 궁금하지 않았나요?

까마귀 고기를 먹었나 무언가를 까맣게 잘 잊어버리는 사람에게 핀잔을 줄 때 쓰는 말이에요. (교과 연계)

비슷한 속담

업은 아이 삼 년 찾는다 바로 앞에 두고도 잊어버리고 엉뚱한 데서 찾아 헤매는 경우를 이르는 말이에요.

- **염라대왕** 죽은 사람의 영혼을 다스리고 살아 있는 동안의 행동을 심판해서 상이나 벌을 주는 지옥의 왕이에요.
- **솔개** 구부러진 부리를 가진 솔개는 독수리와 비슷하게 생긴 철새예요. 예전에는 흔히 볼 수 있었지만 요사이는 겨울에만 가끔 볼 수 있어요. 죽은 동물과 쥐, 개구리, 뱀 등을 먹이로 한답니다.

"까마귀야. 염라대왕이 주신 편지는 어디 있니?"

강림도령은 까마귀를 보자마자 염라대왕이 준 편지부터 찾았어요.

"그게…… 염라대왕님께서 말씀하시길, 아이 보낼 때 어른 보내시고, 부모 보낼 때 자식 보내시고, 조상 갈 때 자식 보내시고…… 아무튼 그렇게 되는대로 보내시면 된답니다."

까마귀는 그 말만 남긴 채 후다닥 날아가 버렸어요. 강림도령은 의아했지만 까마귀가 전한 말이 염라대왕의 뜻이라니 곧이곧대로 하는 수밖에는 없다고 생각했어요.

강림도령은 사실 염라대왕의 명령을 받아 이승에서 저승으로 사람을 보내는 저승사자였어요. 염라대왕의 편지에는 여자는 일흔, 남자는 여든이 되면 저승으로 보내라고 쓰여 있었는데요. 까마귀가 말을 잘못 전하는 바람에 강림도령은 눈에 보이는 대로 사람들을 저승에 보내 버렸어요.

그날 이후 사람은 나이와 상관없이 저승에 가게 되었어요. 이 모든 일이 까마귀가 고기를 먹는 바람에 편지를 깜빡해 버린 탓이잖아요. 그래서 깜빡깜빡 잘 잊어버리는 사람에게 '까마귀 고기를 먹었나?'하고 묻게 됐다고 해요. 까마귀는 어떻게 됐냐고요? 염라대왕께 혼날까 무서워 영영 인간 세상에서 살았대요.

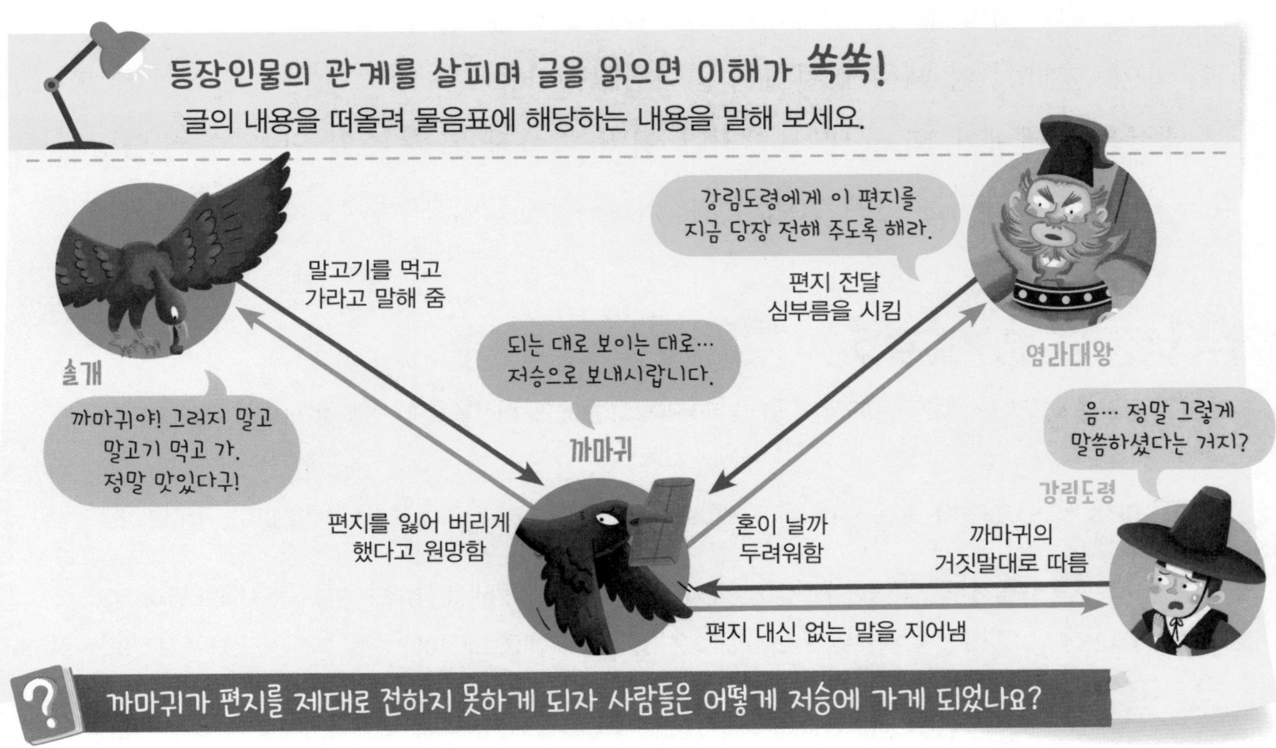

다음 네 가지 질문에 대한 답을 각각 한 문장으로 써 보세요.

1 이야기와 만나는 문장 쓰기 다음 문장을 빈칸에 따라 써 보세요.

	'	맞	아	,	염	라	대	왕	이		주	신		편	지	!	'		

2 이해하는 문장 쓰기 까마귀는 말고기를 다 먹고 나서 뒤늦게 무엇을 기억해냈나요?

까마귀는 ______________________________ 다.

3 생각을 발견하는 문장 쓰기 까마귀의 말만 듣고 눈에 보이는 대로 사람을 저승에 보낸 강림도령은 어떤 생각을 했을까요?

강림도령은 ______________________________ 다.

4 상상하는 문장 쓰기 여러분이 까마귀라면 편지에 대해 묻는 강림도령에게 어떻게 말했을까요?

내가 까마귀라면 ______________________________ 다.

모아쓰기 위에서 답으로 쓴 네 문장을 연결해서 써 보세요. 하나의 근사한 글이 될 거예요.

세 번째 이야기

꿩 대신 닭

어느 마을에 김 선비라는 사람이 살았어요. 김 선비는 쓰러져 가는 초가집에 살면서도 가문에 대한 자긍심 하나는 무척 높았어요. 얼마나 콧대가 높았던지 지나가는 사람이 허리 숙여 인사를 하면 할아버지의 할아버지의 할아버지 이야기까지 들려주기를 좋아했지요. 예를 들면 이런 식이었어요.

"어, 자네 오 서방 아닌가? 반갑네. 내가 전에 우리 할아버지의 할아버지의 할아버지께서 정이품●에 오르신 이야기를 해 주었던가?"

사정이 이러하니 마을 사람들은 김 선비를 만나면 일단 피하고 보는 일이 많았어요. 한번 붙잡히면 몇 시간은 족히 이야기를 들어야 했으니 말이에요. 물론 마을 사람들이 그러거나 말거나 김 선비는 계속해서 자신이 뼈대 있는 가문의 자손이라는 사실에 대해 말하기를 즐겼어요.

하루는 그런 김 선비에게 배 서방이 찾아왔어요. 배 서방은 장터에서 장사를 하며 큰돈을 버는 사내였는데요. 자신에 비해 가난하고 보잘 것 없이 사는 김 선비의 콧대를 눌러 주고 싶어 언제나 안달이 나 있었어요.

"선비님, 오랜만에 인사드립니다."

"배 서방 왔는가?"

김 선비는 배 서방을 만난 김에 이번에도 할아버지의 할아버지의 할아버지 이야기를 풀어놓고 싶어 입이 근질근질했어요.

"일단 자리에 좀 앉게나. 여전히 장터에서 비단 장사를 하는 모양이지? 내 할아버지의 할아버지의 할아버지이신 정이품 김, 종자 휘자, 김종휘 할아버지께서 말씀하시길, 속되고● 속된 장사치라하더라도……."

"참, 김 선비님!"

김 선비의 일장 연설이 시작되려는 찰나, 배 서방이 김 선비의 말을 자르며 이야기했어요.

"내일 저와 함께, 돌아오는 설에 쓸 꿩을 잡으러 가시겠습니까?"

"뭐? 꿩을?"

생각지도 않은 배 서방의 말에 김 선비는 잠시 당황하고 말았어요. 옛날에는 설날에 떡국을 끓일 때 꿩고기를 넣었는데요. 꿩고기가 맛이 좋기도 했지만 기운이 좋은 동물이라고 여겨서 새해에 꿩을 잡아먹으면 복 많은 한 해를 보낼 수 있다고 믿었거든요. 하지만 꿩고기가 들어간 떡국을 아무 집에서나 먹을 수는 없었어요. 꿩 사냥을 나갈 수 있을 정도의 여유가 있어야 가능한 일이었지요. 배 서방은 김 선비를 무시하려고 일부러 꿩을 잡으러 가자고 한 것이 분명했어요.

주저하는 김 선비에게 배 서방이 짐짓 점잖은 척하며 말했어요.

혹시 궁금하지 않았나요?

꿩 대신 닭 귀하고 맛있는 꿩 대신 흔하고 맛이 덜한 닭을 쓴다는 의미로 막상 쓰려는 것이 없으면 아쉬운 대로 그와 비슷한 것을 대신 쓴다는 뜻이에요.

비슷한 속담

봉 아니면 꿩 봉은 전설 속 상상의 새예요. 흔히 봉황으로 알려진 이 새는 수컷을 봉, 암컷을 황이라고 한답니다. 고귀하고 빼어난 이 새에 비하면 꿩도 한참 아래인 셈이지요.

- **정이품** 조선 시대의 18품계 관직 중 세 번째에 해당할 만큼 높은 관직이에요.
- **속되다** 속되다는 말은 고상하지 않고 천하다는 의미예요. 김 선비는 관직에 오르는 일은 높게 생각한 반면, 장사를 하는 등 돈과 관련된 일은 천하다고 여겨서 이런 말을 했답니다.

"준비는 걱정 마십시오. 활과 화살, 꿩을 물어올 매까지 모두 제가 마련해 오겠습니다."

"그럼……, 그럴까?"

김 선비의 말이 끝나기가 무섭게 배 서방은 자리를 털고 일어났어요. 말을 시작하면 언제 끝날지 모르는 김 선비의 집안 자랑을 또다시 지겹도록 들어야 할지도 몰랐으니까요.

다음날 아침, 약속대로 배 서방은 모든 준비를 갖추고 김 선비를 찾았어요. 그리고 두 사람은 함께 꿩 사냥에 나섰답니다. 예상대로 배 서방은 꿩을 잡았지만 사냥에는 영 재주가 없던 김 선비는 빈손으로 돌아올 수밖에 없었어요. 배 서방은 의기양양하게 말했어요.

"꿩 대신 닭을 잡으면 되죠. 하하하."

김 선비는 기분이 상했지만 아내에게 설날 아침에 닭을 잡아 떡국을 끓이라고 시켰어요. 닭고기로 요리한 떡국을 한입 맛본 김 선비는 배 서방이 하나 부러울 게 없다는 듯 중얼거렸어요.

"꿩 대신 닭이어도 맛만 있구만!"

다음 네 가지 질문에 대한 답을 각각 한 문장으로 써 보세요.

1 이야기와 만나는 문장 쓰기 다음 문장을 빈칸에 따라 써 보세요.

	"	꿩		대	신		닭	이	어	도		맛	만		있	구	만	!	"

2 이해하는 문장 쓰기 김 선비는 떡국을 먹으면서 어떤 생각을 했을까요?

김 선비는 다.

3 생각을 발견하는 문장 쓰기 배 서방은 왜 김 선비에게 꿩 사냥을 나가자고 했을까요?

배 서방은 다.

4 상상하는 문장 쓰기 여러분이 김 선비라면 사냥에 실패한 것을 비꼬는 배 서방에게 어떤 말을 해 주고 싶나요?

내가 김 선비라면 다.

모아쓰기 위에서 답으로 쓴 네 문장을 연결해서 써 보세요. 하나의 근사한 글이 될 거예요.

네 번째 이야기

포수 집 강아지 범 무서운 줄 모르듯

지금은 찾아볼 수 없지만 옛날에는 우리나라에도 호랑이가 많이 살았어요. 울창한 숲에는 어김없이 사슴과 멧돼지가 살았고, 호랑이는 바로 이 사슴과 멧돼지를 잡아먹고 살았지요. 그때는 마을 사람 대부분이 농사꾼 아니면 나무꾼이었어요. 그러니 산에 가야 할 일이 얼마나 많았겠어요. 나무꾼은 당연하고 농사꾼도 산에서 농사를 짓다가 호랑이와 마주칠 수 있었으니까요.

산에 갈 때마다 두려움에 떨던 마을 사람들은 고민 끝에 호랑이를 잡아 줄 포수● 를 마을에 데려오기로 했어요. 포수가 마을에 살기 시작하면서 마을 사람들의 마음은 한결 편안해졌어요. 포수 역시 자신의 용맹●을 자랑이나 하듯 집 안팎에 동물의 머리와 뼈, 가죽 등을 늘어놓았어요. 그 모습이 어찌나 무시무시했던지 마을 사람들이 포수의 집 근처를 지날 때면 발끝을 세우고 살금살금 지나갈 정도였지요.

포수에게는 사냥을 나갈 때 늘 데리고 다니는 사나운 개 한 마리가 있었는데요.

어느 날 이 개가 새끼를 낳았는데 그 중 한 마리가 특히 무서움을 몰랐어요. 포수가 멧돼지, 늑대를 잡아오는 날에는 신이 나서 그 위를 겅중겅중 뛰어다니며 노는 걸 즐겨했고요. 포수가 잡아서 머리와 가죽만 남긴 호랑이 위에서는 매일 몸을 부비며 놀다시피 했답니다.

"아, 심심하다. 애들이랑 산에나 놀러가자고 할까?"

집에서 뒹굴뒹굴하던 강아지는 동네 강아지들을 불러 산에서 놀자고 말했어요.

"그러다 호랑이라도 만나면 어떡해?"

강아지들은 저마다 고개를 저으며 뒷걸음질을 쳤는데요. 강아지는 그까짓 호랑이는 앞발 한 방이면 끝난다며 자기만 따르라고 큰소리를 떵떵 쳤어요.

"겁이 나면 지금이라도 돌아가!"

포수 집 강아지 말에 동네 강아지들은 전부 집으로 돌아갔어요. 귀가 어두운 앞집 점박이 강아지 한 마리만 빼고요.

"잘 봐. 내가 호랑이를 어떻게 물리치는지 똑똑히 보고 얘기해 줘야 해. 알았지?"

포수 집 강아지는 이렇게 말하고는 앞장서서 산으로 들어갔어요. 그런데 마침 이제 막 사슴 사냥을 끝내고 이를 쑤시던 호랑이하고 떡 하니 마주치게 되었지 뭐예요.

"야, 호랑아 나는 포수 집 강아지님이시다!"

강아지는 호랑이를 보고 놀라지도 않고 큰소리로 불렀어요. 마치 자신이 포수라도 되는 것처럼 말이에요. 딴에는 호랑이 가죽 위에서 매일 뛰어놀았으니 무시할 만도 했지요. 놀란 점박이 강아지는 얼른 커다란 바위 뒤로 숨어 버렸어요.

혹시 궁금하지 않았나요?

포수 집 강아지 범 무서운 줄 모르듯 보잘 것 없는 사람이 자신을 힘 있는 자리에 있다고 착각하면서 무서운 줄 모르고 건방지게 구는 걸 비꼬아 하는 말이에요.

- 비슷한 속담 (교과 연계)
- **하룻강아지 범 무서운 줄 모른다** 태어난 지 얼마 되지 않아 멋모르는 강아지가 호랑이 무서운 줄 모른다는 의미예요.

- **포수** 총으로 짐승을 잡는 사람을 말해요. 옛날에는 마을마다 포수가 있어서 마을로 들어오는 산짐승이나 호랑이를 잡았다고 해요.
- **용맹** 용맹은 용감하고 사납다는 뜻이에요. '용맹무쌍하다'는 말은 견줄 데 없이 매우 용감하고 사납다는 뜻이에요.

'어디서 무슨 소리가 났나?'

호랑이는 고개를 갸우뚱하다가 앞에 있는 작은 강아지 한 마리를 보고는 피식 웃고 말았어요.

"쬐끄만 놈이 겁도 없이. 좋은 말로 할 때 저리 가라."

배가 부른 호랑이는 스르르 잠이 왔어요. 느긋하게 낮잠을 자려는데, 글쎄 포수 집 강아지가 귀찮게 자꾸 캉캉 짖는 게 아니겠어요. 참지 못한 호랑이가 앞발로 강아지를 슥 밀어뜨리자 강아지가 더 세게 짖으면서 호랑이의 앞발을 콱 깨물었어요.

"앗, 요놈이 진짜."

강아지가 문 곳은 따끔한 정도였지만 호랑이는 낮잠을 자지 못해 기분이 팍 상해 버렸어요.

"요놈! 널 후식으로 먹어야겠다."

호랑이는 포수 집 강아지를 한입에 꿀꺽 삼켜 버렸고, 놀란 점박이 강아지는 마을로 돌아가 이 일을 알렸어요. 그 후로 사람들은 자기 분수도 모르고 달려드는 걸 비꼬아 '포수 집 강아지 범 무서운 줄 모른다'라고 했답니다.

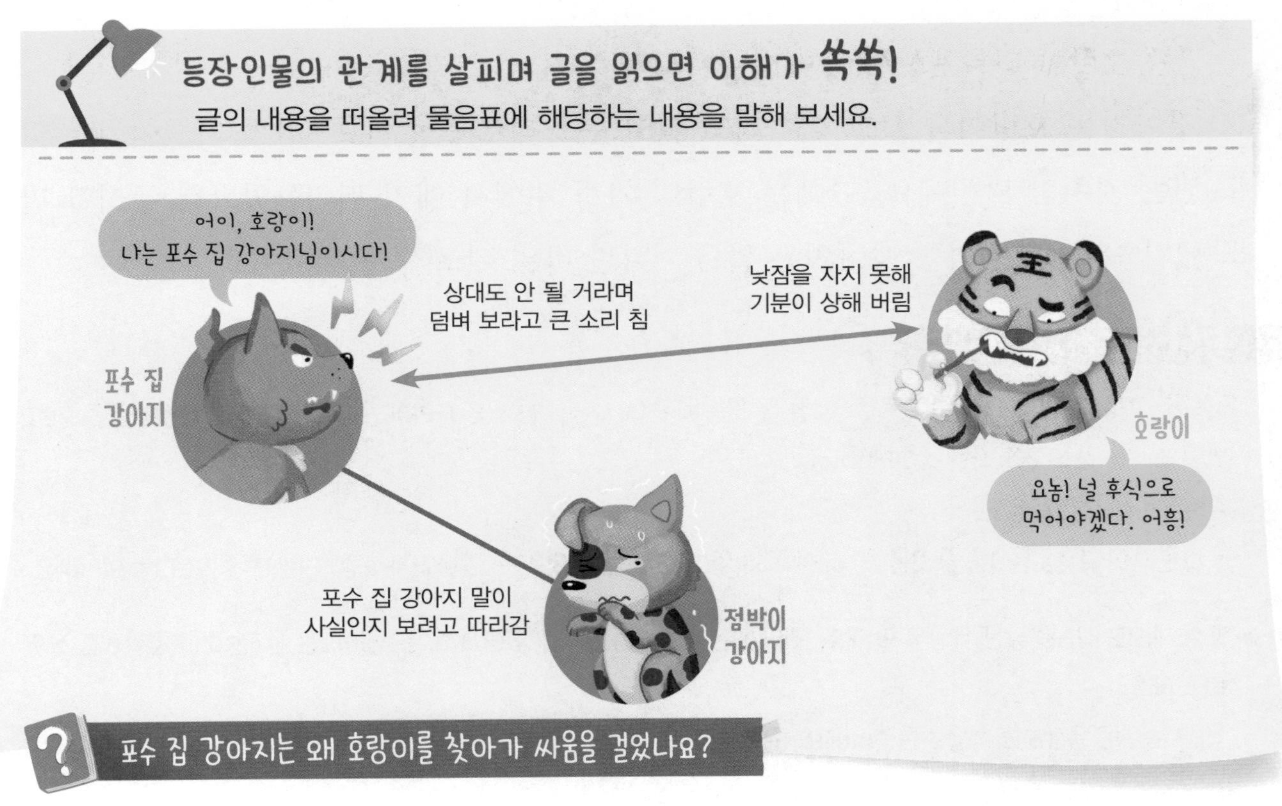

? 포수 집 강아지는 왜 호랑이를 찾아가 싸움을 걸었나요?

다음 네 가지 질문에 대한 답을 각각 한 문장으로 써 보세요.

1 이야기와 만나는 문장 쓰기 다음 문장을 빈칸에 따라 써 보세요.

“	야	,	호	랑	아		나	는		포	수		집		강	아	지	님
이	시	다	!	”														

2 이해하는 문장 쓰기 포수 집 강아지는 어떤 생각으로 호랑이에게 큰소리를 떵떵 쳤나요?

포수 집 강아지는 다.

3 생각을 발견하는 문장 쓰기 호랑이는 포수 집 강아지를 왜 잡아먹었나요?

호랑이는 다.

4 상상하는 문장 쓰기 여러분이 점박이 강아지라면 호랑이를 겁내지 않는 포수 집 강아지에게 뭐라고 말했을까요?

내가 점박이 강아지라면 다.

모아쓰기 위에서 답으로 쓴 네 문장을 연결해서 써 보세요. 하나의 근사한 글이 될 거예요.

다섯 번째 이야기

호랑이 담배 먹을 적

옛날 옛날 어느 마을에 이 선비와 박 선비가 살았어요. 두 사람은 어렸을 때부터 무척 친해서 서로에 대해 모르는 게 없었어요. 하루는 이 선비가 박 선비에게 함께 과거 시험을 보러 가자고 말했어요. 박 선비 역시 흔쾌히 그러자고 대답했지요. 그렇게 두 사람은 매일 열심히 공부했고, 같이 시험을 보았어요. 하지만 이 선비는 과거 시험에 합격하고 박 선비는 떨어지고 말았어요.

이 선비는 나라의 부름을 받아 마을을 떠났지만, 시험에 떨어지고 친구마저 떠나보낸 박 선비는 얼마나 실망했겠어요. 그런데 박 선비에게 닥친 불행은 그게 다가 아니었어요. 갑자기 박 선비의 어머니가 시름시름 앓더니 그대로 자리에 누워 버리는 게 아니겠어요. 용하다는 의원도 모셔왔지만, 고개를 절레절레 저을 뿐 별다른 방도를 알려 주지 않았어요. 게다가 집은 어찌나 가난한지 몸에 좋다는 음식을 사드릴 수도 없는 처지였어요. 박 선비는 한숨만 푹푹 내쉬었고 박 선비의 아내는 그런 남편의 눈치만 보았어요.

그러던 어느 날이었어요. 못 보던 스님 한 분이 박 선비를 찾아왔어요. 스님은 박 선비를 보더니 혀를 끌끌 차며 말했어요.

"어머니 병환●으로 걱정이 아주 많으시군요."

"그걸 어떻게……?"

놀란 박 선비에게 다가온 스님은 누가 들을까 조용히 말을 이었어요.

"방법이 있긴 한데 절대 실수 없이 해야만 합니다."

박 선비는 어떤 방법이라도 알려 주기만 하면 다 해낼 수 있다고 자신했어요. 하지만 스님의 말을 듣고는 얼굴이 새파랗게 질리고 말았답니다. 스님이 말한 방법은 100일 동안 매일 개를 한 마리씩 잡아다 고아드려야 한다는 것이었거든요.

"내가 부적 두 개를 줄 테니 이걸로 개를 잡아 고아드리시오. 하나는 호랑이로 변하는 부적, 하나는 다시 인간으로 돌아오는 부적이오."

박 선비가 부적을 받아 든 순간 스님은 눈 깜짝할 사이 사라졌어요. 박 선비는 그길로 산에 가서 부적을 붙여 보았어요. 역시 스님 말대로 부적을 붙이자 순식간에 호랑이로 변했어요. 그날부터 박 선비는 하루도 빠짐없이 호랑이로 변한 다음 개를 잡아서 어머니께 고아드렸어요.

'드디어 아흔아홉 마리째야.'

99일이 지나고 마지막 한 마리를 남겨 둔 날, 들떠 있던 박 선비가 사람으로 변하는 부적을 깜빡하고 집에 두고 오지 않았겠어요? 박 선비는 호랑이인 채로 부리나케 집으로 가서 부적을 찾으려는데, 마침 박 선비를 수상하게 생각하던 아내가 불길하다며 부적을 아궁이 불에 태우고 있지 뭐예요. 박 선비는 자신이 호랑이라는 사실도 잊은 채 아내에게 달려들어 부적을 찾으려 했는데요. 아내는 호랑이로 변한 박 선비에

혹시 궁금하지 않았나요?

호랑이 담배 먹을 적 지금 현재와는 형편이 달랐던 아주 까마득하게 먼 옛날을 이르는 말이에요.

- 비슷한 속담
- **범이 담배를 피우고 곰이 막걸리를 거르던 때** 호랑이가 담배를 피우고 곰이 막걸리를 거를 정도로 어마어마하게 먼 옛날을 의미해요.

- **방도** 어떤 일을 할 때나 문제를 풀어야 하는 상황에서 그것을 해결하기 위한 방법과 도리를 말해요.
- **병환** 병환은 병을 높여 부르는 말이에요. 한자인 환(患)에는 병, 근심이라는 뜻이 담겨 있답니다.

게 심하게 밀쳐져 그 자리에서 죽고 말았어요. 거기다 부쩍 건강해진 어머니가 산책을 다녀오다가 그 모습을 보고 놀라 쓰러지시고는 이내 돌아가셨답니다. 영영 호랑이로 변해 버린 박 선비는 가슴이 찢어질 듯 아팠지만 산으로 돌아갈 수밖에 없었어요.

세월이 흐르고 흘러 인간으로 산 기억조차 희미해진 어느 날, 박 선비는 이 고장 사또가 되어 돌아온 이 선비와 우연히 마주치게 되었어요.

"자네 이 선비 아닌가?"

이 선비를 알아본 박 선비는 눈물을 흘리며 반가워했고, 이 선비 역시 박 선비를 알아보고는 자리를 옮긴 뒤 사람을 시켜 술상을 차려오게 했지요.

"박 선비, 어쩌다 이리 된 건가?"

이 선비의 질문을 받은 박 선비는 어머니의 병환, 스님의 부적, 아내의 죽음에 대해 모두 말해야겠다고 생각했어요.

"사연이 너무 긴데, 우선 담배 한 대만 가져다 주겠나?"

이 선비는 박 선비에게 곰방대 하나를 가져다 주었고, 박 선비는 담배를 피우며 그동안 있었던 일을 밤새 이야기했답니다. 자, 이제 '옛날 옛적, 호랑이가 담배 먹을 적에'라는 말이 왜 생겼는지 알겠죠?

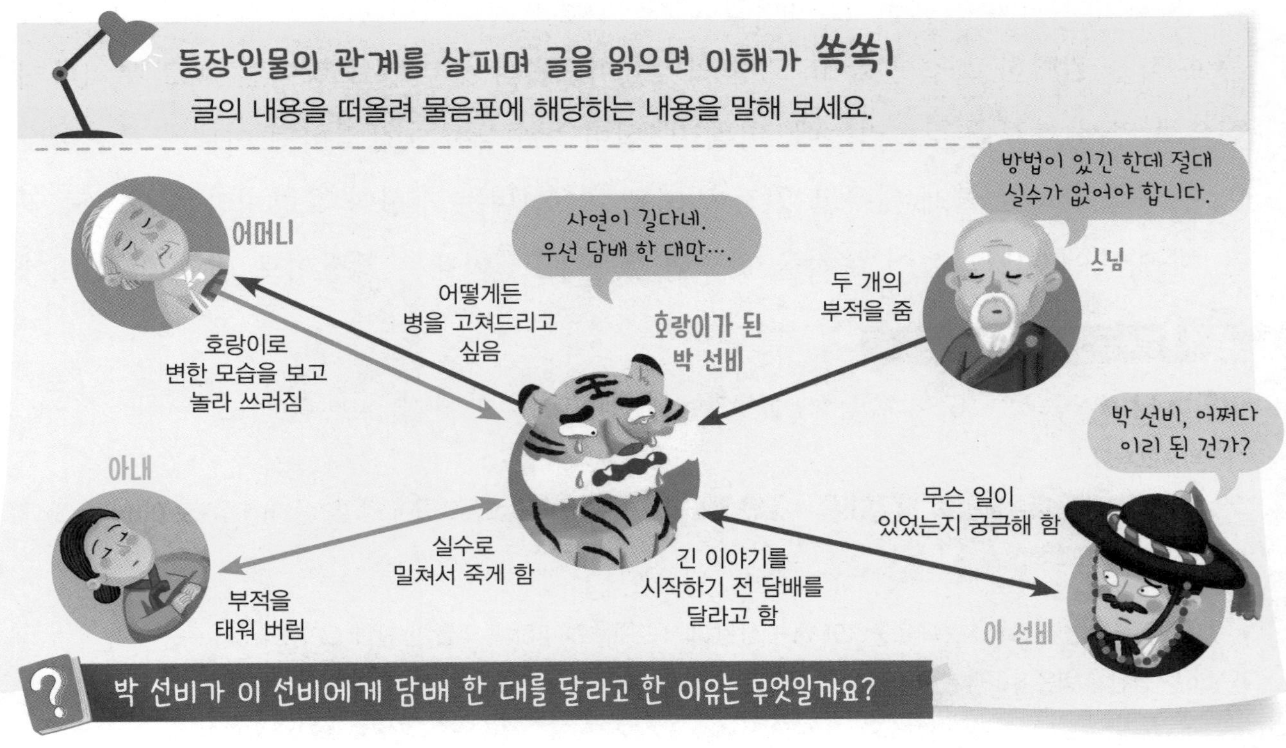

다음 네 가지 질문에 대한 답을 각각 한 문장으로 써 보세요.

1 이야기와 만나는 문장 쓰기 다음 문장을 빈칸에 따라 써 보세요.

"사연이 너무 긴데, 우선 담배 한 대만 가져다 주겠나?"

2 이해하는 문장 쓰기 호랑이로 변한 박 선비는 친구인 이 선비에게 담배를 달라고 하기 전에 무슨 생각을 했나요?

호랑이로 변한 박 선비는 ______________________________ 다.

3 생각을 발견하는 문장 쓰기 박 선비의 이야기를 모두 들은 이 선비는 어떤 마음이 들었을까요?

이 선비는 ______________________________ 다.

4 상상하는 문장 쓰기 여러분이 이 선비라면 호랑이가 되어 다시 만난 박 선비에게 어떤 말을 해 주었을까요?

내가 이 선비라면 ______________________________ 다.

모아쓰기 위에서 답으로 쓴 네 문장을 연결해서 써 보세요. 하나의 근사한 글이 될 거예요.

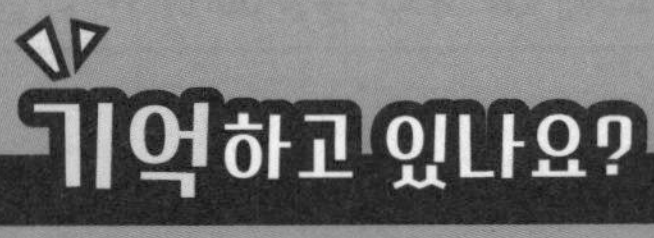

어떤 동물일까요?

다음 속담에서 빈칸에 들어가야 할 동물은 무엇인지
빈칸을 채우고 해당되는 동물의 그림을 모두 선으로 연결해 보세요.

호랑이 | 고양이 | 까마귀 | 꿩 | 소 | 닭 | 강아지 | 범 | 게

( ) 대신 ( )

가재는 ( )편

( ) 고기를 먹었나

( ) 담배 먹을 적

포수 집 ( )
( ) 무서운 줄 모르듯

▶ 가이드북 56쪽에 정답

2장

음식이 등장하는 속담

· 꿩 구워 먹은 자리

· 뒤로 호박씨 깐다

· 미운 놈 떡 하나 더 준다

· 싼 게 비지떡

· 썩어도 준치

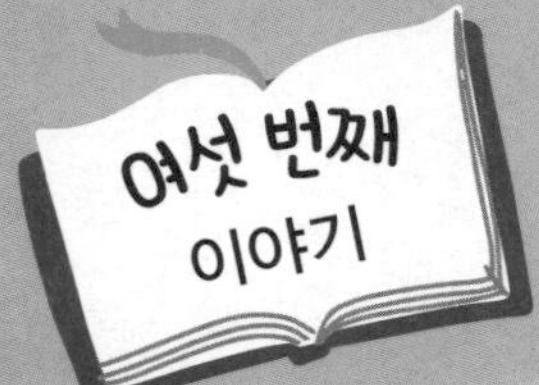

꿩 구워 먹은 자리

옛날 어느 산골에 식탐●이 아주 많은 천 씨라는 사내가 살았어요. 천 씨는 연세가 많으신 어머니를 모시고 아내와 살고 있었는데요. 천 씨가 얼마나 식탐이 많았는지 어머니와 아내 몰래 먹을 것을 숨겨 두었다가 꺼내 먹는 일이 다반사●였답니다. 마을과 동떨어진 산골은 늘 먹을 것이 부족한데다 겨울이 되면 끼니를 거르기가 일쑤여서 아내는 천 씨의 그런 행동이 서운할 때가 적지 않았어요.

"여보, 오늘은 산에 가서 나무를 좀 해 오세요. 이러다 눈이라도 오면 큰일이에요."

부쩍 추워진 어느 날 천 씨의 아내는 천 씨에게 단단히 당부했어요. 먹을 것이 부족한데, 땔감마저 없으면 어떻게 해야 할지 눈앞이 깜깜했거든요.

"알았어. 내 오늘은 나무를 해 올 테니 걱정 말아요."

천 씨는 지나가는 말로 대답을 했어요. 하지만 그날도 집으로 돌아온 천 씨의 지게는 텅 비어 있었어요.

'도대체 이 양반은 산에서 뭘 하기에 만날 빈 지게만 지고 오는 거야?'

아내는 천 씨의 행동이 수상해서 몰래 천 씨의 뒤를 따라 산으로 올라갔어요. 천 씨는 아내가 뒤따라오는 줄도 모르고 지게를 진 채 느긋하게 산을 올랐어요. 한 시간쯤 지났을까 천 씨가 주위를 둘러보더니 땅바닥에서 나뭇가지를 얼기설기 엮어 만든 나무 그물을 치우고 아래에서 무언가를 꺼내는 게 보였어요. 그물에 매달려 있던 건 다름 아닌 꿩이었지요.

'어머나, 꿩이네. 오늘 저녁에는 꿩을 먹을 수 있겠구나.'

아내는 한껏 들뜬 마음으로 먼저 산을 내려왔어요. 아내가 산을 내려온 후 얼마 지나지 않아 천 씨도 산에서 내려왔어요. 그런데 이게 웬일인가요. 꿩은커녕 남편의 지게는 여전히 텅 비어 있는 게 아니겠어요?

'이 사람이 정말…….'

아내는 화를 꾹 참고 남편에게 다정하게 물었어요.

"여보, 오늘 산에서 별일 없었어요?"

"으휴. 오늘은 어찌나 춥던지, 오래 있을 수가 있어야지. 나무는 내일 해야겠소."

천 씨는 꿩 얘기는 쏙 뺀 채 시치미를 뚝 뗐어요. 더는 묻지 못한 아내는 남편이 하는 행동을 좀 더 지켜보자고 마음먹었어요. 해가 지고 모두 잠든 밤, 천 씨가 슬그머니 잠자리에서 일어났어요. 조용히 방문을 열고 나가는 천 씨를 아내도 따라나섰지요. 천 씨는 장작더미 아래를 들추더니 숨겨 놓은 꿩을 꺼냈어요. 분명 낮에 보았던 그 꿩이었어요. 천 씨는 아궁이 앞에 자리를 잡고 그 자리에서 꿩을 구워 맛있게 먹었어요. 고소한 냄새에 아내의 입에도 한가득 침이 고였지만 꾹 참고 지켜만 보았어요.

혹시 궁금하지 않았나요?

꿩 구워 먹은 자리 아무런 흔적이 없어서 표가 나지 않을 때 쓰는 말이에요.

비슷한 속담

꿩 구워 먹은 소식 자주 연락을 하던 사이인데 갑자기 연락이 없을 때 쓰는 말이에요.

- **식탐** 음식을 탐내는 걸 말해요. 식탐에 빠지다, 식탐이 많다, 식탐을 내다, 식탐하다 등으로 활용되어 쓸 수 있어요.
- **다반사** 차를 마시고 밥을 먹는 일이라는 뜻의 한자어로, 일상적으로 흔하게 일어나는 일을 말해요.

그날 이후 아내는 시어머니께 이 일을 알리고 천 씨가 꿩을 감춰 두었던 장작더미를 수시로 확인했어요. 아니나 다를까 천 씨가 빈 지게를 지고 온 다음날, 꿩 한 마리가 숨겨져 있었어요.

아내는 바느질감이 많다며 호롱불을 켜 두고는 자지 않고 버텼어요. 아내가 잠들기를 기다렸던 천 씨가 결국 먼저 잠이 들고 말았지요. 이때다 싶었던 아내는 장작더미에 숨겨 둔 꿩을 찾아 시어머니와 함께 맛있게 구워 먹었어요.

다음날 밤, 천 씨는 몰래 잠자리에서 빠져나와 장작더미를 뒤졌어요. 한참을 뒤져도 꿩이 나오지 않자 실망하며 다시 방으로 들어왔어요. 방에는 잠들지 않은 아내가 누워 있었어요.

"이 밤에 어디 다녀오세요?"

"뒷간에 좀……."

아내는 속으로 고소해 하며 생각했어요.

'밤새 찾아본들 꿩 구워 먹고 남은 재도 못 찾을 거다.'

이때부터 표 나지 않게 흔적 없이 치운 자리를 가리켜 '꿩 구워 먹은 자리'라고 말하게 되었답니다.

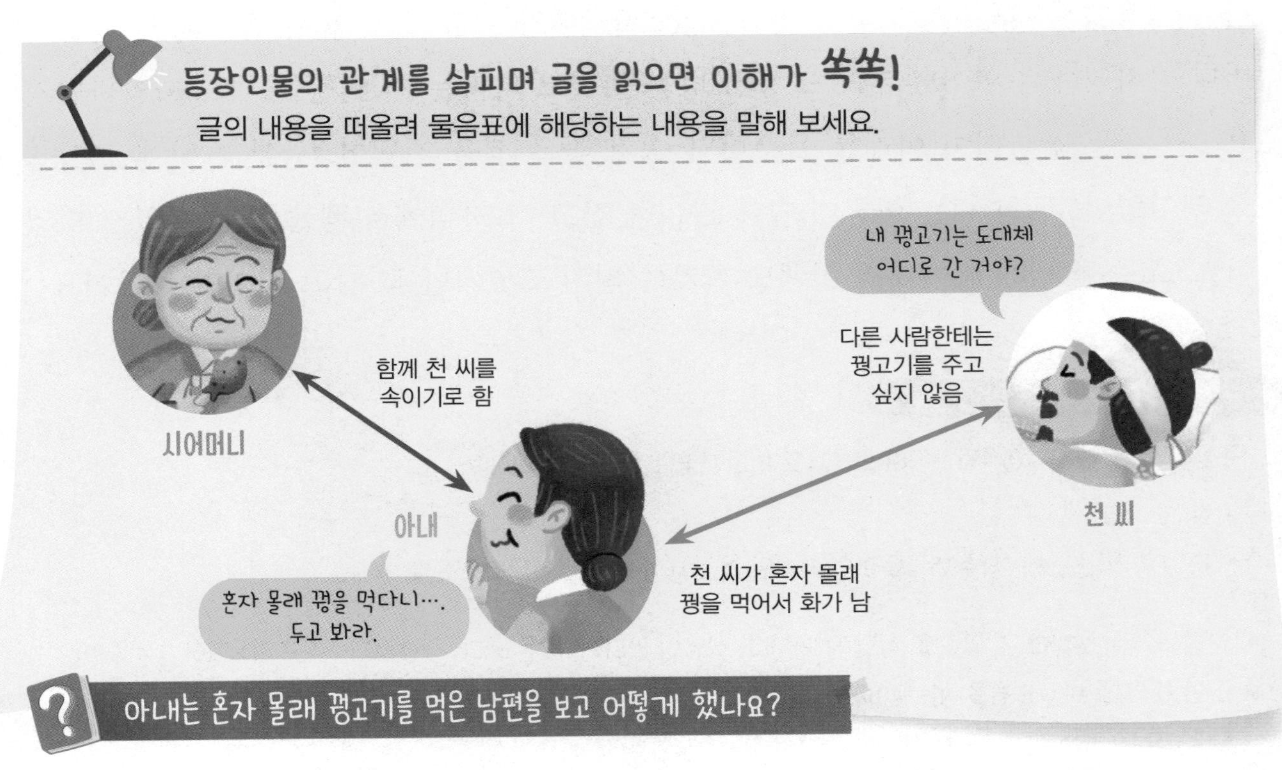

다음 네 가지 질문에 대한 답을 각각 한 문장으로 써 보세요.

1 이야기와 만나는 문장 쓰기 다음 문장을 빈칸에 따라 써 보세요.

	'	밤	새		찾	아	본	들		꿩		구	워		먹	고		남	은
	재	도		못		찾	을		거	다	.	'							

2 이해하는 문장 쓰기 아내는 혼자 꿩고기를 구워 먹은 남편의 행동을 보고 어떻게 했나요?

아내는 다.

3 생각을 발견하는 문장 쓰기 천 씨는 꿩고기가 사라진 걸 보고 어떤 생각을 했을까요?

천 씨는 다.

4 상상하는 문장 쓰기 여러분이 아내라면 꿩고기가 사라져서 찾고 있는 천 씨에게 뭐라고 말했을까요?

내가 아내라면 다.

모아쓰기 위에서 답으로 쓴 네 문장을 연결해서 써 보세요. 하나의 근사한 글이 될 거예요.

일곱 번째 이야기

뒤로 호박씨 깐다

어느 마을에 글공부밖에 모르는 선비가 살았어요. 선비에게는 아내가 있었는데, 아내는 가난한 집안 살림은 아랑곳없이 글공부에만 매진하는 선비가 야속했답니다. 선비가 책상머리에 앉아 글공부를 하는 동안, 아내는 꼭두새벽부터 밤늦게까지 허리 한번 펴지 못하고 온갖 궂은일을 도맡아 해야 했으니까요. 하루는 참다못한 아내가 책을 보는 선비에게 말했어요.

"여보, 글공부도 좋지만 먹고살 걱정도 해야 하지 않겠어요?"

선비는 고개를 저으며 책에서 눈을 떼지 않고 답했어요.

"나는 아직 멀었소."

답답한 아내는 선비에게 따져 물었어요.

"그놈의 글공부는 언제쯤 끝이 난답니까?"

그제야 선비는 고개를 들어 아내를 쳐다보았어요. 이때다 싶었던 아내는 선비에게 참았던 말을 쏟아부었지요.

"일 년만 참자 한 게 벌써 십 년이에요. 목구멍이 포도청●이라고 끼니를 거르면 해서는 안 될 일도 하게 된다는데, 밥걱정 없이 글공부만 한다고 쌀이 나와요, 뭐가 나와요."

그동안의 고생이 새록새록 떠오른 아내는 급기야 저고리 고름●에 눈물까지 찍어 대며 선비에게 하소연을 했어요.

"과거 급제를 할 거면 시험이라도 보든지 백날 천 날 책만 들여다보는 게 지겹지도 않아요?"

선비는 아내의 말이 끝나기를 기다린 다음 차분히 말했어요.

"밥은 굶어도 책은 끊지 못하는 나 같은 사람을 만나 참 고생이 많구려. 허나, 이치를 깨닫는 일이 그리 쉬워서야 되겠소? 고생스럽더라도 조금만 더 참아 주시오. 대신 내가 밥을 굶겠소."

아내는 끼니마저 거르겠다는 선비의 말에 더는 잔소리를 하지 못했어요.

그날 이후 선비는 정말로 하루 한 끼만 먹으며 지냈는데요. 보다 못한 아내가 간식으로라도 먹으라며 호박씨를 소쿠리 가득 담아 책상 옆에 두었어요. 마땅한 간식이 없던 옛날에는 사람들이 호박씨를 심심풀이 땅콩처럼 즐겨 까먹었거든요.

"호박씨라도 까서 먹으면서 하세요. 밥을 굶을 정도로 책이 좋아도 간식거리는 있어야 하지 않겠어요?"

아내의 말에 선비는 고개를 저었어요.

"선비 체면에 호박씨를 어떻게 까먹겠소? 난 필요 없으니 도로 가지고 가시오."

혹시 궁금하지 않았나요?

뒤로 호박씨 깐다 앞에서는 아닌 척 하면서 뒤로는 엉큼한 짓을 하거나 자기 실속을 차린다는 의미예요.

비슷한 속담

얌전한 고양이 부뚜막에 먼저 올라간다 겉으로는 얌전하고 점잖아 보이는 사람이지만 뒤로는 딴짓을 하거나 자기 잇속을 차린다는 뜻이에요.

- **목구멍이 포도청** 포도청은 옛날에 죄인을 잡아 가두던 곳인데요. 먹고 살기가 어려워지면 해서는 안 될 도둑질까지도 하게 된다는 뜻이에요.
- **저고리 고름** 저고리나 두루마기를 여밀 수 있도록 양쪽 깃에 달린 기다란 헝겊 끈을 말해요.

"그럼 놔둬요. 제가 먹지요. 뭘."

아내는 역시나 그럴 줄 알았다는 표정으로 뒤돌아 나갔어요.

'꼬르륵.' 한참 글공부를 하던 선비의 배에서 소리가 났어요. 선비는 아랑곳없이 다시 글공부에 집중했어요. '꼬르륵.' 하지만 빈방을 채우는 꼬르륵 소리에 선비도 퍽 신경이 쓰였어요.

'옳거니, 호박씨가 있었구나.'

선비는 마침 호박씨가 생각나 소쿠리 가득 담긴 호박씨를 하나씩 집어 먹기 시작했어요. 호박씨의 껍질은 소화가 잘 되지 않기 때문에 일일이 손톱으로 껍질을 까서 먹어야 하는데요. 선비 체면에 호박씨를 까서 먹을 수는 없고 또 아무도 없는 빈 방이더라도 누가 볼 새라 걱정돼서 재빨리 입에 넣고 만 것이죠.

어느새 해가 지고 밭일을 마치고 돌아온 아내가 저녁상을 차려서 방으로 들어왔어요. 아내는 호박씨 소쿠리가 빈 것을 보고 깜짝 놀라 말했어요.

"뒤로 호박씨는 혼자 다 까셨네요!"

멋쩍어진 선비는 아내의 말에 아무 대꾸도 없이 밥을 떠서 먹기만 했답니다.

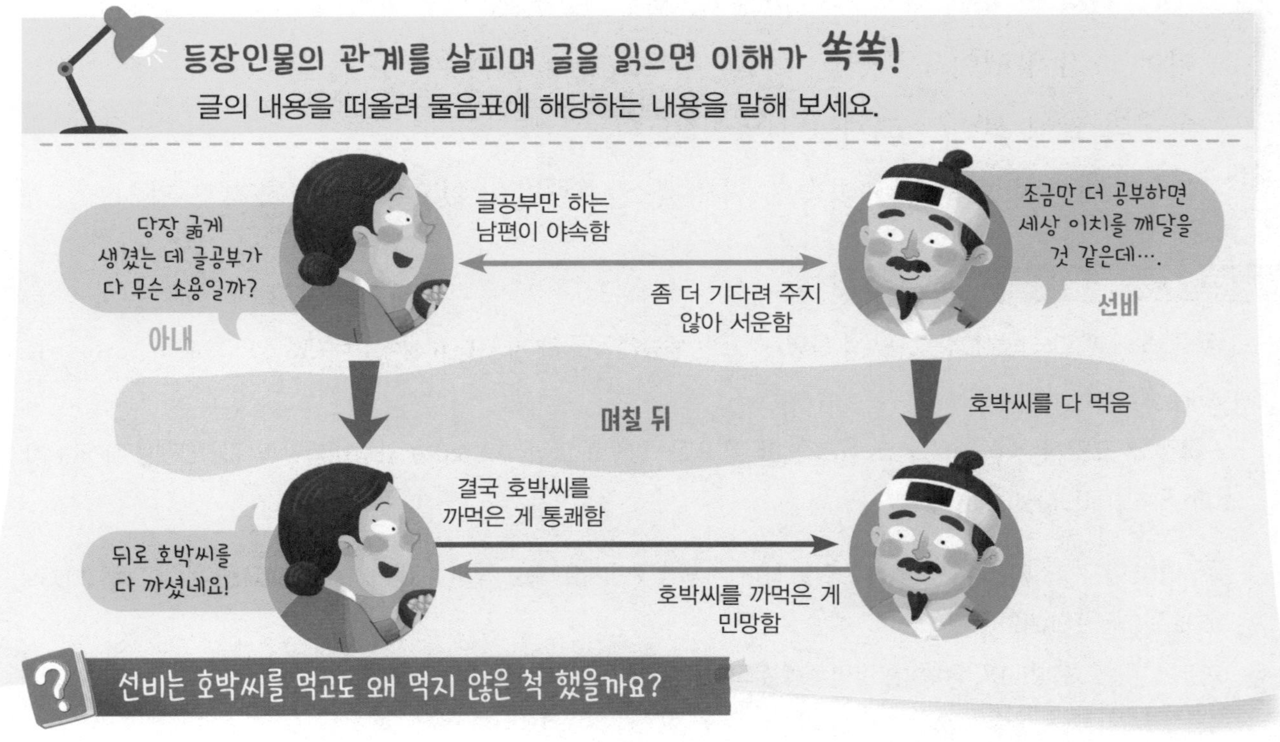

✎ **다음 네 가지 질문에 대한 답을 각각 한 문장으로 써 보세요.**

1 이야기와 만나는 문장 쓰기 다음 문장을 빈칸에 따라 써 보세요.

	'	옳	거	니	,		호	박	씨	가		있	었	구	나	.	'			

2 이해하는 문장 쓰기 배가 고픈 선비는 옆에 있던 호박씨를 보고 어떻게 했나요?

선비는 다.

3 생각을 발견하는 문장 쓰기 아내는 선비가 호박씨를 껍질째 먹은 것을 보고 어떤 생각을 했을까요?

아내는 다.

4 상상하는 문장 쓰기 여러분이 선비의 아내라면 호박씨를 껍질째 먹은 선비에게 무슨 말을 했을까요?

내가 아내라면 다.

모아쓰기 위에서 답으로 쓴 네 문장을 연결해서 써 보세요. 하나의 근사한 글이 될 거예요.

옛날에 깐깐하기로는 손에 꼽힐 정도로 유명한 시어머니를 모시고 사는 며느리가 있었어요. 매사에 어찌나 까다로운지 며느리가 문지방●이 닳도록 드나들며 시중을 들어도 늘 핀잔만 듣기 일쑤였지요. 하루는 더 이상 참지 못한 며느리가 용하다는 점쟁이를 찾아갔어요.

"얼굴에 우환●이 가득하구나. 가족 문제지?"

점쟁이는 며느리를 보자마자 대번에 고민이 무엇인지 맞혔어요.

"아이고. 그걸 어찌 아셨어요? 제가 제 명에 못 살아요, 정말."

며느리는 점쟁이 앞에서 시어머니께 구박받은 일을 빠짐없이 풀어놓았어요.

"그동안 마음고생이 심했겠구먼."

자신의 마음을 알아주는 점쟁이의 말에 며느리는 눈물을 펑펑 쏟으며 말했어요.

"정말 이제는 누구 한 사람이 없어지지 않으면 안 될 것 같아요."

며느리의 말에 곰곰이 생각하던 점쟁이가 물었어요.

"시어머니가 제일 좋아하시는 음식이 뭐지?"

"좋아하시는 음식이요? 글쎄…… 아! 인절미를 무척 좋아하세요."

며느리의 대답에 점쟁이가 얼씨구나 손뼉을 치며 말했어요.

"그걸세! 앞으로 백 일 동안 하루 세 번 빼먹지 말고 인절미를 만들어 드리게. 그러면 시어머니는 오래 못 사시게 될 거야."

점쟁이의 말에 며느리는 고개를 끄덕였어요. 집으로 돌아온 며느리는 찹쌀밥을 지어 절구통에 넣고 찧은 후 곱게 갈아 놓은 콩고물을 묻혀 인절미를 만들었어요. 정성껏 만든 인절미를 받은 시어머니가 며느리에게 물었어요.

"갑자기 웬 인절미냐?"

"어머니께서 좋아하셨던 게 생각나서요. 자주 해드릴 테니 천천히 꼭꼭 씹어 잡수세요."

밉상스러웠던 며느리가 웬일로 인절미를 다 해 주나 싶어 탐탁지 않았지만 시어머니도 좋아하는 인절미 앞에서는 어쩔 수가 없었어요.

'아이고. 입에서 그냥 살살 녹아 버리는구나.'

시어머니는 순식간에 사라져 버린 인절미가 아쉬운 듯 입맛을 다셨어요. 그런데 이게 웬일인가요? 며느리가 아침과 점심 사이, 점심과 저녁 사이, 저녁을 먹고 난 이후 하루 세 번 꼬박꼬박 인절미를 해다 바치는 게 아니겠어요.

잠깐 저러다 말겠지 했던 시어머니는 매일 하루 세 번, 두 달을 넘게 인절미를 만들어 주는 며느리의 정성에 그만 탄복하고 말았어요. 하는 일마다 눈엣가시였던 며느

혹시 궁금하지 않았나요?

미운 놈 떡 하나 더 준다 미워하는 사람에게 더 잘해 주어야 나중에 걱정할 일이 없어진다는 뜻이에요. 미워하는 사람일수록 잘해 주면서 나쁜 마음을 버리라는 의미도 있지요.

비슷한 속담

미운 자식 밥 많이 준다 미운 자식일수록 잘해 주어야 나중에 탈이 나지 않는다는 속담이에요.

- **문지방** 마루에서 방으로 들어가는 문에 마루보다 조금 높게 가로로 댄 나무를 문지방이라고 해요. 옛날 집에서는 문지방을 넘지 않으면 방으로 들어갈 수 없었답니다.
- **우환** 근심 '우(憂)', 걱정 '환(患)'으로 만들어진 한자어로 근심이나 걱정이 되는 일을 말해요.

리의 행동이 어느 날부턴가는 너무 사랑스러웠고요. 며느리가 예뻐 보이니 핀잔과 야단 대신 칭찬과 미소로 대하게 되었어요. 처음에는 나쁜 마음으로 인절미를 만들기 시작했던 며느리도 어느 새 진심으로 시어머니를 위하고 있는 자신을 발견했어요.

'아뿔싸, 이러고 있을 때가 아니야.'

그제야 자신이 한 일이 생각난 며느리는 부리나케 점쟁이를 다시 찾아갔어요.

"제가 잘못했어요. 제발 우리 어머니 좀 살려 주세요. 제발요."

며느리는 무릎을 꿇고 앉아 두 손을 비비며 사정했어요.

"시어머니가 아직 안 죽었어?"

"우리 어머니 돌아가시면 절대 안 돼요. 살려 주세요. 제가 뭐든 할게요. 살려만 주세요."

며느리는 눈물을 뚝뚝 흘리며 머리를 조아렸어요.

"허허. 미운 시어머니는 죽어 없어졌냐 이 말이다. 이제는 둘도 없이 좋은 시어머니가 되셨다는 말이군. 고민이 해결됐으니 그만 집으로 돌아가게나."

점쟁이의 말을 들은 며느리는 기쁜 마음으로 집으로 돌아와 행복하게 살았답니다.

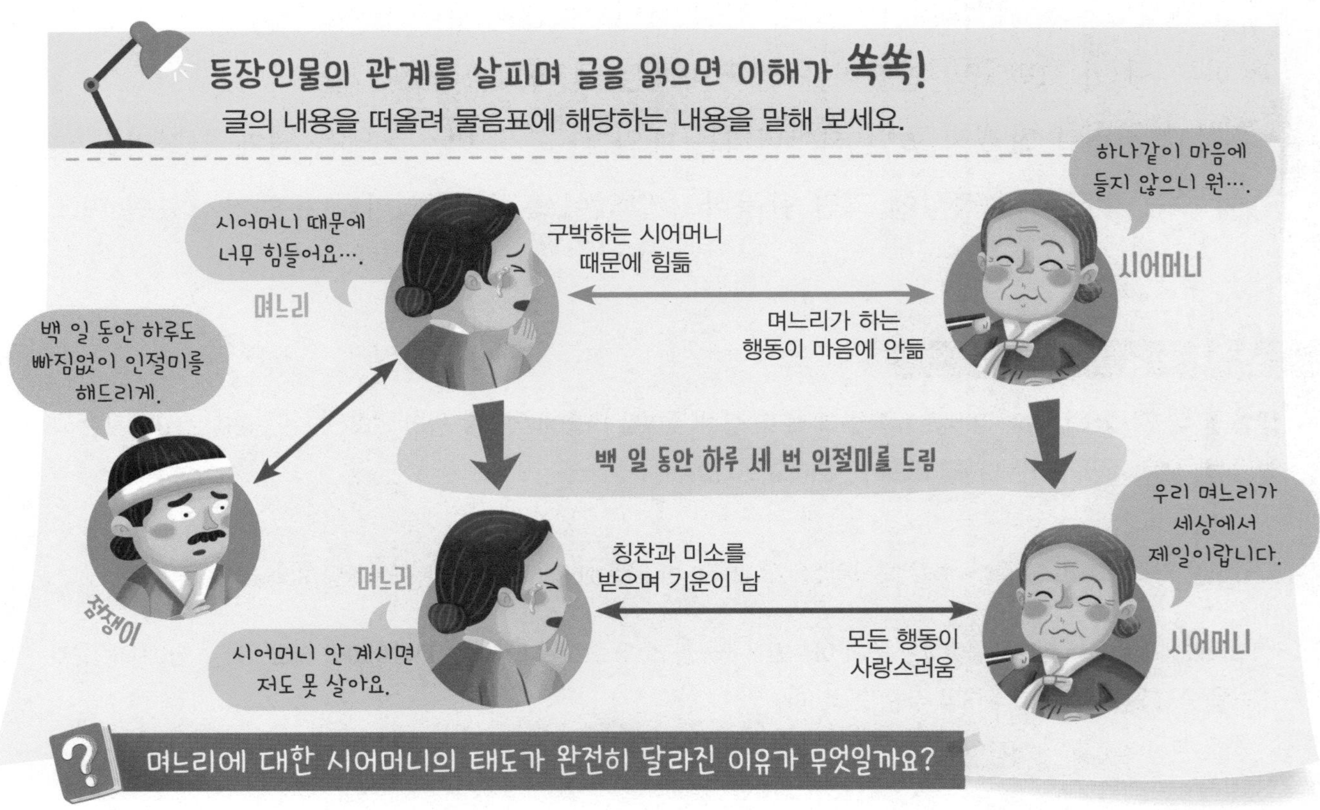

다음 네 가지 질문에 대한 답을 각각 한 문장으로 써 보세요.

1 이야기와 만나는 문장 쓰기 다음 문장을 빈칸에 따라 써 보세요.

"시어머니가 제일 좋아하시는 음식이 뭐지?"

2 이해하는 문장 쓰기 점쟁이는 시어머니의 구박 때문에 못 살겠다는 며느리에게 어떻게 하라고 일러 주었나요?

점쟁이는 다.

3 생각을 발견하는 문장 쓰기 백 일이 지난 후 며느리가 도리어 시어머니께서 돌아가실까 봐 걱정한 이유는 무엇일까요?

백 일이 지나자 며느리는 다.

4 상상하는 문장 쓰기 여러분이 시어머니라면 백 일 동안 인절미를 만들어 준 며느리에게 어떤 말을 해 주고 싶은가요?

내가 시어머니라면 다.

모아쓰기 위에서 답으로 쓴 네 문장을 연결해서 써 보세요. 하나의 근사한 글이 될 거예요.

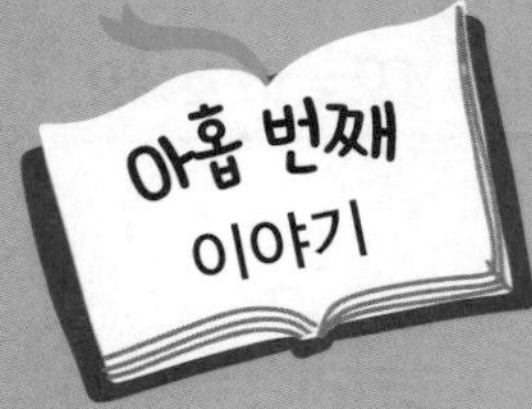

싼 게 비지떡

남의 말을 잘 듣는 귀 얇은 김 서방이 살았어요. 한 해 전 장가를 간 김 서방에게는 어여쁜 아내가 있었는데요. 몇 달 전부터는 하루가 다르게 배가 불러오는 아내를 보며 아이가 생긴다는 기쁨에 하루하루가 매우 행복했어요. 그러던 어느 날 아내가 일을 하러 나가려는 김 서방을 붙들고 말했어요.

"여보. 저기……."

김 서방은 아내를 쳐다보았지만 아내는 좀처럼 말을 꺼내지 못했어요.

"무슨 일이오? 혹시 안 좋은 일이라도 있소?"

걱정스레 묻는 김 서방에게 망설이던 아내는 큰 결심이나 한 듯 고개를 끄덕이고는 조그마한 목소리로 말했어요.

"저…… 다른 게 아니라, 제가 요새 자꾸 생각나는 게 있어서요."

"그게 뭐요? 얼른 말해 보소."

김 서방의 채근에 아내가 대답했어요.

"그게……, 떡이요. 떡이 먹고 싶어서 자꾸 눈앞에서 아른거려요."

"하하하."

아내의 말에 김 서방은 크게 웃음을 터트리고 말았어요.

"진즉에 말을 하지 그랬소. 내 오늘 장에 가서 거기 있는 떡을 죄다 사올 테니 어디 두고 보시오."

큰 소리 떵떵치는 김 서방에게 빙긋이 웃으며 아내가 말했어요.

"이렇게 먹고 싶은 걸 보니 아무래도 뱃속의 우리 아기가 먹고 싶은가 봐요. 많이는 말고 조금만 사다 주면 돼요."

가난한 살림을 걱정한 아내는 김 서방에게 떡을 조금만 사다 달라고 신신당부를 했어요. 옛날에는 쌀이 귀해서 많은 쌀이 들어가는 떡은 특별한 날에나 맛볼 수 있는 음식이었거든요. 가격도 비싸서 쉽게 사 먹을 수 없었지요. 장에 도착한 김 서방은 열 일을 제쳐 두고 떡장수부터 찾았어요. 마침 포목 가게• 옆에서 떡장수 한 명이 떡을 팔고 있었어요.

"한 푼어치는 몇 개요?"

김 서방이 떡장수에게 물었어요.

"한 푼에 두 개요."

김 서방은 머릿속으로 자신이 가지고 있는 돈으로 몇 개의 떡을 살 수 있을지 세어 보았어요.

'어디 보자. 주머니에 열 푼이 있으니까 열 푼어치를 모두 사도 떡이 스무 개밖에

혹시 궁금하지 않았나요?

싼 게 비지떡 값이 싼 건 다 그만한 이유가 있어서 품질도 그만큼 나쁘다는 의미예요.

- 비슷한 속담
- **빛 좋은 개살구** 별 볼 일 없는 것이 오히려 겉만 번지르르하다는 뜻이에요.

- **포목 가게** 포목은 옷감의 일종인 베와 무명을 말해요. 무명은 면을 일컫는 말이고요. 그래서 포목 가게는 베와 무명을 파는 천 가게를 뜻해요.
- **배냇저고리** 갓 태어난 아이에게 입히는 저고리예요. 한복의 저고리 모양이지만 깃과 섶을 달지 않고 간단하게 만든 옷이에요.

되지 않는구나.'

하지만 김 서방이 사가지고 가야할 것은 떡만이 아니었어요. 배냇저고리●를 만들 무명천과 숯이며 마른 미역도 사야했지요. 고민하던 그때 멀리서 또 다른 떡장수의 소리가 들렸어요.

"떡이 한 푼에 다섯 개!"

김 서방은 냉큼 자리를 옮겨 소리가 들리는 쪽으로 향했어요.

"다섯 푼어치만 주시오."

떡을 산 김 서방은 날아갈 듯 기분이 좋았어요. 아내가 먹고 싶다던 떡을 싸게 많이 살 수 있었으니까요. 하지만 김 서방이 산 건 고물을 묻혀 겉모습만 떡처럼 보이는, 두부 찌꺼기인 비지를 둥글게 부쳐서 만든 비지떡이어서 맛이 덜했지요.

집으로 돌아온 김 서방은 가장 먼저 아내에게 떡을 꺼내 주었어요. 아내는 환하게 웃으며 떡 하나를 먹더니 무언가 생각난 듯 잠시 입을 다물었어요. 몇 분 뒤 아내는 김 서방에게 얼마에 산 떡이냐고 물었어요. 김 서방이 사실대로 말하자 아내가 비지 떡장수를 원망하며 말했어요.

"아이고, 싼 게 비지떡이네요."

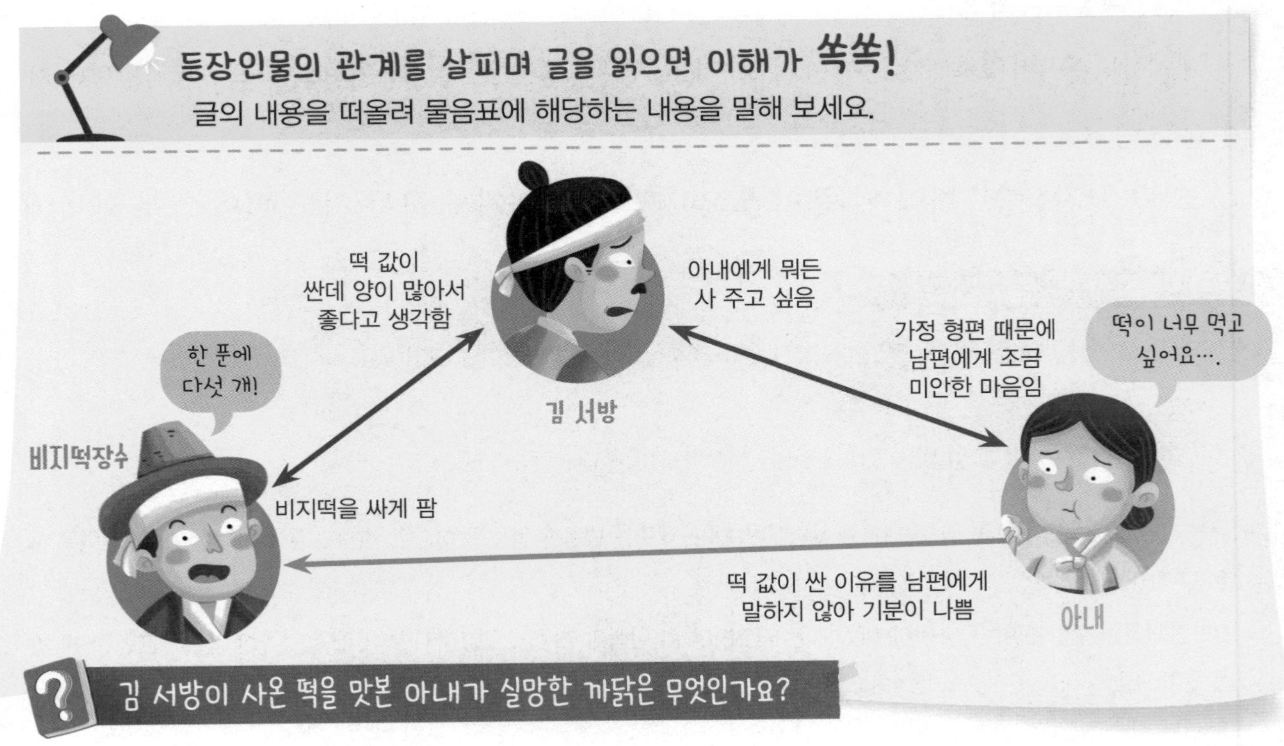

다음 네 가지 질문에 대한 답을 각각 한 문장으로 써 보세요.

1 이야기와 만나는 문장 쓰기 다음 문장을 빈칸에 따라 써 보세요.

	"	떡	이		한		푼	에		다	섯		개	!	"				

2 이해하는 문장 쓰기 김 서방은 시장에서 비싸고 양이 적은 떡과 싸고 양이 많은 떡 중 어떤 것을 사서 집으로 왔나요?

김 서방은 다.

3 생각을 발견하는 문장 쓰기 김 서방의 아내는 김 서방이 사온 비지떡을 맛보고 어떤 생각을 했을까요?

김 서방의 아내는 다.

4 상상하는 문장 쓰기 여러분이 김 서방이라면 실망하는 아내에게 뭐라고 말해 주었을까요?

내가 김 서방이라면 다.

모아쓰기 위에서 답으로 쓴 네 문장을 연결해서 써 보세요. 하나의 근사한 글이 될 거예요.

열 번째 이야기

썩어도 준치

옛날 옛적 바다 깊은 곳에는 온갖 물고기들이 모여 살았어요. 그중 준치●는 맛이 좋기로 유명했는데요. 소문을 들은 어부들이 서로 잡으려는 바람에 하루가 다르게 그 수가 줄고 있었어요. 보다 못한 준치들이 긴급 회의를 열었습니다. 가장 나이 많은 할아버지 준치가 큰소리로 말하자, 모두 입을 다물고 할아버지 준치를 쳐다보았어요.

"우리가 여기 모인 이유는 아시다시피 너무나 많은 우리의 부모, 형제, 친구들을 잃었기 때문입니다."

"정말 너무 무서워서 못 살겠어요."

"이제는 한시도 아이들을 집 밖에 내보낼 수가 없을 지경이에요."

"부모님은 물론 형제들까지 모두 잡혀가고 이제 저 혼자 남았어요."

할아버지 준치의 말에 다른 준치들이 기다렸다는 듯 저마다 한 마디씩 말을 보탰어요.

"누구 좋은 생각이 없소?"

"……."

하지만 좀 전의 아우성과 달리 해결 방법을 묻는 질문엔 찬물을 끼얹은 듯 아무도 대답을 하지 못했어요. 한동안 침묵이 이어지는 가운데 어린 준치 한 마리가 앞으로 나와 조심스레 이야기했어요.

"저… 용왕 님께 부탁드려보는 건 어떨까요?"

"맞아요! 용왕님이라면 해결책을 말해 주실 거예요."

"동의합니다!"

여기저기서 찬성의 말이 쏟아져 나왔어요.

"좋습니다. 용왕님께 우리 상황을 말씀드리고 도움을 청해 봅시다."

할아버지 준치는 준치들을 대표해 용왕님을 만나기로 했어요. 드디어 용왕님을 만나기로 한 날, 할아버지 준치는 용왕님 앞에 머리를 조아리며 준비해 온 말을 또박또박 전했어요.

"용왕님. 저희들은 용왕님의 은혜로 이제껏 살아왔습니다. 하지만 안타깝게도 최근에는 너무 많은 가족, 친구들을 잃었습니다. 어부들이 준치만한 생선이 없다며 모조리 잡아들이는 바람에 저희는 조만간 바다에서 없어질지도 모를 상황입니다. 부디 저희 준치가 용왕님 곁을 오래오래 지킬 수 있도록 도와주시옵소서."

준치의 말에 용왕은 잠시 생각에 잠겼어요. 그러고는 인간 세상 소식을 가장 잘 아는 신하인 메기에게 물었어요.

"어부들이 준치를 눈에 불을 켜고 잡는 이유가 무어라더냐?"

혹시 궁금하지 않았나요?

썩어도 준치 좋은 것은 상해도 어느 정도 제 값을 한다는 의미예요.

- 비슷한 속담
- **물어도 준치 썩어도 생치** 생치는 꿩고기예요. 옛날엔 준치와 꿩고기 모두 맛있다고 여겼기 때문에 비록 상하거나 썩는다 해도 제 값은 한다는 뜻이에요. 이때 '물다'는 무르거나 풀려서 본 모양이 변한 것을 말해요.

- **준치** 깊은 바다에 사는 준치는 맛은 좋지만 잡을 수 있는 시기가 정해져 있어서 예부터 중국이나 우리나라에서 매우 귀한 생선으로 대접받았어요.
- **용왕** 옛 전설에 나오는 바닷속 왕이에요. 용왕이 사는 궁전은 용궁이라고 하지요.

"준치는 맛있고 뼈가 없어 먹기에 좋기 때문이라고 합니다."

"맛있고 먹기 좋다라……. 그렇지! 여봐라. 모든 물고기들은 자신의 몸에서 가시를 하나씩 빼서 준치에게 꽂아 주어라. 가시같은 뼈가 많으면 먹기 어려워 준치를 잡지 않을 것이다."

용왕의 말에 할아버지 준치의 얼굴에는 미소가 떠올랐어요. 용왕의 말대로 뼈가 많아지면 어부들이 덜 잡을 거라고 생각했거든요. 용왕의 명령이 떨어지자 물고기들은 준치에게 자신들의 가시를 하나씩 빼서 꽂아 주었어요. 심지어는 꼬리에까지 가시를 박아 두어 그야말로 뼈 반, 살 반이라 해도 될 정도였지요. 갑작스레 뼈가 많아진 준치를 먹던 사람들은 뼈가 목에 걸려 크게 고생을 했어요. 그럼에도 워낙 맛이 있던 준치에 대한 인기는 식을 줄을 몰랐지요.

"뼈가 많아서 조금씩 먹게 되니 전보다 더 맛있게 느껴지는 걸."

사람들은 많은 뼈에도 아랑곳없이 준치를 찾았어요.

'썩어도 준치'는 이처럼 품질이 좋은 상품은 모양이 변하거나 썩거나 오래 되어도 제 값을 한다는 의미랍니다.

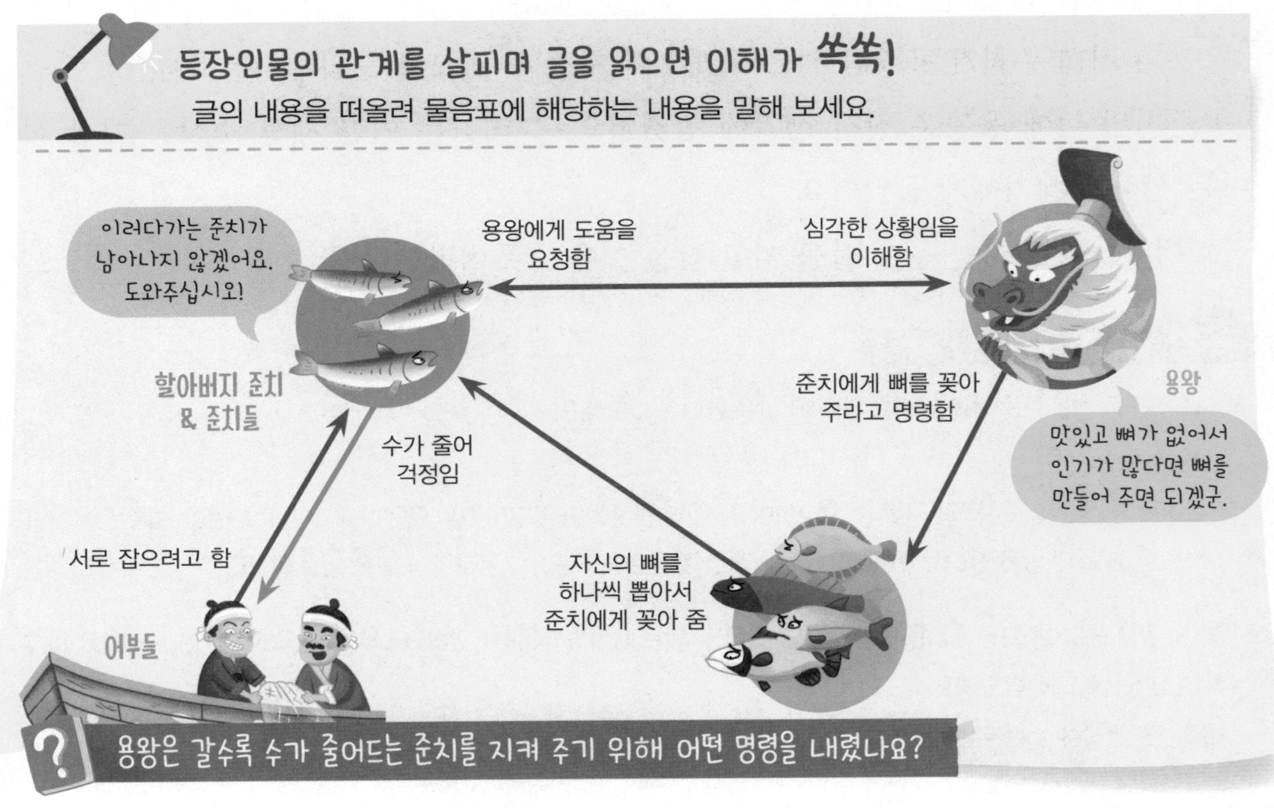

다음 네 가지 질문에 대한 답을 각각 한 문장으로 써 보세요.

1 이야기와 만나는 문장 쓰기 다음 문장을 빈칸에 따라 써 보세요.

“	준	치	는		맛	있	고		뼈	가		없	어		먹	기	에
좋	기		때	문	이	라	고		합	니	다	.	”				

2 이해하는 문장 쓰기 할아버지 준치는 용왕을 찾아가 어부들이 어떻게 하고 있다고 말했나요?

할아버지 준치는 다.

3 생각을 발견하는 문장 쓰기 용왕은 할아버지 준치의 말을 듣고 어떤 생각을 했을까요?

용왕은 다.

4 상상하는 문장 쓰기 여러분이 용왕이라면 도움을 요청하는 준치의 말을 듣고 어떤 명령을 내렸을까요?

내가 용왕이라면 다.

모아쓰기 위에서 답으로 쓴 네 문장을 연결해서 써 보세요. 하나의 근사한 글이 될 거예요.

뭐라고 말했을까요?

2장에서는 음식을 활용한 속담을 알아보았어요.
2장에서 배운 속담을 떠올려 보며 등장인물의 대사를 완성해 보세요.

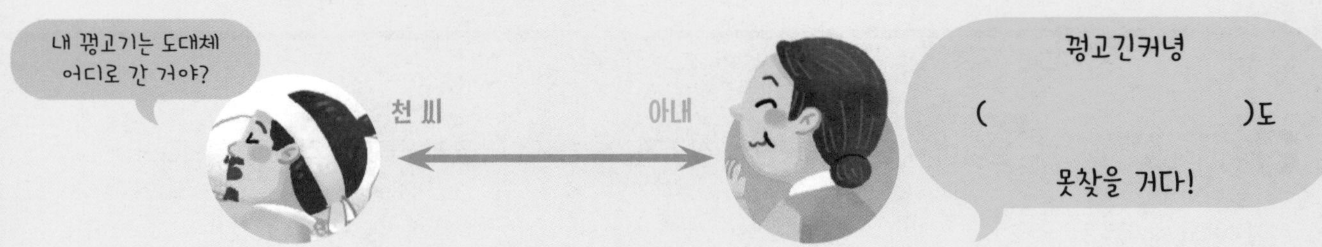

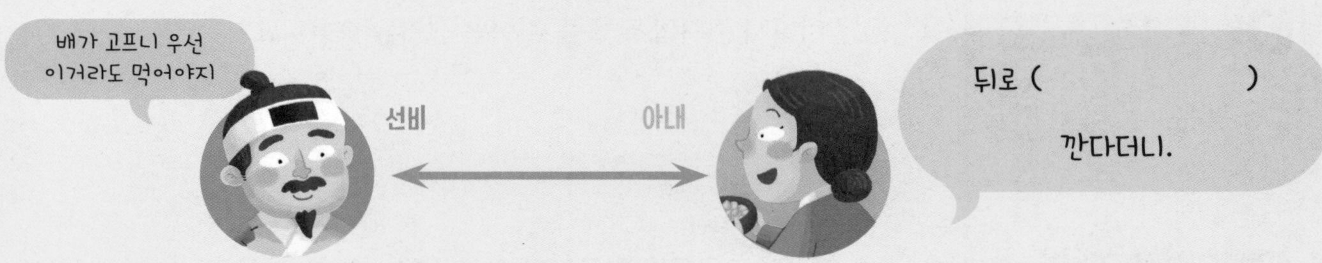

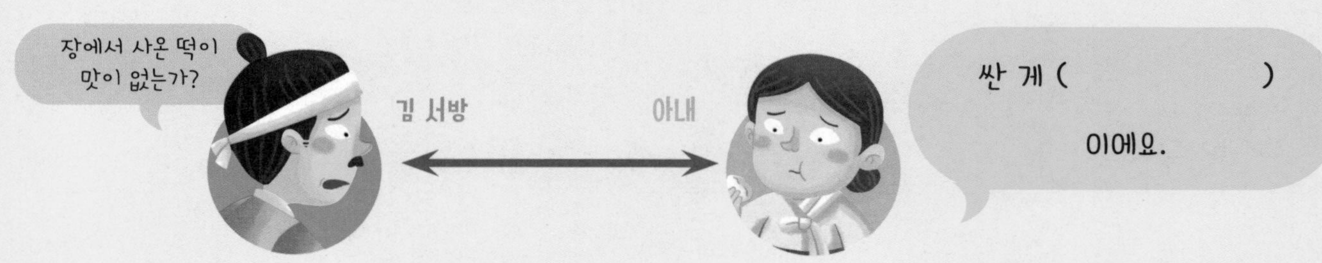

▶ 가이드북 56쪽에 정답

3장

상황을 묘사하는 속담

- 같은 값이면 다홍치마
- 내 코가 석 자
- 독장수구구는 독만 깨트린다
- 신선놀음에 도낏자루 썩는 줄 모른다
- 혹 떼러 갔다 혹 붙여 온다

열한 번째 이야기

같은 값이면 다홍치마

조선시대 어느 마을에 부끄러움이 많은 이 선비가 살았어요. 이 선비에게는 몸이 약한 어머니가 있었는데요. 수년 동안 병환 중인 어머니를 돌보느라 그만 혼인할 때를 놓치고 말았어요.

"얘야, 네 나이가 벌써 서른아홉이구나. 이제라도 장가를 가야지."

오랜 병환을 이겨낸 이 선비의 어머니는 장가를 가지 못한 아들이 안쓰러워 눈이 마주칠 때마다 혼인 이야기를 꺼냈어요. 부끄러움 많은 이 선비는 어머니의 말씀에 얼굴만 붉게 달아오를 뿐 별다른 대답을 하지 못했지요.

'이러다가는 평생 혼자 살다 총각 귀신이 되고 말지. 아무래도 안 되겠다. 당장 혼처●를 알아봐야겠어.'

이 씨의 어머니는 걱정 끝에 마을에 하나밖에 없는 중매쟁이●를 찾아갔어요.

"쯧쯧. 그 나이까지 장가를 못 갔으니 이를 어쩐다?"

이야기를 다 들은 중매쟁이가 혀를 끌끌 차자, 듣다 못한 이 선비의 어머니가 발끈했어요.

"우리 아들은 나이만 먹었지, 얼마나 순진하고 착한지 말로 다 못해요."

중매쟁이는 이해한다는 듯 눈웃음을 지으며 대답했어요.

"딱 맞을 것 같은 사람이 하나 있기는 한데……."

중매쟁이가 말을 꺼내자 이 선비 어머니의 귀가 솔깃했어요.

"뜸 들이지 말고 어서 말해 봐요. 어떤 처자예요?"

이 선비의 어머니가 중매쟁이를 재촉했어요.

"사실은 이쪽도 혼기•가 꽉 차고 넘쳤지만 그쪽에 비하면 아무것도 아니라우."

중매쟁이가 이 선비 어머니에게 소개한 사람은 건넛마을에 사는 김 씨의 셋째 딸로 이제 곧 서른 살이 되는 아가씨였어요. 조선시대 여성들은 보통 열다섯에서 스무 살 사이에 혼인을 했거든요. 그래서 아가씨 역시 나이가 많은 축이었지요.

"그 나이 먹도록 뭐하고 아직 혼례를 못했는가? 뭔가 문제가 있는 게 아니오?"

이 선비 어머니는 자기 자식의 나이는 생각지 않고 상대의 나이가 많다며 흠부터 잡았어요.

"이쪽 처자도 부모님을 모시느라 그랬다는데, 두 효자, 효녀가 만나면 그야말로 천생연분이 아니겠어요?"

"그거야 뭐……."

혹시 궁금하지 않았나요?

같은 값이면 다홍치마 값이 같거나 같은 노력이 필요한 일이라면 그중에서 더 나은 것을 고른다는 말이에요.

비슷한 속담

같은 값이면 껌정소 잡아먹는다 누렁소, 얼룩소도 있지만 맛으로 치면 껌정소가 제일이라고 해요. 그래서 같은 값이면 맛이 좋은 껌정소를 먹는다는 속담이 있을 정도지요.

• **혼처·혼기** 혼처는 혼인할 자리, 혼인하기에 알맞은 자리를, 혼기는 혼인하기에 알맞은 나이를 의미해요.

• **중매쟁이** 결혼이 이루어지도록 중간에서 소개하는 사람을 말해요.

중매쟁이의 말에 이 선비 어머니는 떨떠름해 하는 한편, 이 선비를 장가보낼 생각에 마음이 들떴어요. 집으로 돌아온 이 선비의 어머니는 아들에게 말했어요.

"내 오늘 내친김에 네 혼례 자리를 알아보고 왔단다. 너 혹시 영 장가갈 생각이 없는 건 아니지?"

어머니가 묻자 이 선비가 수줍게 고개를 끄덕였어요. 이 선비 어머니는 아들의 반응을 보며 이번 참에 혼인을 시켜야겠다고 단단히 마음을 먹었어요.

"네게 어울리는 짝이 있는데 나이가 좀 많다만 효심이 깊다더구나."

어머니는 중매쟁이한테서 건넛마을 여인에 대해 들었던 이야기를 늘어놓았어요.

"네 생각은 어떠냐?"

말을 끝낸 어머니가 이 선비에게 물었어요. 이 선비는 곰곰 생각에 잠기더니 고개를 푹 숙인 채 대답했어요.

"저…… 같은 값이면 다홍치마라고 좀 더 어린 색시를 아내로 맞고 싶어요."

이 선비의 말을 듣고 기가 찬 어머니는 아무런 대꾸도 하지 못했답니다.

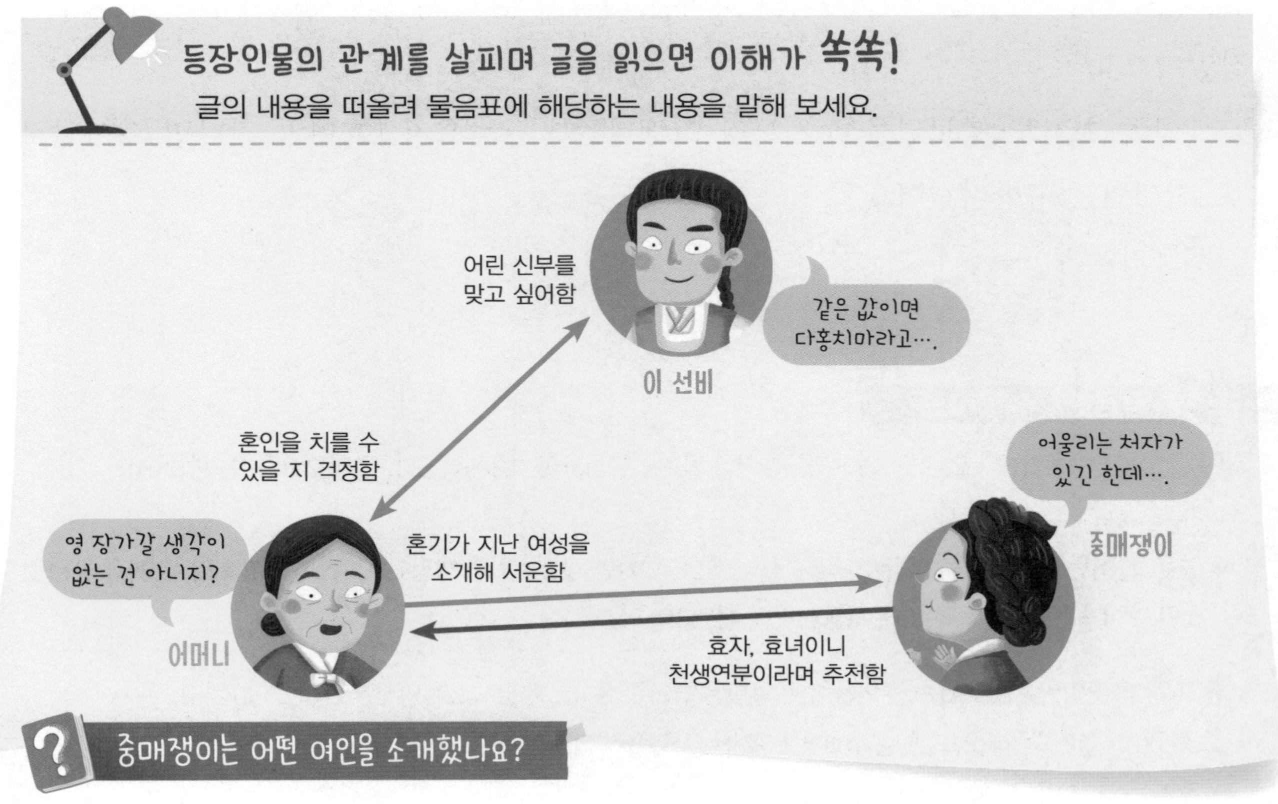

다음 네 가지 질문에 대한 답을 각각 한 문장으로 써 보세요.

1 이야기와 만나는 문장 쓰기 다음 문장을 빈칸에 따라 써 보세요.

"	네	게		어	울	리	는		짝	이		있	는	데		나	이	가
좀		많	다	만		효	심	이		깊	다	더	구	나	.	"		

2 이해하는 문장 쓰기 이 선비는 중매쟁이한테 소개받은 여인에 대해 듣고 어머니께 뭐라고 말했나요?

이 선비는 다.

3 생각을 발견하는 문장 쓰기 여인에 대한 이 선비의 대답을 들은 어머니는 왜 기가 막히다고 생각했을까요?

어머니는 다.

4 상상하는 문장 쓰기 여러분이 중매쟁이라면 어린 색시를 찾는 이 선비에게 뭐라고 말했을까요?

내가 중매쟁이라면 다.

모아쓰기 위에서 답으로 쓴 네 문장을 연결해서 써 보세요. 하나의 근사한 글이 될 거예요.

열두 번째 이야기 내 코가 석 자

신라시대에 김방이라는 사람이 살았어요. 김방은 무척 가난했지만 마음씨만큼은 착하고 넉넉했어요. 그런 방이에게는 욕심 많은 동생이 있었어요. 하루는 김방이 동생을 찾아갔어요.

"내가 이번에 조그마한 밭 하나를 빌렸어. 그런데 씨앗 한 톨이 없으니 뭘 심을 수가 있어야지. 염치없지만 네가 씨앗을 좀 빌려주었으면 하는데……."

하지만 동생은 형의 부탁이 귀찮기만 했어요. 더군다나 김방의 동생은 형이 잘 사는 걸 눈엣가시처럼 보기 싫어했지요.

"좋아. 그럼 씨앗을 좀 챙겨 줄 테니 가져가도록 해."

김방의 동생은 사람을 시켜 삶은 씨앗을 형에게 주라고 했어요. 씨앗을 삶으면 땅에 심어 봤자 싹이 트지 않는다는 걸 뻔히 알면서도 말이에요. 그 사실을 까맣게 몰랐던 김방은 신이 나서 집으로 돌아와 자신이 빌린 밭에 씨앗을 뿌려 두었어요. 아니나 다를까 씨를 뿌린 지 한참이 지났지만 싹은 올라오지 않았지요.

'도대체 어떻게 된 일이지?'

김방은 매일같이 밭에 나가 싹이 나오는 지를 확인했어요.

그러던 어느 날, 웬일인지 뿌린 씨앗들 중 하나에서 싹이 올라왔어요. 김방은 기분이 좋아 폴짝폴짝 뛰었어요. 하지만 싹을 틔운 것도 잠시, 제비 한 마리가 멀리서 쏜살같이 날아오더니 싹이 튼 씨를 물고 날아가 버리는 게 아니겠어요. 가만히 두고 볼 수 없었던 김방도 제비를 부리나케 쫓아갔어요. 한참 날아가던 제비는 깊은 산 속 커다란 바위틈 사이에 싹이 튼 씨앗을 떨어트리고는 이내 사라져 버렸어요. 김방은 싹 튼 씨앗을 찾으러 바위틈으로 들어갔지요.

어느새 밤이 찾아왔어요.

"으하하하. 오늘도 어디 한번 신나게 놀아 볼까?"

바위틈에서 제비가 떨어트린 씨를 찾던 김방이 밖을 보니, 말로만 듣던 도깨비들이 금방망이를 휘두르며 신나게 노는 게 아니겠어요. 듣던 대로 금방망이를 휘두를 때마다 온갖 보물이며, 곡식, 과일을 쏟아내면서 말이에요.

"어이쿠. 벌써 해가 뜰 시간이네. 어서 가자."

해가 뜰 시간이 되자 도깨비들은 부랴부랴 자리를 떴어요. 그런데 워낙 정신없이 가는 바람에 금방망이 하나를 두고 갔지 뭐예요. 김방은 도깨비들이 두고 간 금방망이를 냉큼 집어 들고 산에서 내려왔어요. 집으로 돌아온 김방은 금방망이 덕에 동네 잔치도 열고, 으리으리한 집도 짓고 떵떵거리며 살게 되었어요. 소문을 들은 동생이 김방을 찾아가서 자초지종●을 물었어요.

혹시 궁금하지 않았나요?

내 코가 석 자 내 사정이 급해 다른 사람의 사정을 돌아볼 겨를이 없다는 뜻이에요.

비슷한 속담

내 코가 닷 발 여기서 '코'는 '콧물'이에요. '닷 발'은 '다섯 발'로 발은 사발의 단위랍니다. 내 콧물이 다섯 사발이나 나왔으니 남 사정 볼 겨를이 없겠죠?

- **자초지종** 처음부터 끝까지의 과정을 말하는 한자어예요.
- **석 자** '자'는 옛날 길이를 재던 단위인데요. 한 자는 30cm이니, 석 자는 90cm를 말해요. 코가 석 자나 뻗혔다니 아이라면 코가 땅에 닿을 정도겠지요.

"이 모든 게 네가 준 씨앗 덕분이 아니냐."

김방은 그동안 있었던 일을 모두 동생에게 이야기해 주었어요. 동생도 똑같이 삶은 씨앗을 밭에 심고 제비가 오길 기다렸지요. 마침 씨앗 하나가 싹을 틔웠고, 김방에게 그랬던 것처럼 제비가 날아와 싹이 튼 씨앗을 물고 달아났어요.

'옳다구나!'

김방의 동생은 이때다 싶어 있는 힘을 다해 제비를 쫓아갔어요. 역시나 제비는 이번에도 커다란 바위 틈 사이에 싹튼 씨앗을 떨어트렸고, 밤이 되자 약속이나 한 듯 도깨비가 나타났어요. 김방의 동생은 모든 일이 계획대로 되자 자신도 모르게 신이 나서 흐흐흐 소리를 내며 웃고 말았어요.

"네 이놈! 네 놈이 우리 방망이를 가져갔지? **당장 내놓지 않으면 네 놈의 코를 방망이처럼 쭉 늘여 놓을 테다.**"

숨어서 지켜보던 것을 도깨비에게 들킨 동생은 코가 석 자•나 뽑혀 무릎까지 늘어난 다음에야 마을로 돌아올 수 있었답니다.

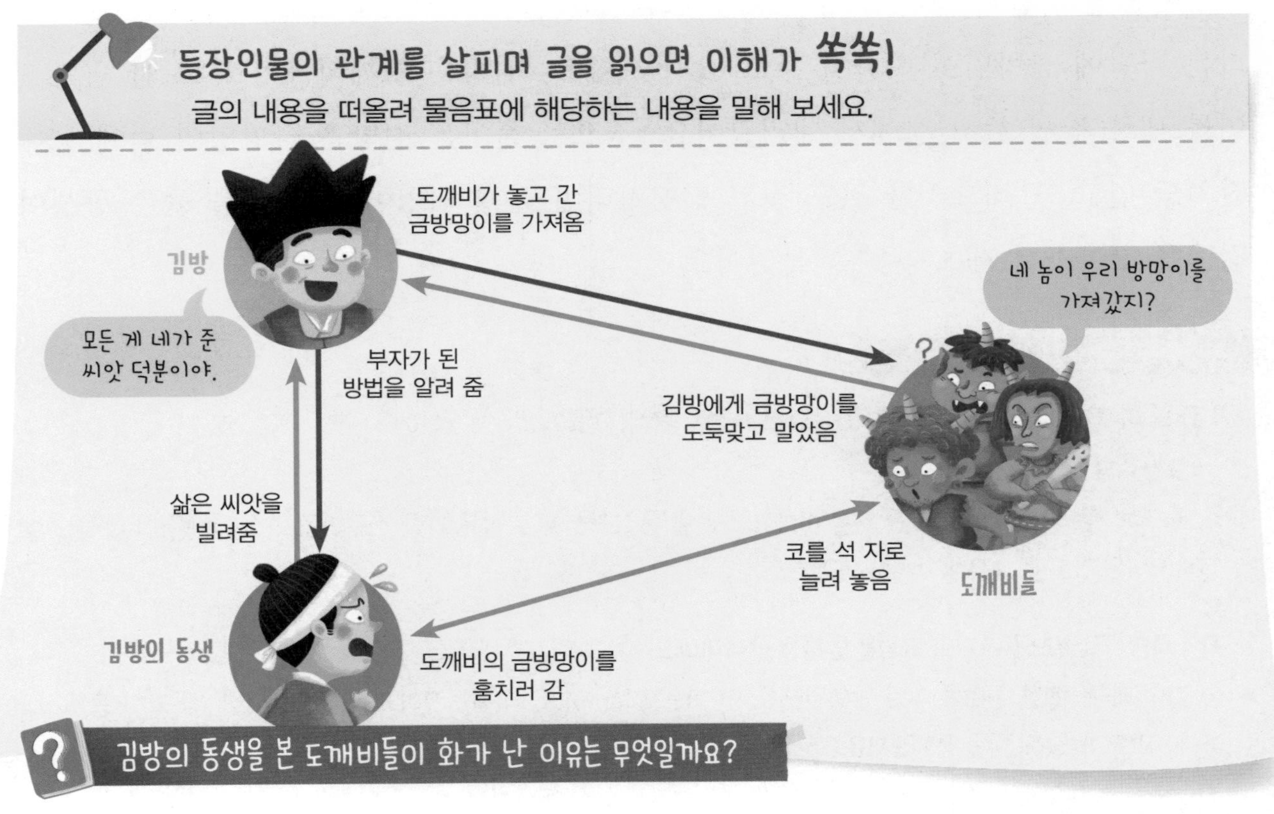

다음 네 가지 질문에 대한 답을 각각 한 문장으로 써 보세요.

1 이야기와 만나는 문장 쓰기 다음 문장을 빈칸에 따라 써 보세요.

“	당	장		내	놓	지		않	으	면		네		놈	의		코	를
방	망	이	처	럼		쭉		늘	여		놓	을		테	다	.	”	

2 이해하는 문장 쓰기 도깨비가 김방의 동생을 보고 화를 낸 까닭은 무엇인가요?

도깨비는 다.

3 생각을 발견하는 문장 쓰기 자신의 코가 석 자나 길어진 것을 보고 김방의 동생은 어떤 기분이 들었을까요?

김방의 동생은 다.

4 상상하는 문장 쓰기 여러분이 코가 석 자가 된 김방의 동생이라면 도깨비에게 뭐라고 말했을까요?

내가 김방의 동생이라면 다.

모아쓰기 위에서 답으로 쓴 네 문장을 연결해서 써 보세요. 하나의 근사한 글이 될 거예요.

열세 번째 이야기

독장수구구는 독만 깨트린다

어느 마을에 숫자 계산에 약한 독장수가 살았어요. 독장수는 독•을 지게에 잔뜩 지고 나가 파는 일을 했어요. 흙으로 빚은 독은 무겁고 깨지기가 쉬워서 늘 조심해서 운반해야 했답니다. 그래서 지게로 운반하는 독의 개수도 어느 정도 정해져 있었지요. 하지만 독장수는 매번 남들보다 더 많은 독을 지고 가려고 욕심을 냈어요.

"세 개 더 주십시오."

"자네 이걸 어떻게 다 지고 가려고 그러나?"

독 짓는 노인은 독장수가 많은 독을 지게에 올리는 모습을 보며 걱정했어요. 독장수는 별일 아니라는 듯 손사래를 치며 말했어요.

"걱정 마십시오. 다 지고 가니까요."

독장수는 자신만만하게 아홉 개나 되는 독을 지게에 차곡차곡 쌓고는 거뜬히 지고 길을 나섰어요.

'오늘은 장날이니 최대한 많이 가져가서 파는 게 이득이야.'

독장수는 독을 팔 생각에 벌써부터 마음이 들떴어요. 하지만 그것도 잠시, 언덕을 오르는 독장수의 이마에는 송글송글 땀이 맺혔어요. 아홉 개나 되는 독의 무게가 어깨를 잔뜩 짓눌렀지요. 다행히 언덕을 오르자 멀리 장터가 보였어요. 언덕 위 나무 그늘 아래에는 나이 지긋한 비단 장수가 앉아 쉬고 있었어요.

"어이, 독장수. 앉아서 좀 쉬었다 가게나."

비단 장수가 독장수에게 말을 걸었어요. 하지만 독장수는 대답도 않고 앞만 보고 지나갔어요.

"허허. 저러다 넘어지기라도 하면 큰일일 텐데……."

독장수의 뒷모습을 쳐다보던 비단 장수가 걱정스레 말했어요. 그러거나 말거나 독장수는 잰걸음으로 언덕을 내려와 장터로 향했어요. 독장수의 머릿속에는 온통 독을 팔고 난 다음에 할 일로 가득 찼답니다.

'이번에 독을 다 팔면 이 돈으로는 무얼 할까? 독을 다시 사서 또 파는 게 좋을까, 아니야. 이참에 송아지를 한 마리 사서 키워 보면 좋겠군. 송아지를 키워서 새끼를 낳으면 두 마리, 세 마리 금방 불어나겠지. 소를 키워서 되판 돈으로는 논밭을 사야지. 논밭만 사면 뭘 해. 색시가 있어야지. 흐흐.'

장가가는 상상까지 이르자 독장수의 입에서는 저도 모르게 피시식 웃음이 새어 나왔어요.

'가만, 송아지가 얼마더라? 독을 다 팔면 얼마가 생길지부터 계산해 봐야지.'

문득 독장수는 독을 판 돈으로 송아지를 살 수 있는지 궁금했어요. 만약 사게 되

혹시 궁금하지 않았나요?

독장수구구는 독만 깨트린다 앞으로 어찌될지 모르는 일을 미리 짐작하다가 낭패를 볼 때 하는 말이에요. (교과 연계)

- 비슷한 속담
- **구슬이 서 말이라도 꿰어야 보배** 아무리 좋은 것이라도 쓸모 있게 만들어 놓아야 값어치가 있다는 뜻이에요. 주먹구구로 이득을 셈하기 전에 우선 독을 지고 가서 팔아야 하는 것처럼 말이에요.

- **독** 물이나 술, 장을 담아 두는 독은 집집마다 꼭 필요한 보관 용기였어요. 특히 된장독이나 간장독은 없어서는 안 될 필수품이었지요.
- **주먹구구** 손가락을 일일이 꼽아서 하는 셈법으로, 어림짐작으로 하는 계산을 말해요.

면 거스름돈이 얼마나 남을지도 셈해 두어야 했지요.

'내가 지고 온 독이 아홉 개고, 독 하나에 대강 일곱 푼이라고 치면…….'

머릿속으로 이리저리 계산을 해 보았지만 도통 답이 나오지 않았어요. 독장수는 머리를 긁적이다가 별안간 생각이 난 듯 '짝' 소리 나게 손뼉을 쳤어요.

"맞아, 그 방법이 있었지!"

독장수가 생각해 낸 건 다름 아닌 손으로 꼽아 가며 계산하는 방법이었어요. 주먹을 쥐었다 폈다 하면서 계산한다고 하여 '주먹구구●'식이라고 이름 붙여진 계산법이었지요. 독장수는 지게를 지고 걸으면서 동시에 손가락을 접었다 폈다 하며 계산을 했는데요.

'와장창창!'

아뿔싸. 장터를 코앞에 두고 돌부리에 걸려 넘어지는 바람에 장독을 모두 깨고 말았지 뭐예요. 언덕에서 마주쳤던 비단 장수가 지나가면서 그 모습을 보고 혀를 끌끌 차며 말했어요.

"독장수구구는 독만 깨트린다더니!"

앞은 보지 않고 딴 생각에 팔려서, 지고 있던 독을 모두 깨트린다는 뜻이었지요.

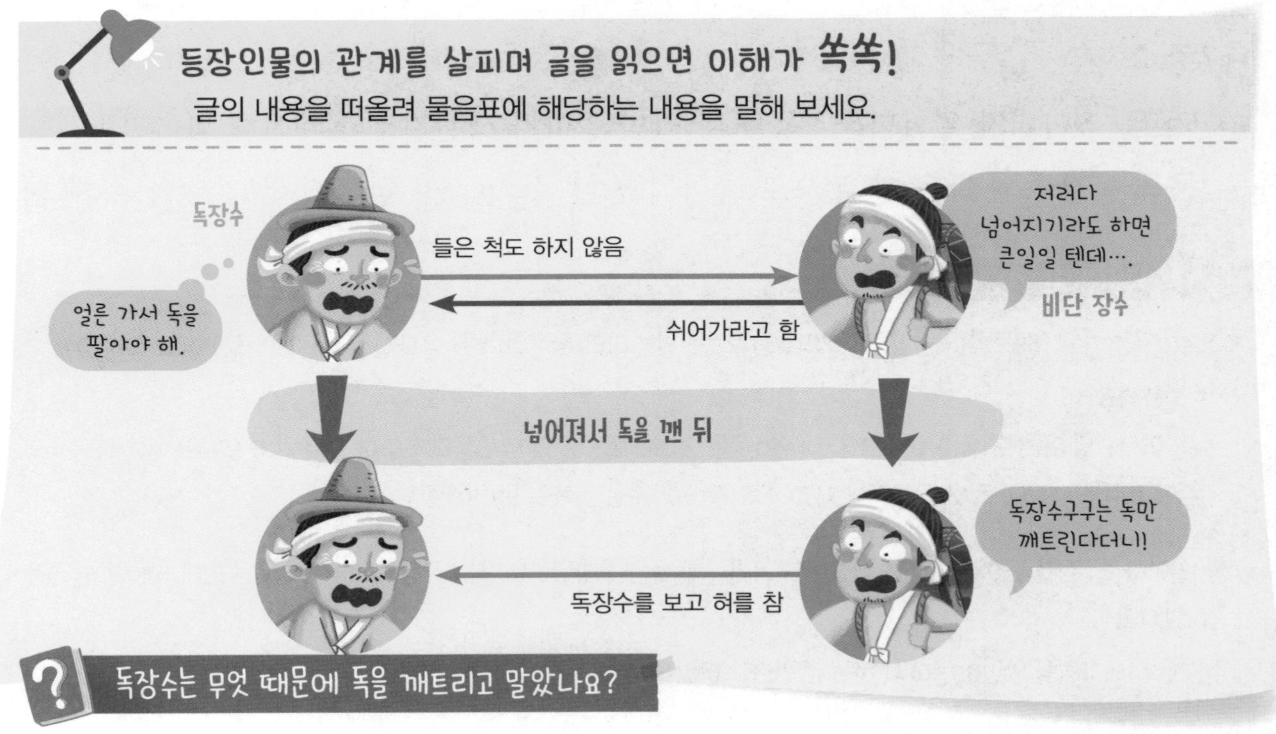

다음 네 가지 질문에 대한 답을 각각 한 문장으로 써 보세요.

1 이야기와 만나는 문장 쓰기 다음 문장을 빈칸에 따라 써 보세요.

“	독	장	수	구	구	는		독	만		깨	트	린	다	더	니	!	”

2 이해하는 문장 쓰기 비단 장수는 독장수가 독을 깨트린 이유가 무엇이라고 생각했나요?

비단 장수는 생각했습니다.

3 생각을 발견하는 문장 쓰기 독장수는 돌부리에 걸려 넘어진 뒤 어떤 기분이 들었을까요?

독장수는 다.

4 상상하는 문장 쓰기 여러분이 비단 장수라면 넘어진 독장수에게 어떤 말을 해 주었을까요?

내가 비단 장수라면 다.

모아쓰기 위에서 답으로 쓴 네 문장을 연결해서 써 보세요. 하나의 근사한 글이 될 거예요.

열네 번째 이야기

신선놀음에 도낏자루 썩는 줄 모른다

옛날 옛적 강원도 산골에 한 나무꾼이 살았어요. 나무꾼에게는 어여쁜 아내가 있었는데요. 몇 해 전 혼인한 두 사람 사이에는 젖먹이 아기까지 있어 하루하루가 소중하고 행복했답니다. 어느 화창한 가을, 그날도 나무꾼은 나무를 하러 산으로 갈 채비를 했어요. 나무꾼의 아내가 그 모습을 보고 말했어요.

"여보, 오늘 일찍 오세요. 우리 아기 돌이잖아요."

"알겠소. 내 오늘은 일찍 오리다."

나무꾼은 아내의 품에 안겨 있는 귀여운 아기의 볼을 살짝 꼬집으면서 대답했어요. 아내와 아기에게 손을 흔들며 집을 나온 나무꾼은 여느 때처럼 흥얼흥얼 콧노래를 불렀어요.

'돌상에 올릴 만한 게 뭐가 없을까. 그렇지! 저쪽으로 가면 밤나무가 있을 거야.'

나무꾼은 늘 가던 길을 지나쳐 다른 길로 갔어요.

'어, 이런 곳도 있었나?'

나무꾼이 도착한 곳은 눈이 휘둥그레질 정도로 경치가 빼어난 절벽 부근이었어요. 단풍 든 산 아래가 훤히 내려다보이고 곳곳에 피어 있는 야생화가 눈길을 사로잡았지요. 경치에 감탄하던 나무꾼은 멀리서 마주 앉아 있는 두 사람을 보았어요.

'이 깊은 산중에 누구지?'

자세히 보니 꿈에서나 나올 법한 머리와 긴 수염을 매단 할아버지 두 사람이었어요. 두 할아버지는 서로 마주보며 바둑을 두고 있었지요. 나무꾼은 도끼와 지게를 근처 나무 아래에 내려놓고는 가까이 다가갔어요. 한 수 한 수 바둑 두는 모습을 보다 보니 시간 가는 줄을 몰랐답니다. 나무하는 일도, 밤을 주우려던 일도 새까맣게 잊은 나무꾼은 이제 아예 대놓고 옆에 붙어 앉아 훈수를 두기까지 했어요.

"아, 거기 말고 여기가 낫지 않을까 싶은데……."

두 할아버지는 나무꾼의 말에도 빙긋이 웃으며 바둑을 계속할 뿐이었어요.

"꼬르륵"

얼마나 긴 시간이 지났던지 나무꾼의 뱃속에서 꼬르륵 소리가 크게 들렸어요. 할아버지 한 분이 나무꾼의 얼굴을 쓰윽 보더니 소매 안쪽에서 탐스러운 복숭아 하나를 꺼내 주셨어요. 할아버지가 먹으라며 고갯짓을 하자 나무꾼은 복숭아를 한 입 크게 베어 먹었어요. 그 맛이 어찌나 좋았던지 입 안에서 스르르 녹아 없어져 버리는 것만 같았지요. 두 개, 세 개, 네 개……. 할아버지가 주는 복숭아를 연신 받아먹던 나무꾼은 불현듯 아내와 아기가 생각났어요.

'내가 이럴 때가 아니지. 얼른 집으로 가야겠다.'

혹시 궁금하지 않았나요?

신선놀음에 도낏자루 썩는 줄 모른다 중요한 일은 잊어버린 채 재미있는 일이나 놀이에 빠져 시간 가는 줄 모를 때 쓰는 말이에요.

비슷한 속담

세월이 가는지 오는지도 모른다 어떤 일에 정신이 팔려 시간이 얼마나 흘렀는지도 모름을 비유적으로 표현할 때 쓰는 속담이에요.

- **증조부** 증조부는 아버지의 할아버지를 뜻해요. 고조부는 할아버지의 할아버지를 이르는 말이고요.
- **신선** 도를 닦아서 인간 세상을 떠나 자연과 친구하여 죽지 않고 오래 산다는 상상 속의 사람이에요.

나무꾼은 벌떡 일어나 두 할아버지께 인사를 하고는 지게를 지고 도끼를 집어 들었어요. 그런데 이게 웬일일까요. 도낏자루가 먼지처럼 부서지더니 도끼날이 툭 떨어지고 마는 게 아니겠어요. 바닥에 떨어진 도끼날은 검게 녹이 슬어 있었어요. 나무꾼이 바둑을 보며 보낸 시간이 도낏자루가 사라질 만큼 긴 시간이었다니. 깜짝 놀라 허겁지겁 집으로 돌아온 나무꾼은 아내와 아기를 찾았지만 두 사람은 온 데 간 데 없고, 곧 쓰러질 듯 허물어져 가는 집만 덩그러니 남아 있었어요.

"저기, 실례지만 뉘신지요?"

잡초만 무성한 집 앞에서 서성이던 나무꾼에게 나무를 한 짐 지고 이제 막 산에서 내려온 또 다른 젊은 나무꾼이 말을 걸었어요. 나무꾼이 자신의 이름을 이야기하자, 젊은 나무꾼이 깜짝 놀라 말했어요.

"저의 증조부●님 존함이온데 어찌된 일인지……."

"내가 신선놀음●에 도낏자루 썩는 줄 몰랐구나."

나무꾼은 그제야 땅을 치며 바둑을 지켜본 것에 대한 후회를 했답니다.

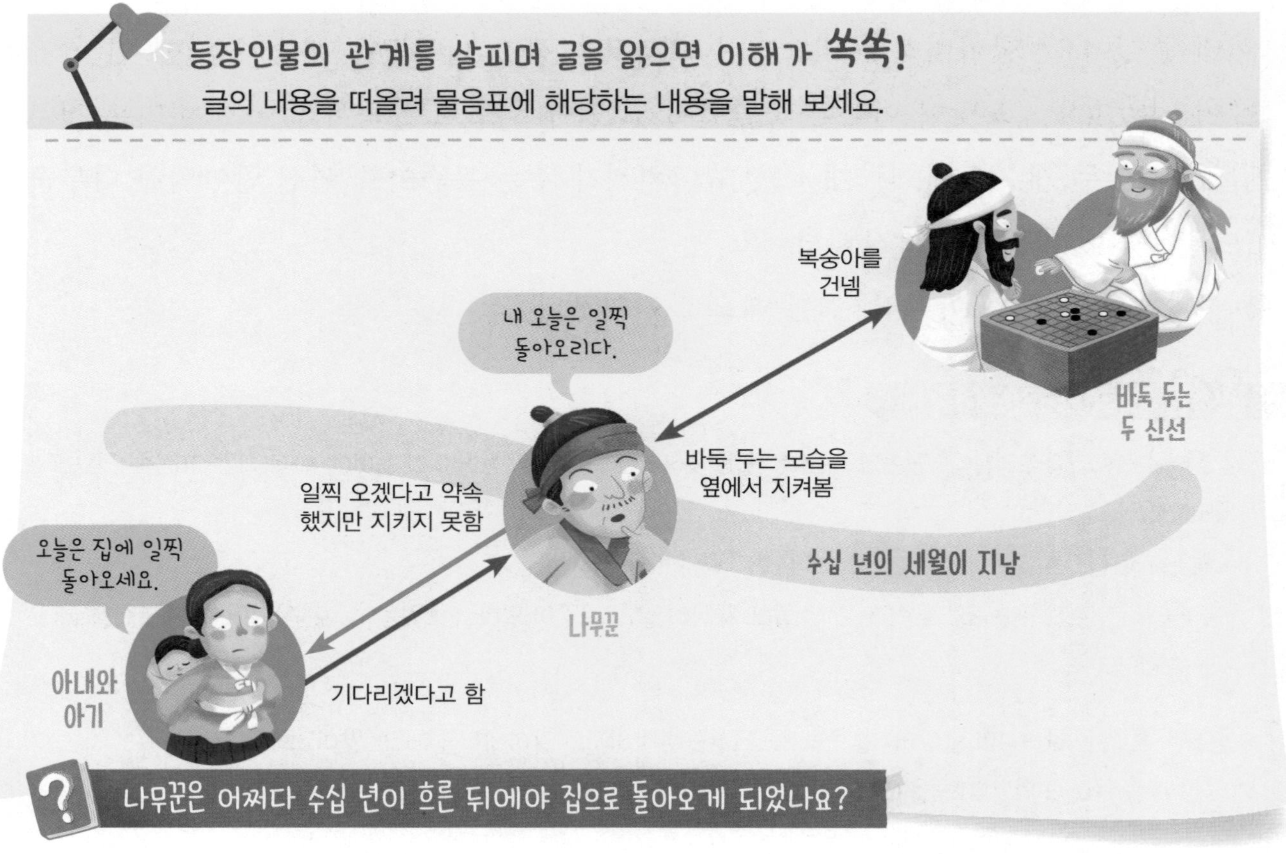

다음 네 가지 질문에 대한 답을 각각 한 문장으로 써 보세요.

1 이야기와 만나는 문장 쓰기 다음 문장을 빈칸에 따라 써 보세요.

"내가 신선놀음에 도낏자루 썩는 줄 몰랐구나."

2 이해하는 문장 쓰기 시간이 흘러 자신의 증손자를 만난 나무꾼은 무엇을 후회했나요?

나무꾼은 후회했습니다.

3 생각을 발견하는 문장 쓰기 나무꾼의 아내는 집으로 돌아오지 않는 나무꾼에게 무슨 일이 생겼을 거라 생각했을까요?

나무꾼의 아내는 다.

4 상상하는 문장 쓰기 여러분이 집으로 돌아온 나무꾼이라면 무엇이 가장 안타까웠을까요?

내가 나무꾼이라면 다.

모아쓰기 위에서 답으로 쓴 네 문장을 연결해서 써 보세요. 하나의 근사한 글이 될 거예요.

열다섯 번째 이야기

혹 떼러 갔다 혹 붙여 온다

어느 마을에 노래 잘 하기로 유명한 김 영감이 살았어요. 김 영감의 한 쪽 귀 아래에는 복주머니 같은 혹이 달려 있어 혹부리 영감이라고도 불렸지요.

하루는 김 영감이 나무를 하기 위해 뒷산에 올랐어요. 나무를 팔아 끼니를 해결하려던 김 영감은 해가 지는 줄도 모르고 나무를 하느라 여념•이 없었답니다. 어느덧 어둑어둑 해가 지고 주위가 까맣게 변해 버리자 김 영감은 덜컥 겁이 났어요. 그제야 허둥지둥 산을 내려오려 했지만 밤길은 너무나 어둡고 무서웠어요.

'이를 어쩌지. 꼼짝 없이 호랑이에게 잡아먹혀 죽게 생겼구나.'

더듬더듬 조심조심 산길을 걷던 김 영감의 눈에 작은 불빛 하나가 들어왔어요. 김 영감은 옳다구나, 불빛을 향해 다가갔지요. 놀랍게도 그곳에는 으리으리한 기와집 한 채가 서 있었어요.

'외딴 산 중턱에 기와집이라니……. 어쨌든 여기서 하룻밤 신세지면 되겠구나.'

김 영감은 슬쩍 대문을 열고 두리번거리며 집 안으로 들어갔어요. 촛불이 켜진 안방에는 기름진 고기며, 전, 나물 등이 푸짐하게 한상 차려져 있었어요. 무척 배가 고팠던 김 영감은 차려진 음식을 정신없이 먹어 치웠어요. 하지만 어쩐 일인지 음식은 전혀 줄지 않았지요. 바로 그때, 우당탕탕 누군가 대문을 박차고 들어오는 소리가 들렸어요. 놀란 김 영감은 천장 바로 아래 대들보● 위로 재빨리 올라갔어요. 드디어 방문이 열리고 대들보 위에서 아래를 내려다보던 김 영감은 놀란 입을 다물 수가 없었어요. 방문을 열고 들어온 것은 다름 아닌 도깨비들이었거든요.

도깨비들은 무슨 좋은 일이 있었는지 웃고 떠들며 먹어대기 바빴어요. 어느 정도 흥이 오르자 이번에는 노래하며 춤을 추었어요. 가만히 지켜보던 김 영감도 흥겨운 분위기에 취해 그만 노래를 따라 부르고 말았지요.

"잠깐! 이 목소리는 뭐지?"

춤추던 도깨비 하나가 귀를 쫑긋 세우며 말했어요.

"저기 저 위야! 저 위에 사람이 있어!"

또 다른 도깨비가 대들보 위에 있던 김 영감을 가리키며 소리질렀어요. 그 소리에 놀란 김 영감이 대들보에서 뚝 떨어졌어요.

"아이고. 죽을 죄를 지었습니다. 목숨만 살려 주세요."

김 영감은 도깨비들 앞에 무릎 꿇고 앉아 두 손을 모아 싹싹 빌었어요.

"좋아. 목숨만은 살려줄 테니 네 노래 실력은 두고 가거라."

얼토당토않게 노래 실력을 두고 가라니. 도깨비의 말에 김 영감은 꾀를 냈어요.

"제 노래 실력은 이 혹에서 나오는지라 두고 갈 수가 없는데 어떡할까요?"

혹시 궁금하지 않았나요?

혹 떼러 갔다 혹 붙여 온다 자기의 부담을 덜기 위해 갔다가 오히려 다른 일까지 떠맡아 해를 입게 된 경우를 말해요.

- 비슷한 속담
- **긁어 부스럼** 안 해도 될 일을 괜히 벌여서 일이 커지거나 되레 일을 악화시켰을 때 쓰는 말이에요.

- **여념** 어떤 일에 대해 생각하고 있는 것 외에 다른 생각을 말해요. 보통 다른 생각을 전혀 하지 않는다는 뜻으로 '없다'를 붙여 '여념이 없다'로 쓰여요.
- **대들보** 한옥에서 지붕을 떠받치기 위해 기둥과 기둥 사이에 가로로 길게 놓은 나무 기둥을 일컫는 말이에요. 한 나라나 집안의 운명을 지고 갈 만큼 중요한 사람을 비유할 때 쓰기도 해요.

도깨비는 얼씨구나 하고는 요술로 김 영감의 혹을 떼어 가져간 다음, 금은보화를 잔뜩 넘겨 주었어요. 덕분에 마을로 돌아온 김 영감은 큰 부자가 되어 더 이상 먹고 살 걱정은 하지 않았답니다.

김 영감의 소문을 전해 들은 또 한 명의 혹부리 영감이 있었으니, 그는 다름 아닌 최 부자였어요. 최 부자는 김 영감의 말을 듣고는 그 길로 산에 올랐고 김 영감이 말한 기와집에서 도깨비를 기다렸어요. 마침 도깨비가 나타나자 최 부자는 대들보에 올라 도깨비들이 노는 모습을 보게 되었지요. 그러다가 일부러 큰 소리로 노래를 부르고는 대들보 아래로 훌쩍 뛰어 내렸답니다.

"노래를 한 사람이 너냐?"

도깨비가 묻자 최 부자는 웃으며 그렇다고 답했어요.

"지난번에도 속이더니 이번에도 또 우리를 속이려고 들어?"

화가 난 도깨비들은 방망이로 최 부자를 흠씬 두들겨 패더니, 남은 한쪽 귀 아래에도 혹을 달아 주었답니다.

"혹 떼러 왔다가 혹을 하나 더 붙이다니!"

최 부자는 울며 후회했지만 이미 엎질러진 물이었지요.

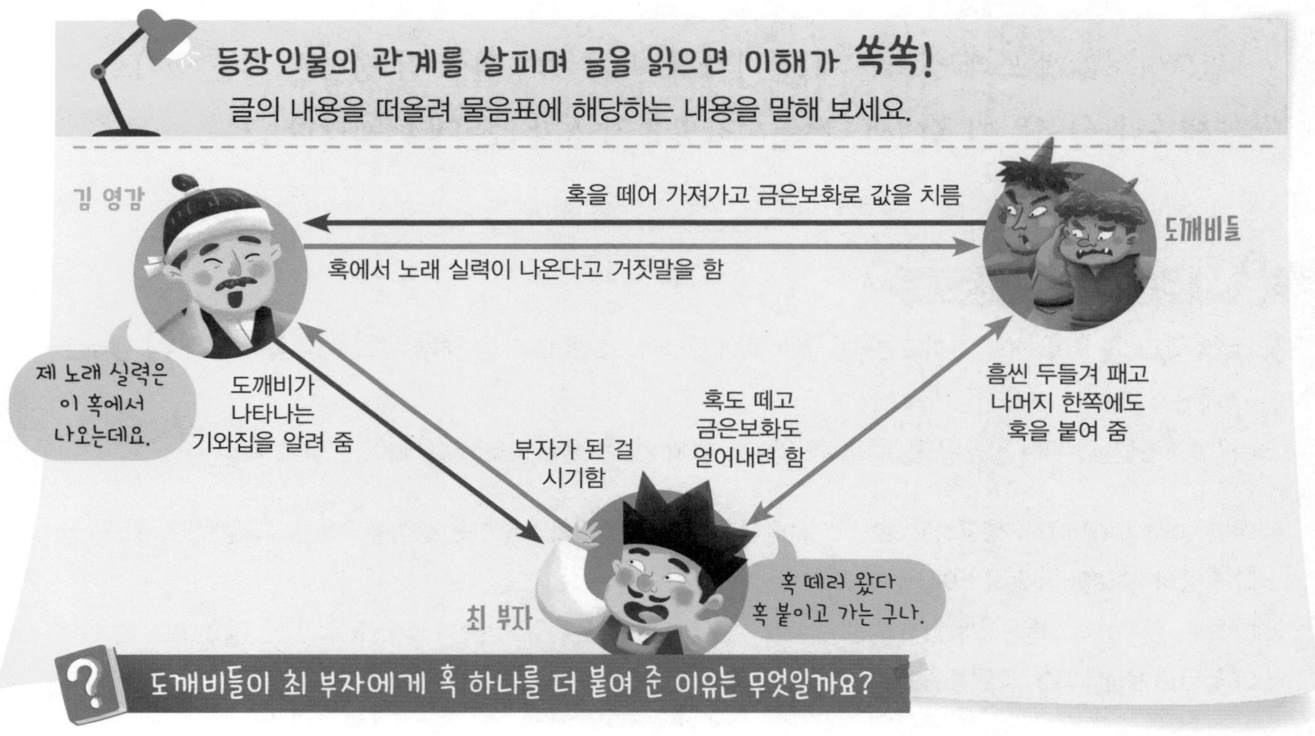

다음 네 가지 질문에 대한 답을 각각 한 문장으로 써 보세요.

1 이야기와 만나는 문장 쓰기 다음 문장을 빈칸에 따라 써 보세요.

"제 노래 실력은 이 혹에서 나오는지라 두고 갈 수가 없는데 어떡할까요?"

2 이해하는 문장 쓰기 혹에 대한 김 영감의 말을 들은 도깨비들은 김 영감에게 어떻게 했나요?

도깨비들은 다.

3 생각을 발견하는 문장 쓰기 소문을 들은 최 부자는 혹도 떼고 금은보화도 얻은 김 영감을 보고 어떤 생각을 했을까요?

최 부자는 다.

4 상상하는 문장 쓰기 여러분이 김 영감이라면 부자가 된 방법을 묻는 최 부자에게 무슨 말을 해 주었을까요?

내가 김 영감이라면 다.

모아쓰기 위에서 답으로 쓴 네 문장을 연결해서 써 보세요. 하나의 근사한 글이 될 거예요.

기억하고 있나요?

무엇을 가리키는 말일까요?

**3장에서 알아본 속담을 떠올려 보고
다음 설명이 의미하는 낱말을 찾아 동그라미 쳐 보세요.**

1. 병을 높여 부르는 한자말이에요.
2. 처음부터 끝까지의 과정을 말하는 네 글자로 이루어진 한자어예요.
3. 물이나 술, 장을 담아 두는 보관용기예요. 이것이 없으면 된장이나 간장을 보관할 수 없기 때문에 가정마다 있어야 할 필수품이었지요.
4. 손가락을 일일이 꼽아서 하는 셈법으로, 어림짐작으로 하는 계산을 말해요.
5. 아버지의 할아버지를 뜻해요. 고조부는 할아버지의 할아버지를 이르는 말이에요.
6. 도를 닦아서 인간 세상을 떠나 자연과 벗하여 죽지 않고 오래 산다는 상상의 사람이에요.
7. 어떤 일에 대해 생각하고 있는 것 말고 다른 생각을 말해요. 보통 다른 생각을 전혀 하지 않는다는 뜻으로 '없다'를 붙여 '이것이 없다'로 쓰여요.
8. 한옥에서 지붕을 떠받치기 위해 기둥과 기둥 사이에 가로로 길게 놓은 나무 기둥을 일컫는 말이에요. 한 나라나 집안의 운명을 지고 갈 만큼 중요한 사람을 비유할 때 쓰기도 해요.

※ 〈혹시 궁금하지 않았나요?〉 속의 단어들을 참고하세요.

병	자	초	지	종
주	환	증	신	수
먹	독	조	여	선
구	름	부	념	생
구	대	들	보	님

▶ 가이드북 56쪽에 정답

4장

역사 속 인물이 등장하는 속담

- 꿈은 잘못 꾸어도 해몽만 잘하여라
- 이미 엎질러진 물이다
- 지성이면 감천이다
- 티끌 모아 태산
- 황희 정승네 치마 하나로 세 어이딸이 입듯

열여섯 번째 이야기

꿈은 잘못 꾸어도 해몽만 잘하여라

고려 말기 대담하고 용감하기로 유명한 이성계라는 장군이 있었어요. 이성계는 저 멀리 중국과 맞닿은 요동부터 한반도 남쪽에 이르기까지 수많은 지역을 누비면서 전투를 벌였어요. 그는 활쏘기의 명수이자, 단 한 번도 진 적 없는 백전백승의 장군으로 이름이 드높았지요. 사람들은 30여 년 동안 전장에 나가 단 한 번도 패하지 않았던 그를 두고 '고려의 수호신'이라 부를 정도였어요.

하루는 전국을 누비며 전투를 벌이던 이성계가 전에 없던 꿈을 꾸었어요. 어느 초가집 툇마루에 앉아 있다가 나무 위에서 수탉이 날개를 치면서 시끄럽게 우는 것을 보는 꿈이었어요. 마침 이성계가 머물렀던 지역에는 깨달음을 얻은 스님 한 분이 토굴에서 수행한다는 이야기가 전해졌어요.

'잘 됐다. 내가 직접 스님을 찾아가 꿈 풀이를 해 달라고 해야겠다.'

이성계는 그 길로 수행 중인 스님을 찾아갔어요.

"여보게. 자네가 그 유명한 무학대사인가?"

이성계는 전날 밤 자신이 꾸었던 수탉 꿈에 대해 스님에게 털어 놓고 해석을 부탁했어요.

"닭이 울면 나쁜 꿈이라고들 하던데, 자네 생각은 어떠한가?"

무학대사는 이성계의 꿈 이야기를 유심히 듣고는 고개를 끄덕이며 말했어요.

"장군, 좋은 꿈을 꾸셨나이다."

무학대사는 의아해하는 이성계에게 꿈 풀이를 해 주었어요.

"수탉이 울면 날이 밝는다는 뜻이고, 닭이 울 때는 '꼬끼오'하고 우니, 한자로는 고귀위(高貴位) 아니겠습니까? 장차 높고 귀한 자리에 앉는다는 뜻입니다."

무학대사의 말을 들은 이성계는 빙긋이 미소 지었어요.

그날 밤, 이성계는 또 한 번 이상하리만치 생생한 꿈을 꾸었어요. 꿈에서 이성계는 오래된 집 안에 있었는데, 집밖으로 나오는 순간 서까래● 세 장이 등 위에 얹어지면서 서까래를 지고 나오는 꿈이었답니다. 다시 한번 무학대사를 찾은 이성계가 꿈 풀이를 요청했어요.

"장군, 더없이 좋은 꿈입니다."

"어째서 그러한가?"

이성계의 물음에 무학대사가 가까이 다가가 작은 소리로 속삭였어요.

"서까래 세 개를 등에 진 사람은 누구겠습니까? 바로 왕(王)입니다. 장차 왕이 되실 예지몽●인 것이지요."

혹시 궁금하지 않았나요?

꿈은 잘못 꾸어도 해몽만 잘하여라 설사 좋지 않은 일이라 하더라도 긍정적으로 생각해야 한다는 의미 혹은 어떤 일의 겉모습보다 속뜻이 더 중요하다는 뜻이에요.

- 비슷한 속담 (교과 연계)
- **꿈보다 해몽** 언짢은 일을 그럴듯하게 돌려 생각하여 좋게 풀이하는 것 혹은 사실보다 해석이 더 중요하다는 것을 비유적으로 이르는 말이에요.

- **서까래** 한옥 지붕의 뼈대를 이루는 나무를 서까래라고 해요.
- **예지몽** 현실에서 어떤 일이 일어날지를 미리 보여 주는 꿈을 의미해요.

무학대사의 말에 이성계는 깜짝 놀라면서도 내심 기분이 좋았어요. 그날 밤, 이성계는 또 다른 꿈을 꾸었어요. 아름다운 꽃밭에서 꽃을 보고 있는데, 갑자기 꽃이 모두 시들고 와장창 그릇 깨지는 소리가 들리는 꿈이었어요. 이성계는 이번에도 어김없이 무학대사를 찾아가 꿈 이야기를 들려 주었어요.

"이번에는 어떤가? 앞으로 내가 하는 일을 그르친다는 뜻인가?"

무학대사는 이성계의 질문에 고개를 저은 후, 자리에서 일어나 큰절을 올렸어요.

"장군, 때가 왔습니다. 꿈에서의 꽃은 장군이 세운 업적들을 말합니다. 한데, 꽃이 시들면 열매가 열리지 않습니까? 장군의 업적들을 바탕으로 결실을 맺을 시기라는 뜻이지요. 또 큰 소리가 난 것은 곧 큰일이 있어 만백성이 모두 장군을 우러러 본다는 의미입니다."

무학대사의 말에 이성계는 새로운 나라, 조선을 세울 결심을 굳혔어요. 이후 이성계는 고려를 무너뜨리고 조선을 세웠고, 이성계를 도운 무학대사는 자신이 수행하던 토굴 근처에 왕이 될 꿈을 풀이한 절이라는 뜻의 석왕사를 지었어요.

'꿈은 잘못 꾸어도 해몽만 잘 하여라'는 이때 생겨난 속담이랍니다.

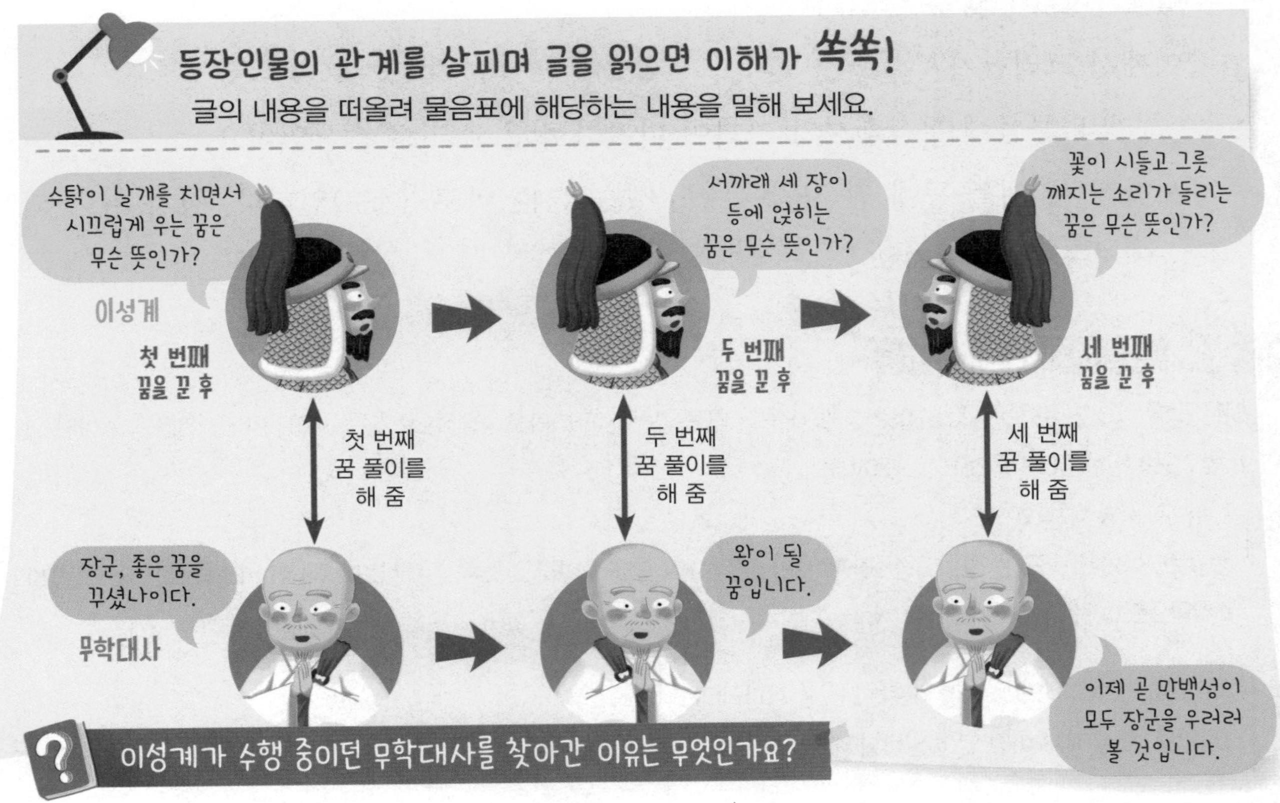

다음 네 가지 질문에 대한 답을 각각 한 문장으로 써 보세요.

1 이야기와 만나는 문장 쓰기 다음 문장을 빈칸에 따라 써 보세요.

	“	장	군	,	좋	은		꿈	을		꾸	셨	나	이	다	.	”		

2 이해하는 문장 쓰기 무학대사는 수탉이 우는 꿈을 꾼 이성계에게 뭐라고 꿈 풀이를 해 주었나요?

무학대사는 다.

3 생각을 발견하는 문장 쓰기 이성계는 세 번의 꿈 풀이를 듣고 어떤 기분이 들었을까요?

이성계는 다.

4 상상하는 문장 쓰기 여러분이 이성계라면 나쁘게 생각할 수도 있는 꿈을 아주 좋은 꿈이라고 풀이한 무학대사에게 어떤 보상을 해 주었을까요?

내가 이성계라면 다.

모아쓰기 위에서 답으로 쓴 네 문장을 연결해서 써 보세요. 하나의 근사한 글이 될 거예요.

열일곱 번째 이야기

이미 엎질러진 물이다

아주 오래 전 중국에 강태공이라는 가난한 선비가 살았어요. 강태공은 언젠가 자신이 나라에 큰 역할을 하게 될 거라 믿으며, 결혼을 한 뒤에도 글공부에만 매달렸지요. 강태공의 아내 마 씨는 먹고살 걱정은 전혀 하지 않는 강태공이 늘 못마땅했어요. 하루는 마 씨가 집을 나서며 글공부를 하는 강태공에게 말했어요.

"여보. 밭에 다녀올 테니 혹시 비가 오면 마당에 널어 둔 벼를 거둬 놓으세요. 알았죠?"

"……."

"아니, 왜 대답이 없어요?"

강태공은 마 씨의 채근•에 어쩔 수 없이 책에서 눈을 떼더니 마당을 휙 둘러보고는 다시 고개를 돌렸어요.

"그저 저 놈의 책만 들여다보고 집안일은 안중에도 없으니……."

마 씨는 한숨을 푹 내쉬고는 밭으로 향했어요.

얼마나 지났을까. 마 씨의 걱정대로 하늘에 먹구름이 끼더니 후드둑 빗물이 떨어지기 시작했어요.

집으로 황급히 돌아온 마 씨는 설마 했던 일이 벌어진 걸 보고 기가 딱 막혀 버렸어요. 비는 억수같이 오는데, 마당에 널어놓은 벼는 비를 그대로 맞으며 떠내려가고 있었거든요. 그 와중에도 강태공은 꼼짝없이 방에 앉아 책만 보고 있지 뭐예요.

화가 머리끝까지 치민 마 씨는 더 이상 참을 수가 없어 소리를 질렀어요.

"더 이상은 못 참겠어요! 어디 나 없이 살아 보시구려!"

마 씨는 그 길로 짐을 싸서 집을 나와 버렸어요.

아내가 가 버린 뒤에도 강태공의 글공부는 여전했어요. 가난했던 살림은 더욱 가난해졌고, 강태공은 먹을 게 없어 근처 하천에 낚시를 다녔지요. 하지만 강에서 낚시를 하면서도 강태공은 애써 물고기를 잡으려 하지 않았어요. 낚시를 할 때 쓰는 낚시 바늘만 봐도 그러했지요. 원래 낚시 바늘은 끝이 둥글게 구부러져 있어 물고기가 바늘을 물면 도망갈 수 없게 만드는데요. 강태공의 낚시 바늘은 끝이 일자로 쭉 펴져 있었거든요. 그래서 사람들은 그를 두고 '세월을 낚는 낚시꾼'이라 부르기도 했어요.

수십 년 후, 어느덧 그의 나이가 70이 되었어요. 그날도 낚싯대만 드리운 채 강을 바라보던 강태공에게 누군가 다가와 말을 걸었어요. 그는 훗날 주나라 왕이 될 문왕이었지요.

문왕은 처음 본 그 자리에서 강태공이 주나라를 이끌 큰 인물이 되리라고 확신했어요. 강태공은 드디어 때를 만났다고 여기고 문왕과 함께 은나라를 물리치고 주나라를 세우는 데 큰 공을 세웠답니다.

강태공의 업적이 얼마나 컸던지 문왕에 이어 왕이 된 문왕의 아들, 무왕도 강태공을 스승으로 대접했어요. 그리하여 강태공은 제나라를 다스리는 제후•로 임명되기까

혹시 궁금하지 않았나요?

이미 엎질러진 물이다 한번 쏟아진 물을 주워 담을 수 없는 것처럼 다시 바로잡거나 되돌릴 수 없는 일을 말해요.

- 비슷한 속담 (교과 연계)
- **소 잃고 외양간 고친다** 이미 실패한 다음에는 뒤늦게 후회해도 소용없다는 뜻이에요.

- **채근** 어떤 일에 대해 따지고 독촉하는 걸 의미해요.
- **제후** 왕에게 일정한 영토를 받아 그곳을 다스리는 우두머리를 가리키는 말이에요.

지 하였지요.

제나라 제후가 된 강태공이 마을을 떠나던 날, 마을 사람들이 몰려나와 그를 환송해 주었어요. 그들 사이에 노인이 된 마 씨도 있었어요. 마 씨는 용기를 내어 강태공 앞에 나타났어요.

"나리, 부디 과거의 잘못은 잊어 주시고 다시 한번 제게 기회를 주세요."

마 씨를 알아본 강태공은 가던 길을 멈추고 생각에 잠겼어요. 몇 분 후 입을 뗀 강태공이 마 씨에게 부탁했어요.

"부인, 내게 물 한 사발 떠다 줄 수 있겠소?"

마 씨는 곧장 물그릇 가득 물을 담아 강태공에게 전해 주었지요. 강태공은 마 씨가 가져다준 물그릇을 뒤집어 물을 모두 바닥에 쏟아 버리고는 말했어요.

"쏟아진 물을 다시 그릇에 담을 수 있다면 돌아와도 좋소."

마 씨는 눈물을 흘리며 뒤로 물러섰어요. 한번 쏟아진 물은 다시 담을 수 없는 것처럼, 한번 떠났으니 예전으로 되돌릴 수는 없는 노릇이란 걸 알아차린 까닭이에요. 이처럼 사람들은 되돌릴 수 없는 상황을 두고 '이미 엎질러진 물이다'라고 한답니다.

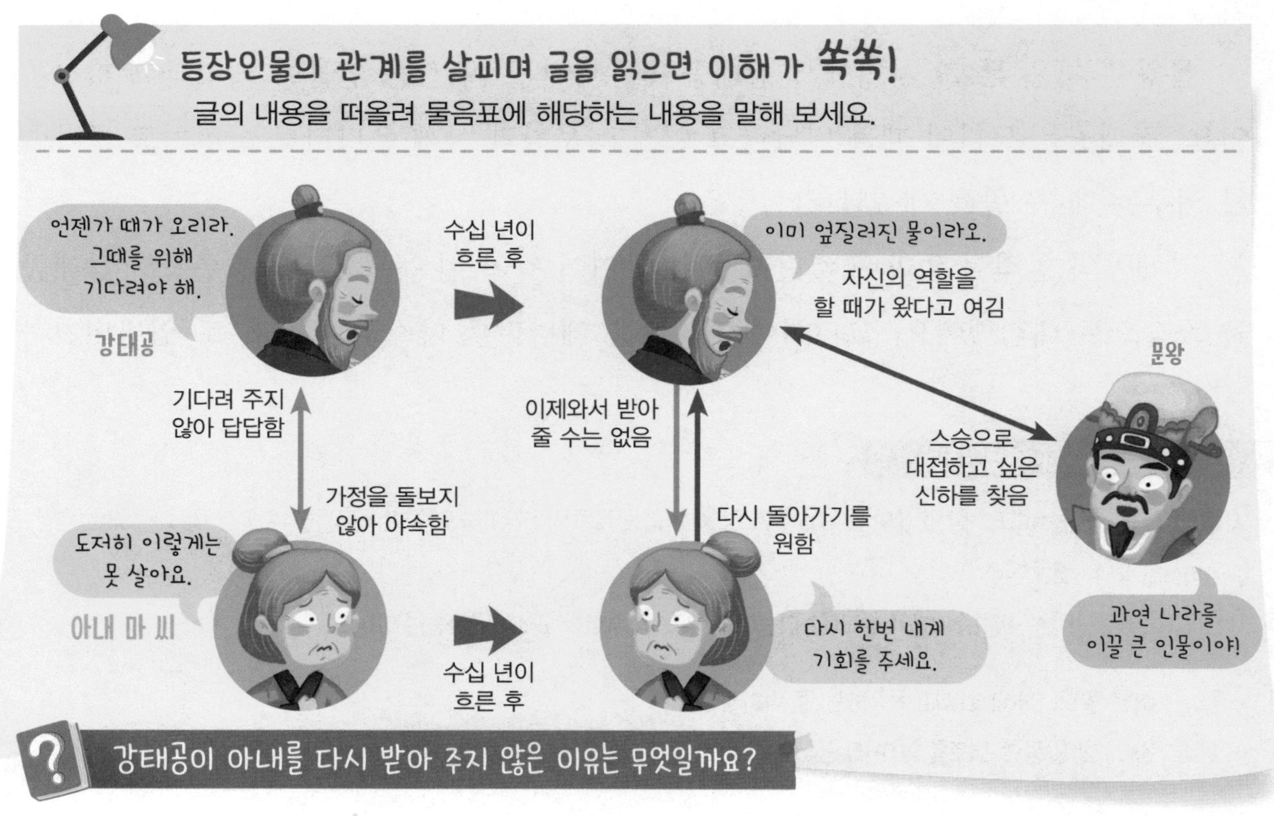

다음 네 가지 질문에 대한 답을 각각 한 문장으로 써 보세요.

1 이야기와 만나는 문장 쓰기 다음 문장을 빈칸에 따라 써 보세요.

"쏟아진 물을 다시 그릇에 담을 수 있다면 돌아와도 좋소."

2 이해하는 문장 쓰기 강태공이 마 씨에게 쏟아진 물을 다시 담아 보라고 한 말의 진심은 무엇일까요?

강태공은 다.

3 생각을 발견하는 문장 쓰기 강태공의 말을 들은 마 씨는 어떤 기분이 들었을까요?

마 씨는 다.

4 상상하는 문장 쓰기 여러분이 강태공이라면 다시 찾아온 마 씨에게 무슨 말을 해 주었을까요?

내가 강태공이라면 다.

모아쓰기 위에서 답으로 쓴 네 문장을 연결해서 써 보세요. 하나의 근사한 글이 될 거예요.

열여덟 번째 이야기

지성이면 감천이다

어느 마을에 부모 없이 자라는 지성이와 감천이라는 두 소년이 살았어요. 지성이는 태어나면서부터 걷지 못했고, 감천이는 눈이 보이지 않았어요. 두 소년은 형제처럼 지내며 언제, 어디에나 함께 다녔어요. 감천이가 지성이를 업고 다니며 지성이는 감천이의 두 눈이 되고, 감천이는 지성이의 두 다리가 되어 주었기 때문이에요.

한번은 잔치가 있다는 이웃 마을로 가기 위해 산을 오를 때였어요. 혼자 올라가기에도 벅찬 가파른 산길을 지성이까지 업고 올라야 하는 감천이의 이마에는 땀이 쉴 새 없이 흘러 내렸어요.

"감천이 형! 힘들지? 우리 잠깐 쉬었다 가자."

지성이가 감천이의 이마에 흐르는 땀을 닦아 주며 말했어요. 가쁜 숨을 몰아쉬던 감천이는 그제야 가던 길을 멈추고 지성이를 바닥에 내려 주었어요.

"지성아! 목이 너무 마른데 어디 물 좀 마실 데가 없을까?"

감천이의 말에 지성이는 주위를 둘러보며 열심히 샘물이 있을 만한 곳을 찾아보았어요. 걷지는 못하지만 손을 짚어 조금씩 나아가면서요.

"형! 저기 아래 물이 흘러와서 고여 있어. 여기서 조금만 더 올라가면 샘물이 나올 것 같아."

지성이는 간신히 작은 물웅덩이 하나를 발견하고는 감천이를 설득해 다시 산을 올랐어요. 감천이는 마지막 남은 힘을 다해 지성이를 업고 산길을 올랐지요.

"샘물이다!"

지성이의 외침과 함께 깨끗하고 맑은 샘물이 모습을 드러냈어요. 감천이의 등에서 내려온 지성이는 감천이의 손을 끌어 샘물에 담가 주었어요. 목이 말라 죽을 지경이었던 감천이는 허겁지겁 물을 마셨어요. 지성이도 두 손을 모아 물을 떠서 목을 축였어요. 그런데 물을 마시던 지성이의 눈에 커다란 금덩이가 보이지 않겠어요? 샘물 속에 덩그러니 놓인 반짝이는 물체는 분명 금덩이가 확실했어요.

"형, 저 안에 금덩이가 있어!"

지성이는 금덩이를 꺼내 감천이의 손에 쥐어 주었어요. 감천이도 깜짝 놀라 금덩이를 만져 보았어요. 두 사람이 금덩이를 보고 감탄하는 사이 도붓장수 하나가 물을 마시러 다가왔어요.

"어이쿠. 그건 구렁이가 아니오?"

도붓장수는 두 사람이 든 금덩이를 구렁이라며 물도 마시지 않고 부리나케 도망가 버렸어요. 금덩이를 구렁이라고 하다니 이상하다며 쳐다보는 사이, 이번에는 나무꾼이 샘물 근처로 다가왔어요.

"나무꾼님, 이 금덩이를 둘로 나눠 줄 수 있을까요?"

혹시 궁금하지 않았나요?

지성이면 감천이다 지성이와 감천이의 이야기처럼 정성이 지극하면 하늘도 감동하여 복을 준다는 뜻이에요.

- 비슷한 속담
- **정성이 지극하면 돌 위에 꽃이 핀다** 땅도 아닌 돌에 꽃이 핀 걸 본 적 있나요? 지극한 정성을 들이면 돌 위에도 꽃이 필 만큼 기적같은 일이 일어난다는 말이에요.

- **샘물** 땅 아래에서 솟아나오는 깨끗한 물을 의미해요.
- **도붓장수** 봇짐을 지고 다니면서 물건을 파는 상인을 말해요.

지성이가 나무꾼에게 부탁하자, 나무꾼이 가지고 있던 도끼로 금덩이를 반으로 나눠 주었어요.

"돌멩이를 가지고 금덩이라니, 어쨌든 둘로 나눠 줬으니 됐지?"

나무꾼도 사라지자 감천이는 다시 지성이를 업고 산길을 걸었어요. 각자 금덩이를 하나씩 주머니에 넣은 채로요. 산길을 걷던 중 두 사람은 절로 돌아가는 스님 한 분을 만나게 되었어요.

"스님, 스님의 눈에도 이게 구렁이나 돌멩이로 보이시나요?"

"아이고. 이게 웬 금덩어린가?"

지성이에게서 모든 이야기를 전해 들은 스님이 말했어요.

"이건 보통 금덩이가 아니오. 분명 부처님의 뜻이니 이 금덩이를 부처님께 바치고 100일 기도를 해 보는 게 좋겠소."

지성이와 감천이는 금덩이를 부처님께 바치고 그날부터 100일 기도를 시작했어요. 그리고 마침내 기도가 끝나는 날, 감천이의 눈이 떠지고 지성이가 걷게 되는 믿지 못할 기적이 일어났지요. 이처럼 '지성이면 감천이다'라는 말은 지성과 감천의 우정에 하늘이 감동한 이야기에서 생겨난 말이랍니다.

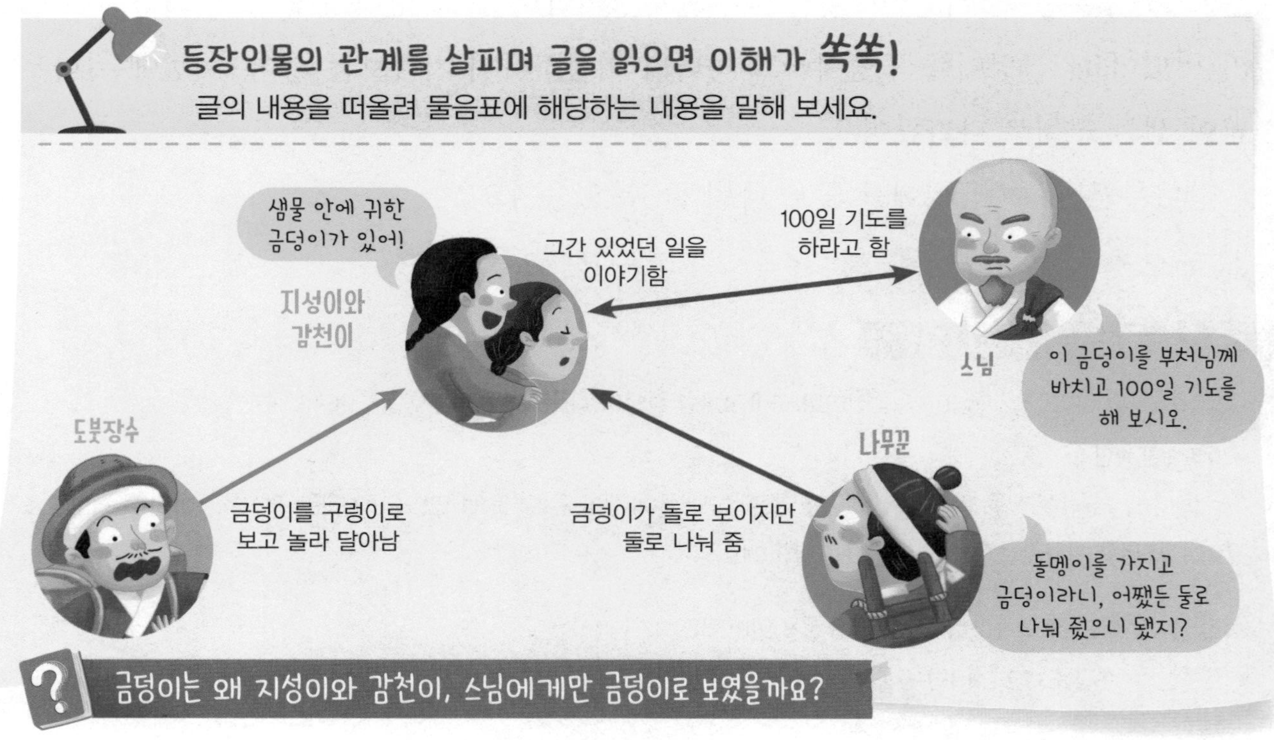

다음 네 가지 질문에 대한 답을 각각 한 문장으로 써 보세요.

1 이야기와 만나는 문장 쓰기 다음 문장을 빈칸에 따라 써 보세요.

“	형	,	저		안	에		금	덩	이	가		있	어	!	”		

2 이해하는 문장 쓰기 지성이와 감천이는 샘물에서 무엇을 발견했나요?

지성이와 감천이는 다.

3 생각을 발견하는 문장 쓰기 지성이의 이야기를 모두 전해 들은 스님은 금덩이에 대해 어떻게 생각했나요?

스님은 다.

4 상상하는 문장 쓰기 여러분이 스님이라면 두 사람이 부처님에게 바친 금덩이를 어디에 썼을까요?

내가 스님이라면 다.

모아쓰기 위에서 답으로 쓴 네 문장을 연결해서 써 보세요. 하나의 근사한 글이 될 거예요.

열아홉 번째 이야기

티끌 모아 태산

조선 시대 영의정까지 오른 인물인 이항복은 어린 시절 일화로도 유명해요. 죽마고우인 이덕형과의 우정을 담은 이야기, '오성과 한음'의 주인공 오성이 바로 이항복이랍니다. 이런 이항복이 어렸을 때의 일이에요.

이항복은 하나를 가르쳐 주면 열을 깨우치는 영특한 아이였지만, 글공부를 하지 않을 때면 영락없는 개구쟁이였어요. 마을의 아이들을 몰고 다니며 장난치기를 좋아하는 골목대장이었고, 이곳저곳 탐험하듯 돌아다니기를 좋아했어요. 그가 자주 드나들던 대장간도 그중 하나였지요. 대장장이가 쇠●를 녹여 낫이며, 호미 등을 만드는 모습을 보는 건 또 다른 즐거움이었거든요.

하루는 이항복이 대장장이가 일하는 모습을 유심히 보다가 바닥에 떨어진 쇳조각에 눈길을 주게 되었어요. 바닥에는 새끼손톱만한 크기부터 손가락 한 마디 정도 크기의 쇳조각들이 무수히 흩어져 있었지요.

"바닥에 떨어진 쇳조각은 쓰지 않는가?"

이항복이 대장장이에게 묻자, 대장장이는 웃으며 말했어요.

"당연히 쓰지 않지요. 그 작은 걸 어디다 쓰겠어요?"

"쇳조각을 치우면 바닥이 한결 깨끗할 텐데, 내가 쇳조각을 가져가도 되겠는가?"

이항복의 말에 대장장이는 듣던 중 반가운 소리라고 했어요. 그날부터 이항복은 대장간에 들러 바닥에 떨어진 쇳조각을 모아 집으로 가지고 왔어요. 갈 때마다 한줌씩 모은 쇳조각은 어느새 독 하나를 가득 채울 정도로 많아졌지요. 대장간에서 주워 온 쇳조각으로 두 번째 독을 채우자, 이항복의 아버지도 이항복이 쇳조각을 모은다는 사실을 알게 되었어요.

"네가 쇳조각이나 모으고 다닌다는 소리가 들리던데, 공부는 안 하고 쓸데없는 짓이나 하고 돌아다니는 게냐. 당장 쇳조각을 갖다 버리도록 해라."

"지당하신 말씀이나, 곧 쓸 일이 있으니 조금만 기다려 주세요."

아버지의 불호령에도 이항복은 꿋꿋이 쇳조각을 모았어요. 그렇게 이항복이 모은 쇳조각이 세 번째 독을 채우던 날, 갑작스레 대장간이 문을 닫고 말았어요.

"쯧쯧. 대장장이가 노름에 빠지더니 결국 대장간까지 문을 닫았네."

대장간 앞에서 수군거리는 사람들의 말을 전해 들은 이항복은 곧장 대장장이를 찾아갔어요.

"대장간 문이 닫혔던데 왜 일을 하지 않는 건가?"

이항복이 대장장이에게 묻자, 대장장이가 힘없이 대답했어요.

혹시 궁금하지 않았나요?

티끌 모아 태산 아무리 적은 양이라고 해도 조금씩 쌓이면 나중에는 큰 덩어리가 된다는 의미예요. (교과 연계)

- 비슷한 속담
  - **가랑비에 옷 젖는 줄 모른다** 빗줄기가 가는 비라고 해도 맞다 보면 옷이 젖는다는 뜻으로 사소한 것이라도 거듭되면 무시하지 못할 정도가 된다는 뜻이에요.

- **쇠** 금속 물질인 '철'을 다른 말로 쇠라고 해요. 자물쇠, 쇠붙이 등 일상에서 쓰이는 말에는 철 대신 쇠를 쓰지요.
- **태산** 원래는 중국에 있는 다섯 개의 높은 산들 중 하나이지만, 일반적으로는 아주 높고 큰 산이나 일을 말해요.

"아이고, 도련님. 제가 일을 하려면 쇠를 사야 하는데 지금은 돈이 없어요."

"그건 걱정 마시게. 쇠라면 나한테 충분히 많으니까. 내 그동안 모은 쇠를 모두 돌려줄 테니 그걸 녹여 연장을 만들어 팔게나."

이항복은 대장장이에게 세 개의 독에 든 쇳조각을 모두 전해 주었어요. 대장장이는 이항복이 모아 놓은 쇳조각으로 다시 낫이며, 호미를 만들었고 그걸 판 돈을 밑천으로 다시 대장간의 문을 열었어요. 이 사실을 전해 들은 마을 사람들은 모두 이항복을 칭찬했어요.

"아무 쓸데없다고 버린 쇳조각이 이리 요긴하게 쓰일 줄이야!"

"그러게 말이오. 이항복이 아니었다면 대장간이 다시 문을 열 수 있었겠냐 이 말이지."

쇳조각을 모아 대장간을 되살린 이항복에 대한 칭찬은 어느덧 이항복 아버지의 귀에도 들어갔어요. 이항복의 아버지는 이항복을 불러 말했어요.

"티끌 모아 태산•이라더니, 쇳조각을 모아 대장간을 살렸구나."

아버지의 칭찬을 들은 이항복의 입가에는 살며시 미소가 어렸어요.

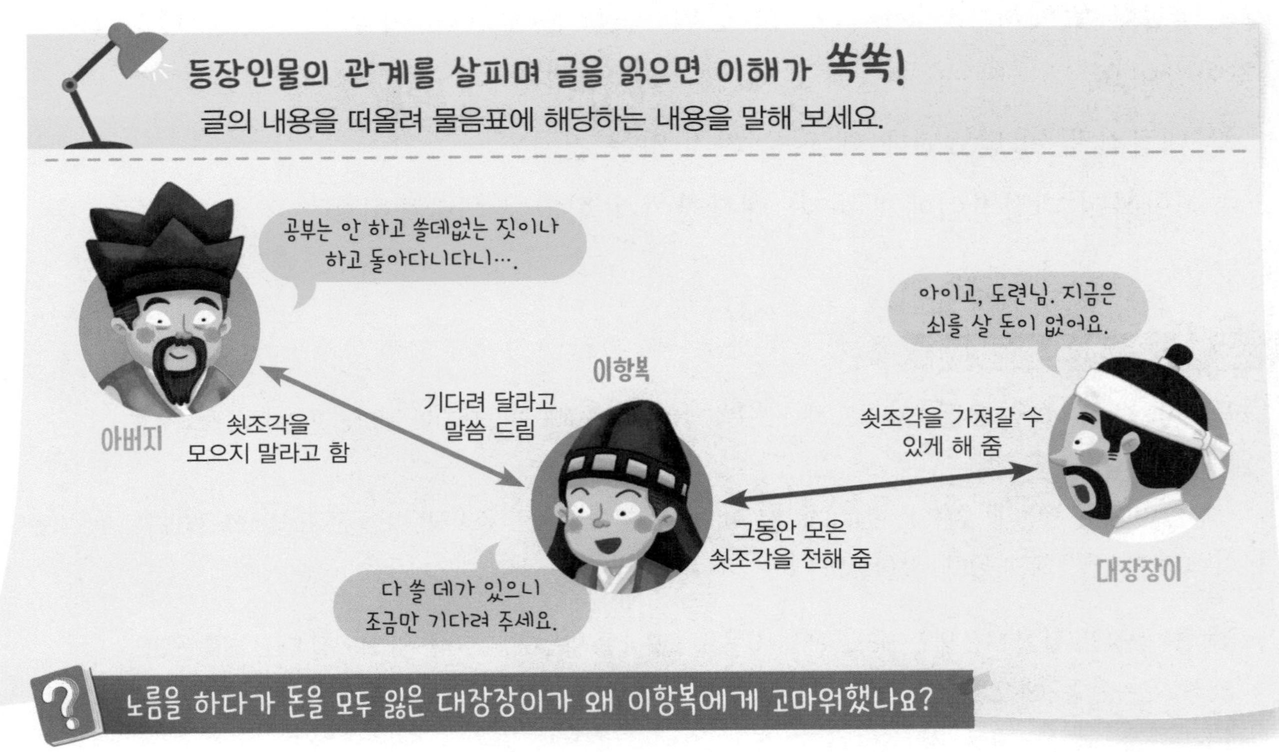

다음 네 가지 질문에 대한 답을 각각 한 문장으로 써 보세요.

1 이야기와 만나는 문장 쓰기 다음 문장을 빈칸에 따라 써 보세요.

"바닥에 떨어진 쇳조각은 쓰지 않는가?"

2 이해하는 문장 쓰기 대장간에 놀러 간 이항복은 바닥에 흩어져 있는 쇳조각을 보고 어떻게 했나요?

이항복은 다.

3 생각을 발견하는 문장 쓰기 노름으로 가진 돈을 모두 날린 대장장이가 이항복이 모아 둔 쇳조각을 봤을 때 어떤 생각이 들었을까요?

대장장이는 다.

4 상상하는 문장 쓰기 여러분이 대장장이라면 쇳조각을 모아 온 이항복에게 어떻게 말했을까요?

내가 대장장이라면 다.

모아쓰기 위에서 답으로 쓴 네 문장을 연결해서 써 보세요. 하나의 근사한 글이 될 거예요.

스무 번째 이야기

황희 정승네 치마 하나로 세 어이딸이 입듯

조선 최고의 명재상●이라 불린 황희 정승은 세종 시절 무려 20년 가까이 영의정에 올랐던 인물이에요. 조선 시대 영의정은 지금의 국무총리에 해당할 만큼 높은 직책이었으니 당시 세종이 황희 정승을 얼마나 신뢰했는지 짐작할 수 있겠죠?

하지만 황희 정승이 영의정에 오르기까지는 어려움이 많았어요. 왕의 의견에 반대해 귀양●을 가기도 하고 벼슬에서 쫓겨난 적도 있었지요. 그러다 보니 본래 검소했던 생활과 강직한 성품은 더욱 굳어져 검소함에 있어서는 황희 정승을 따라잡을 사람이 없을 정도였어요. 한번은 황희 정승의 집에서 일하는 하인이 마당을 쓸고 있는데, 한 선비가 찾아왔어요. 선비는 하인에게 물었어요.

"여기가 황희 정승 댁이 맞는가?"

"네. 그렇습니다만……."

하인이 그렇다고 대답하자 선비는 하인에게 종이 뭉치를 건네 주며 말했어요.

"이거 별것 아니네만, 나리께 좀 전해 주게."

선비가 전해 준 건 고등어 한 마리를 싼 종이 뭉치였어요. 하인은 선비가 건네 준

것을 도로 선비의 손에 쥐어 주며 손사래를 쳤어요.

"아이고. 이거 받으면 제가 큰일 납니다. 그냥 가져가세요."

"보잘 것 없지만 나리께서 오래도록 건강하시길 바라는 의미에서 드리는 거라네."

선비는 하인의 손에 종이 뭉치를 들려 주고는 대문 밖으로 도망 나갔어요. 난감해진 하인이 우두커니 서 있는 사이, 황희 정승이 하인을 불렀어요.

"밖에 무슨 일 있느냐?"

"그게 다름이 아니라……."

하인의 말을 모두 들은 황희 정승이 말했어요.

"대문 밖에 걸어 두게나. 오가다 보고 찾으러 오도록 말일세."

이렇듯 생선 한 마리조차 받지 않으려는 황희 정승을 두고 조정의 간신들은 불만이 이만저만 큰 게 아니었어요.

"내참, 저 혼자 깨끗한 척은 다 하는구만."

황희 정승을 시기하던 간신들은 급기야 없는 말까지 지어내기 시작했어요. 황희 정승이 겉으로만 검소한 척 할뿐 사실 집에는 온갖 비단이며, 곡식이 넘쳐난다고 말이에요. 소문은 세종의 귀에까지 전해졌어요. 황희 정승을 매우 아끼던 세종은 황희 정승의 집을 직접 찾아 알아보아야겠다고 생각했어요.

"내 오늘은 영의정의 집을 가 보려고 하네. 아무도 모르게 준비해 주게."

세종은 신하 몇 명만을 앞세워 황희 정승의 집으로 향했어요. 갑작스러운 방문에

혹시 궁금하지 않았나요?

황희 정승네 치마 하나로 세 어이딸이 입듯 황희 정승네 어미와 딸들처럼 매우 가난하다는 뜻이에요. 어이딸은 어미와 딸을 일컫는 말이에요.

비슷한 속담

서 발 막대 거칠 것 없다 가난한 집안이라 긴 막대를 휘둘러도 걸릴 살림 도구가 아무 것도 없는 걸 뜻해요. 이때 발은 두 팔을 양 옆으로 벌렸을 때의 길이예요.

- **명재상** 임금을 돕는 높은 자리의 벼슬을 '재상'이라고 하는데요. 명재상은 그중 일을 잘하여 이름이 난 재상을 의미해요.
- **귀양** 죄인을 먼 시골이나 섬으로 보내어 일정한 기간 동안 제한된 장소에서만 살도록 하던 형벌이에요. 황희는 남원으로 귀양을 간 적이 있어요.

깜짝 놀란 황희 정승이 세종 앞에 버선발로 뛰쳐나와 머리를 조아리며 말했어요.

"임금께서 어인 일로 이 누추한 곳에 오셨습니까?"

"날이 저물고 하도 적적하여 놀러 와 보았네. 허허."

황희 정승은 임금을 아랫목으로 안내하고 큰절을 한 다음, 부인과 딸들이 들어와 인사하기를 기다렸어요. 한데, 냉큼 나와 인사를 해야 하는 가족들이 도통 들어오질 않는 거예요. 사실 부인과 딸들은 다급히 인사를 해야 하는 상황에서 변변한 치마가 없어 망설이고 있던 참이었어요. 입을 만한 것이라고는 황희 정승의 아내가 가진 옥색 치마 한 벌 뿐이었지요.

"얘들아, 이럴 게 아니라 우선 내가 인사를 드리고 나오면 차례로 이 치마를 갈아 입고 들어가서 인사를 하는 게 좋겠구나."

잠시 뒤 황희 정승의 아내가 먼저 옥색 치마를 입고 절을 했어요. 연이어 첫째 딸과 둘째 딸이 절을 했지요. 이 모습을 본 세종대왕은 속으로 크게 웃으며 말했어요.

"오늘 볼일은 모두 보았으니, 이만 돌아가겠네."

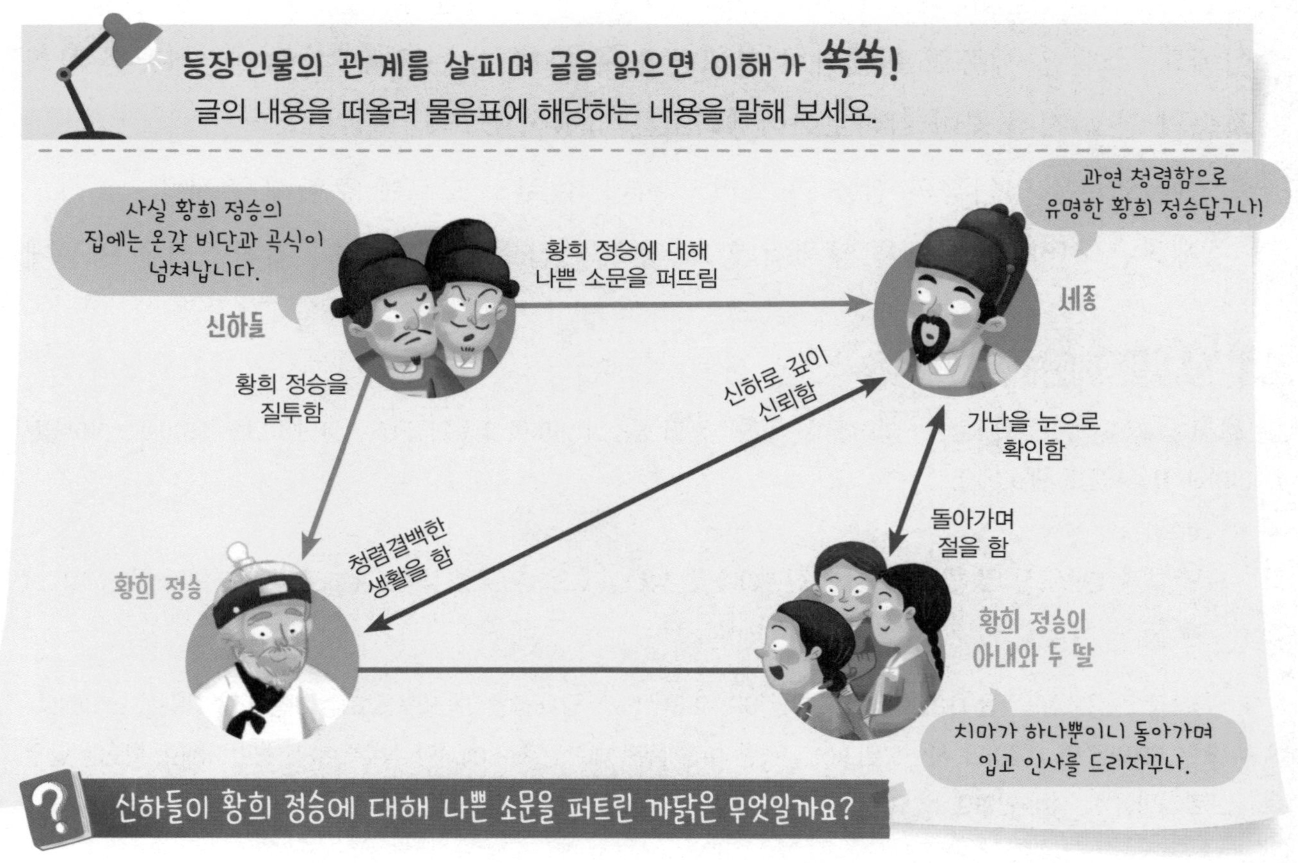

다음 네 가지 질문에 대한 답을 각각 한 문장으로 써 보세요.

1 이야기와 만나는 문장 쓰기 다음 문장을 빈칸에 따라 써 보세요.

	“	임	금	께	서		어	인		일	로		이		누	추	한		곳
에		오	셨	습	니	까	?	”											

2 이해하는 문장 쓰기 세종이 한밤중에 황희 정승의 집으로 찾아간 까닭은 무엇인가요?

세종은 ______________________________ 다.

3 생각을 발견하는 문장 쓰기 황희 정승의 부인과 딸들은 집에 찾아온 세종을 보고 어떤 생각을 했을까요?

황희 정승의 부인과 딸들은 ______________________________ 다.

4 상상하는 문장 쓰기 여러분이 세종이라면 황희 정승의 집을 방문하고 돌아온 후 무엇을 했을까요?

내가 세종이라면 ______________________________ 다.

모아쓰기 위에서 답으로 쓴 네 문장을 연결해서 써 보세요. 하나의 근사한 글이 될 거예요.

기억하고 있나요?

누구일까요?

4장에서는 역사 속 인물과 관련된 속담을 알아보았어요.
본문에서 살펴본 인물에 대한 설명과 맞아 떨어지는 인물의 이름을 아래에서 찾아 써 보세요.

황희 정승 | 이항복 | 강태공 | 이성계

무학대사

고려 말 대담하고 용감하기로 유명한 장수였던 이분은 후에 조선을 건국한 분으로 더욱 유명하지요. 조선 건국의 꿈을 내가 해몽해 주었으니 나도 큰 역할을 한 셈인듯 싶소만…….

(   )

아주 오래 전 중국에 살았던 정치가예요. 너무 가난해서 제가 떠난 사이 70세가 되어 제나라의 제후로 임명되기도 했답니다. 낚시를 하면서 물고기는 낚지 않고 시간을 낚는다는 말을 남긴 걸로 유명해요.

강태공 아내 마 씨

(   )

대장장이

조선시대 영의정까지 오른 이분은 어린 시절 영특하기로 유명했어요. 오성과 한음의 오성이 바로 이 분이지요. 대장간 쇳조각을 주워 모아 놓은 덕에 대장간이 망하지 않을 수 있었답니다.

(   )

조선 최고의 명재상이라 불린 이 사람은 20년 가까이 영의정 자리에 올랐던 인물이에요. 간신들이 가난한 척 한다고 소문을 퍼트려서 직접 가 보았더니 사실은 커녕 부인과 딸들이 치마를 돌려 입을 정도였어요.

세종

(   )

▶ 가이드북 56쪽에 정답

5장

사자성어와 같은 뜻을 가진 속담

· 닭 쫓던 개 지붕 쳐다본다

· 계란으로 바위 치기

· 고양이 목에 방울 달기

· 보고 못 먹는 것은 그림의 떡

· 사람은 죽으면 이름을 남기고 호랑이는 죽으면 가죽을 남긴다

스물한 번째 이야기

닭 쫓던 개 지붕 쳐다본다

옛날 어느 집 마당에서 있었던 일이에요. 따사로운 봄날, 주인이 외출하고 난 집에는 동물들만이 남아 집을 지키고 있었어요. 마침 동물들의 식사 시간이었던 터라 닭은 좁쌀을 쪼아 먹고, 개는 마루 밑에서 주인이 남긴 밥을 먹고 있었어요. 외양간의 황소는 여물●을 먹고 있었고요.

식사를 끝낸 닭이 가슴을 쫙 펴고 마당을 한 바퀴 휘 돌아보자, 질겅질겅 여물을 씹던 황소가 한숨을 푹 내쉬며 말했어요.

"하는 일 없이 빌빌거리는 놈은 귀한 곡식을 먹고, 하루 종일 쟁기질●이며, 달구지●를 끌고 다니는 나는 지푸라기나 먹어야 하다니……."

황소가 자신을 향해 한 말을 들은 닭이 기가 차다는 듯 말했어요.

"네가 그러니까 이런 대접을 받는 거야!"

"뭐라고?"

닭의 말에 화가 난 황소가 씩씩거리며 닭을 쏘아 보았어요.

"자, 들어 봐. 네가 보기에는 내가 아무 일도 하지 않는 것처럼 보이지? 하지만 나는 사람들한테 시간을 알려 주는 아주 중요한 일을 하고 있어. 이 일이 얼마나 중요했으면 하느님이 벼슬까지 내려 주셨겠어?"

닭은 아까보다 더 가슴을 부풀리며 붉은 닭 볏을 보란 듯이 세워 보였어요. 그 모습이 얼마나 아니꼬왔던지 이번에는 마루 밑에서 주인이 남긴 밥을 먹던 개가 나서서 말했어요.

"가만히 듣고 있자니 정말 기가 차고 코가 차는구나. 고작 시간을 알려 주는 게 아주 중요한 일이라고? 황소는 사람들이 먹고살 수 있도록 농사짓는 일을 돕고 나는 하루 종일 산짐승이나 도둑이 들어오지 못하도록 집을 지키는데, 어떻게 아침에 고작 몇 번 우는 일이 더 중요하다는 말이냐?"

개가 하는 말에 황소는 연신 고개를 끄덕끄덕 했어요. 마음 같아서는 두 발을 들고 박수라도 치고 싶은 심정이었지요. 하지만 닭은 개의 말에도 아랑곳없이 더 큰 소리로 또박또박 대답했어요.

"이것 봐. 너희들은 정말 멍청하다니까. 내가 해가 뜰 때 '꼬끼오'라고 우는 걸 듣고도 그런 말을 하는 거야? 그 말을 한자로 바꾸면 고할 고(告)와 그 기(其), 중요할 요(要), 즉 '고기요(告其要)'야. 중요한 걸 알린다는 뜻이지. 아무 뜻도 없이 우는 니들 울음소리랑은 전혀 다르다 이 말이야."

혹시 궁금하지 않았나요?

닭 쫓던 개 지붕 쳐다본다 개가 닭을 쫓아봤자 지붕 위로 올라간 닭은 잡을 수가 없다는 속담으로 애써 하던 일이 실패하거나 남보다 뒤떨어져 어찌할 수 없음을 이르는 말이에요. (교과 연계)

- 관련된 사자성어
- **축계망리(逐鷄望籬)** 쫓을 축(逐), 닭 계(鷄), 바랄 망(望), 울타리 리(籬)로 닭을 쫓다 울타리를 바라본다는 의미의 사자성어예요.

- **여물** 소나 말을 먹이기 위해 말려서 썰어 놓은 짚이나 풀을 말해요.
- **쟁기질** 소가 끌어 가도록 만든 농기구로 논밭을 가는 데 사용해요.
- **달구지** 소나 말이 끄는 짐수레를 말해요.

닭의 말에 개는 머리끝까지 화가 났어요.

"너 진짜 말 다했어?"

"너희들이 태어날 때부터 고귀한 신분인 나를 질투해 봤자 이미 정해진 건 바꿀 수가 없는 거야."

닭이 있는 대로 약을 올리자 개는 더 이상 참지 못하겠다는 듯 닭을 향해 크게 짖었어요.

"멍멍! 진짜 아무 뜻이 없는지 어디 두고 보자고!"

순식간에 닭에게 달려간 개는 닭 머리의 붉은 볏을 물어뜯었어요. 깜짝 놀란 닭은 후다닥 지붕 위로 날아 올라갔지요. 그리고 화가 난 개를 피하느라 땅으로 내려오지 않았어요.

하지만 개는 화가 난다고 해도 지붕 위까지 따라 올라갈 수는 없는 노릇이었어요. 그저 지붕만 쳐다보며 분을 삭일 수밖에요. 개에게 물어뜯긴 닭의 볏은 이때부터 톱니 모양이 되었다나요?

이처럼 '닭 쫓던 개 지붕 쳐다본다'라는 속담은 아무리 애를 써 보아도 더 이상 어찌할 도리가 없어서 포기할 수밖에 없는 상황에서 쓰이는 말이랍니다.

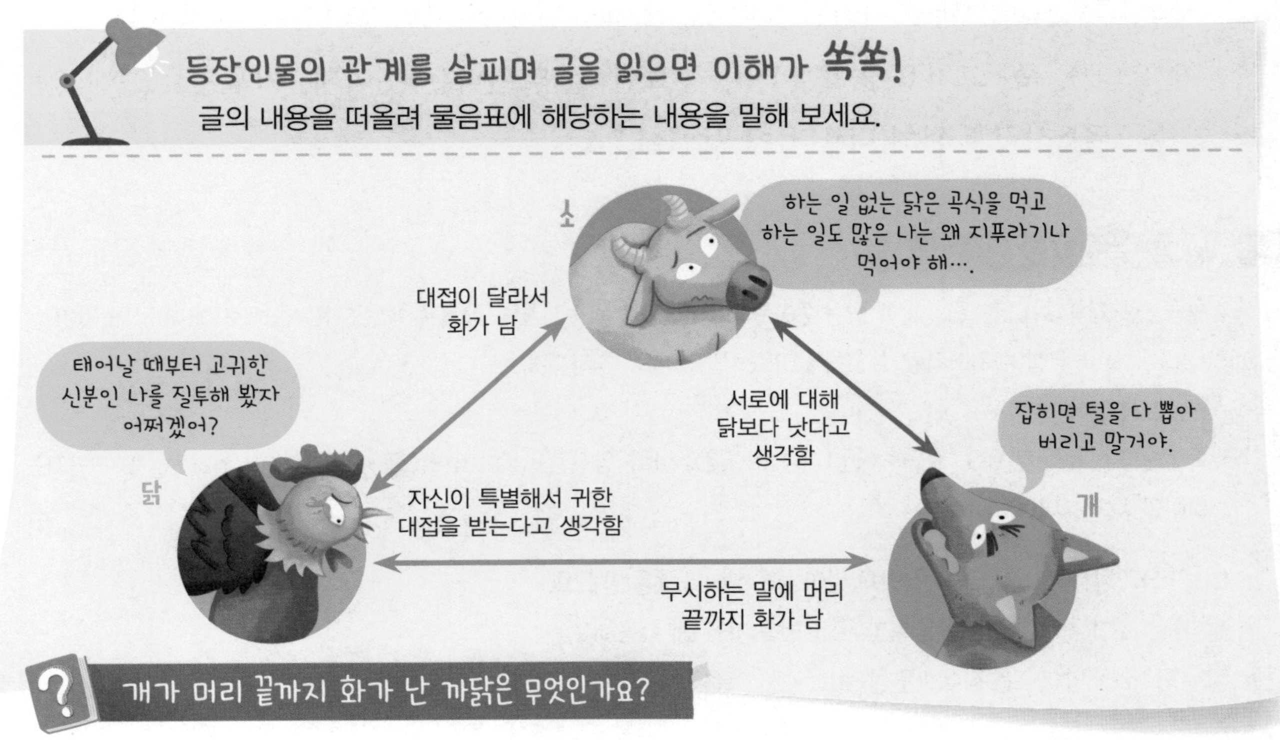

✎ 다음 네 가지 질문에 대한 답을 각각 한 문장으로 써 보세요.

1 이야기와 만나는 문장 쓰기 다음 문장을 빈칸에 따라 써 보세요.

“	아	무		뜻	도		없	이		우	는		니	들		울	음	소
리	랑	은		전	혀		다	르	다		이		말	이	야	.	”	

2 이해하는 문장 쓰기 닭은 황소에게 자신이 왜 다른 동물보다 중요한 존재라고 말했나요?

닭은 다.

3 생각을 발견하는 문장 쓰기 황소와 개는 닭이 하는 말을 듣고 어떤 기분이 들었을까요?

황소와 개는 다.

4 상상하는 문장 쓰기 여러분이 개라면 황소와 자신을 무시하고 잘난 척 하는 닭을 어떻게 대했을까요?

내가 개라면 다.

모아쓰기 위에서 답으로 쓴 네 문장을 연결해서 써 보세요. 하나의 근사한 글이 될 거예요.

계란으로 바위 치기

지금으로부터 약 3천 년 전, 중국 전국시대에 묵자[•]라는 인물이 살았어요. 묵자는 참사랑으로 혼란스러운 세상을 잠재울 수 있다고 믿었던 사상가이자 철학자였어요. 그는 사람들이 평등하게 서로 사랑하고 평화롭게 살아야 한다고 주장했어요.

묵자가 살던 당시 중국은 피 튀기는 전쟁이 끊이지 않았는데요. 전쟁으로 수많은 사람들이 죽고 남아 있는 사람들조차 집과 땅을 빼앗겨 고향을 떠나야 했어요. 묵자는 전쟁으로 피해를 입은 힘없는 백성들을 지켜보며, 더 이상 전쟁이 일어나서는 안 된다고 생각했지요.

하루는 묵자가 전쟁 후 폐허[•]가 된 지역을 둘러보고 있을 때였어요. 한창 일을 해야 할 사람들은 피 흘리며 죽어 갔고, 부모를 잃은 아이들은 길거리에서 울고 있었어요. 집들은 죄다 불타 남아 있는 사람들도 앞으로 살아갈 길이 막막해 보였어요. 처참하기 이를 데 없는 모습을 보는 묵자의 두 눈에도 눈물이 고였어요.

'이대로 두어서는 안 돼. 어떻게든 전쟁을 막아야 해.'

묵자는 전쟁을 일으킨 북쪽 나라의 왕을 만나야겠다고 결심했어요. 그리고 곧장 북쪽을 향해 걸어갔어요. 한참을 걷는데 어디선가 자신을 향해 말하는 소리가 들려왔어요.

"더 이상 가지 마시오."

잠시 발걸음을 멈춘 묵자가 주위를 둘러보자 웬 나이든 노인 하나가 자신을 향해 말하는 게 아니겠어요.

"분명히 말하는데 더 이상 가지 말라고 했소."

묵자가 노인에게 말했어요.

"제가 어디를 가는 줄 알고 가지 말라고 하십니까?"

노인은 기다란 지팡이를 짚고는 자리를 털고 일어서며 묵자에게로 다가왔어요. 그리고 손에 든 지팡이로 북쪽 하늘을 가리키며 말했어요.

"저기 저 하늘을 보시오. 검은 기운이 가득하지 않소. 필시 나쁜 일이 생길 게 분명하오. **지금은 절대 북으로 가서는 안 된다오.**"

사실 노인은 점을 치는 점쟁이였어요. 묵자는 노인이 점쟁이라는 사실을 알고 난 후에도 가던 길을 멈출 생각이 없었어요. 오히려 발걸음을 재촉할 정도였지요. 노인은 자신의 말에도 아랑곳없이 길을 떠나는 묵자를 향해 혀를 끌끌 찼어요.

노인의 만류에도 묵자가 포기하지 않은 데는 모두 이유가 있었어요.

'서두르지 않으면 더 많은 사람들이 희생될 거야.'

혹시 궁금하지 않았나요?

계란으로 바위 치기 아무리 노력해도 불가능한 상황에 도전할 때 쓰는 말이에요.

관련된 사자성어

이란투석(以卵投石) : ~로써 이(以), 알 란(卵), 던질 투(投), 돌 석(石)으로 계란을 바위에 던진다는 의미의 사자성어예요.

- **묵자** 혼란한 사회를 안정시키기 위해서는 누구에게나 차별 없는 사랑을 베풀어야 한다는 사상인 '묵가'를 만든 철학자예요.
- **폐허** 건물이나 성 따위가 파괴되어 황폐해진 곳을 말해요.

묵자는 전쟁으로 인한 피해를 조금이라도 줄이려면 한시가 바쁘다고 여겼어요. 노인을 뒤로 한 묵자의 발걸음은 더욱 빨라졌어요. 하지만 이런 묵자도 자신의 뜻을 거둘 수밖에 없는 일이 일어났어요. 바로 물살이 너무나도 거센 강에 가로 막혔기 때문이지요.

묵자는 건널 수 없는 강 앞에서 끝내 발길을 돌려 왔던 길로 되돌아올 수밖에 없었어요. 아니나 다를까 북으로 가지 못하도록 말린 노인을 다시 만나게 되었지요.

"그것 보시게. 내가 가지 말라고 하지 않았소. 내 말을 듣지 않더니 헛수고만 했구려."

노인이 묵자를 비웃듯 말하자 묵자는 잠시 생각하다가 말문을 열었어요.

"당신의 말을 듣고 가던 길을 멈춘다면 천하에 길을 갈 수 있는 사람은 없을 것이오. 그러니 나를 비난하는 것은 계란으로 바위를 치는 것과 같소이다."

묵자는 남의 말을 듣고 쉽게 결정을 바꿀 수는 없다는 의미에서 이 같은 말을 했어요. 그 후로 '계란으로 바위 치기'는 아무리 애를 써도 도저히 바꿀 수 없는 경우에 쓰이게 되었답니다.

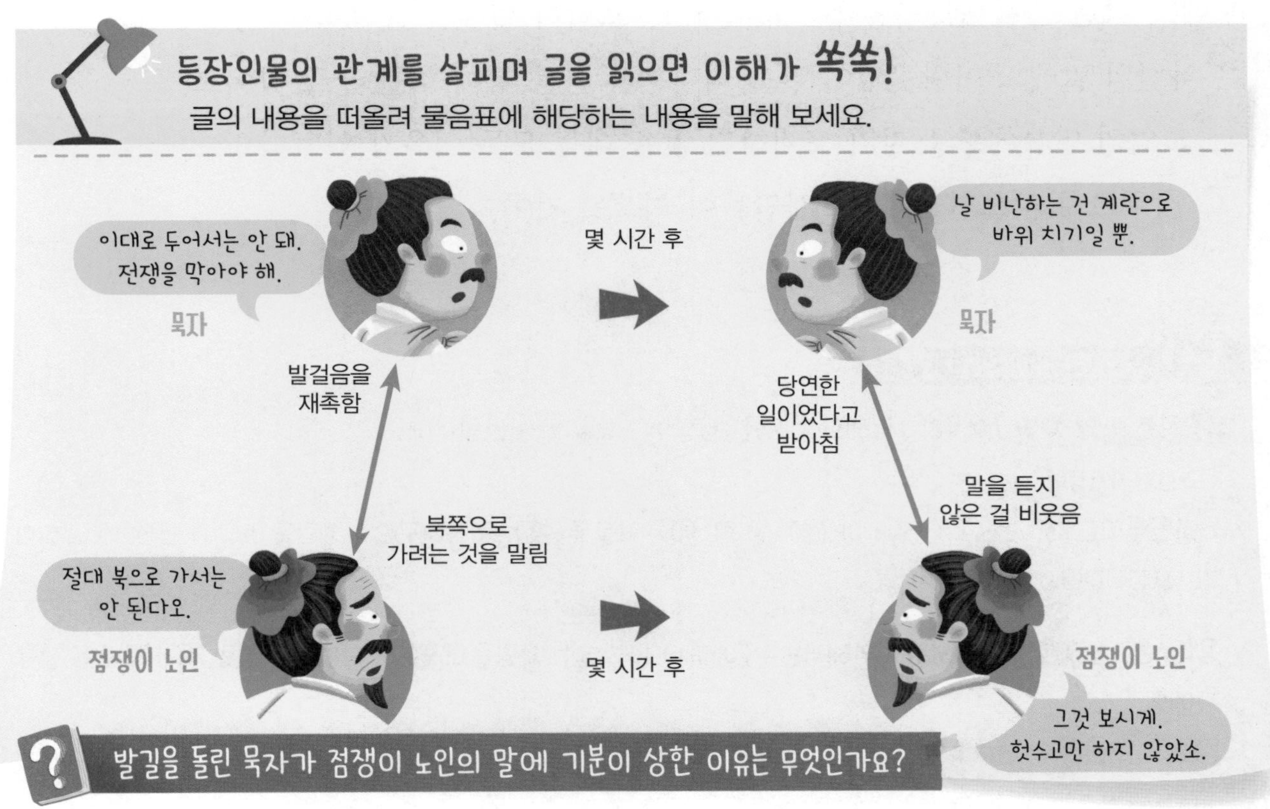

다음 네 가지 질문에 대한 답을 각각 한 문장으로 써 보세요.

1 이야기와 만나는 문장 쓰기 다음 문장을 빈칸에 따라 써 보세요.

"지금은 절대 북으로 가서는 안 된다오."

2 이해하는 문장 쓰기 북쪽으로 가려던 묵자는 점쟁이 노인이 하는 말에 어떻게 반응했나요?

묵자는 다.

3 생각을 발견하는 문장 쓰기 점쟁이는 자신의 말을 무시하는 묵자에 대해 어떻게 생각했을까요?

점쟁이 노인은 다.

4 상상하는 문장 쓰기 여러분이 점쟁이 노인이라면 다시 돌아온 묵자를 비웃는 대신 무슨 말을 해 주었을까요?

내가 점쟁이 노인이라면 다.

모아쓰기 위에서 답으로 쓴 네 문장을 연결해서 써 보세요. 하나의 근사한 글이 될 거예요.

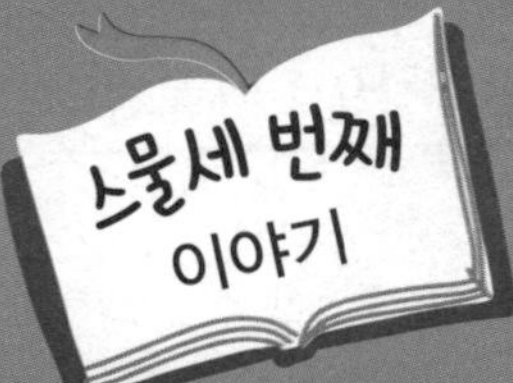

고양이 목에 방울 달기

조선 후기 학자인 홍만종●이 쓴 《순오지●》라는 책에 나오는 이야기예요. 홍만종은 이 책에 옛날부터 전해 내려오는 여러 가지 말과 떠도는 속담을 기록했는데요. '고양이 목에 방울 달기' 역시 《순오지》에 실린 또 하나의 이야기예요.

쥐들이 들끓던 어느 집에 쥐잡기로 유명한 고양이 한 마리가 들어왔어요. 쥐 때문에 골치를 앓던 주인에게 신세를 진 나그네가 남기고 간 선물이었지요. 나그네의 말대로 날쌔고 힘이 좋은 고양이는 쥐들이 눈에 띄는 족족 잡아 주인을 기쁘게 했어요.

무엇 하나 무서울 것 없이 살던 쥐들은 고양이의 등장에 잔뜩 긴장할 수밖에 없었어요. 곡식 창고에서 곡식을 훔쳐 먹던 일은 옛일이고, 이제는 시도 때도 없이 나타나는 고양이 때문에 옴짝달싹하지 못하는 신세가 되고 말았지요.

견디다 못한 쥐들이 모여서 긴급 회의를 열었어요.

"쫄쫄 굶은 지 벌써 나흘이 지났어요."

"밥이 뭐예요. 목숨을 부지하는 것만도 일인걸요."

여기저기서 불평이 쏟아졌어요.

"이래 가지고는 도저히 살 수 없어요. 뭔가 방법을 찾아야 해요."

"맞아요!"

쥐들이 일제히 회의를 진행하는 우두머리 쥐를 쳐다보았어요. 우두머리 쥐는 그제야 일어나 쥐들을 향해 말했어요.

"좋소. 자, 그럼 어떤 방법이 좋을지 각자 생각을 얘기해 보도록 합시다."

우두머리 쥐는 말을 끝내고 쥐들을 쳐다보았어요. 웅성웅성 말소리가 들리기는 했지만 아무도 손을 들고 자신 있게 의견을 말하지는 못했어요.

그때였어요. 키 작고 가장 나이 어린 쥐가 조심스레 손을 들었어요. 모두들 쳐다보는 가운데, 우두머리 쥐가 어린 쥐에게 고개를 끄덕여 보였어요.

"제게 좋은 생각이 있어요."

"어디 말해 보거라."

우두머리 쥐의 말에 용기를 얻은 어린 쥐는 차근차근 자신의 생각을 말했어요.

"고양이 목에 방울을 다는 거예요. 고양이 목에 방울을 달면 고양이가 움직일 때마다 방울 소리가 날 테니 미리 피할 수 있잖아요."

어린 쥐의 말에 나머지 쥐들은 모두 좋은 생각이라며 감탄했어요. 이제는 고양이를 두려워하지 않아도 된다면서 너도 나도 잔뜩 들떴지요. 딱 한 마리의 쥐만 빼고 말

혹시 궁금하지 않았나요?

고양이 목에 방울 달기 실행할 수도 없는 일을 공연하게 의논할 때 쓰는 말이에요. (교과 연계)

- 관련된 사자성어
- **묘항현령(猫項懸鈴)** 고양이 묘(猫), 목 항(項), 매달 현(懸), 방울 령(鈴)으로 말 그대로 고양이 목에 방울 단다는 의미의 사자성어예요.

- **홍만종** 조선 후기에 역사, 지리, 설화, 시와 그림 등에 관심을 기울여 관련한 여러 권의 책을 쓴 학자예요.
- **순오지** '순오(旬五)'는 15일을 말하는데, 홍만종이 15일 동안 쓴 책이라는 뜻에서 '순오지'라는 제목이 붙었어요.

이에요. 한쪽에서 이 모습을 지켜보던 늙은 쥐가 힘겹게 일어나 말했어요.

"그럼 누가 고양이 목에 방울을 달 것이오?"

늙은 쥐의 말에 회의장은 찬물을 끼얹은 듯 조용해졌어요. 쥐들은 그제야 고양이 목에 방울을 달면 모든 문제가 해결될 거라고만 생각했지, 누가 고양이 목에 방울을 달 것인지에 대해서는 미처 생각지 못했다는 사실을 깨달았어요.

한참을 기다렸지만 서로 눈치만 볼 뿐 앞장서서 해 보겠다는 쥐가 없었어요. 그도 그럴 것이 아무리 재빠른 쥐라고 하더라도 고양이 목에 방울을 달기는커녕 근처에만 가도 잡아먹힐 것이 뻔했거든요.

결국 쥐들의 회의는 아무 소득도 없이 끝이 났고, 쥐들은 이후로도 쭉 고양이 앞에서 꼼짝없이 잡아먹히거나 도망갈 수밖에 없었다고 하네요.

'고양이 목에 방울 달기'는 이처럼 실행하기 어려운 일을 공연히 의논할 때 쓰는 속담이랍니다.

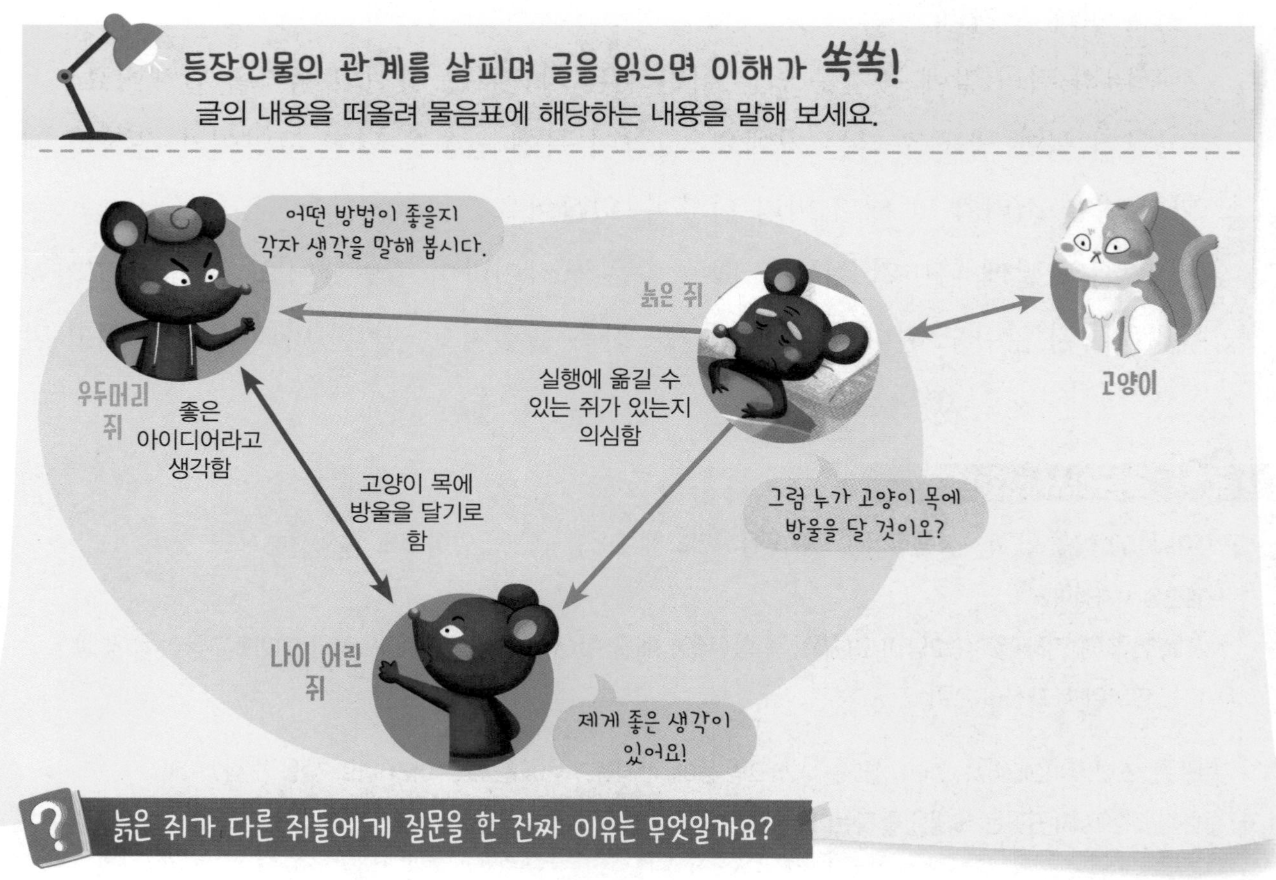

다음 네 가지 질문에 대한 답을 각각 한 문장으로 써 보세요.

1 이야기와 만나는 문장 쓰기 다음 문장을 빈칸에 따라 써 보세요.

"그럼 누가 고양이 목에 방울을 달 것이오?"

2 이해하는 문장 쓰기 나머지 쥐들은 늙은 쥐의 질문에 어떻게 반응했나요?

나머지 쥐들은 다.

3 생각을 발견하는 문장 쓰기 늙은 쥐는 고양이 목에 방울을 달자는 말에 기뻐한 쥐들을 보며 어떤 생각을 했을까요?

늙은 쥐는 다.

4 상상하는 문장 쓰기 여러분이 회의장에 참석한 또 다른 쥐라면 이 회의를 지켜본 뒤 어떤 말을 했을까요?

내가 또 다른 쥐라면 다.

모아쓰기 위에서 답으로 쓴 네 문장을 연결해서 써 보세요. 하나의 근사한 글이 될 거예요.

스물네 번째 이야기

보고 못 먹는 것은 그림의 떡

오랜 옛날 중국이 위, 촉, 오 세 개의 나라로 나뉜 때를 삼국시대라고 하는데요. 이번 이야기는 삼국시대 위나라에서 있었던 일이에요. 위나라에는 노육이라는 재주가 매우 뛰어난 사람이 살았어요. 노육은 고작 열 살에 충신이었던 아버지를 여의고, 어른이 되어서는 전쟁 때문에 두 형을 잃었어요. 그럼에도 홀로 된 형수와 조카들을 돌보는 데 온 힘을 다하며, 늘 정직하고 성실해서 많은 사람들이 그를 우러러 보았답니다. 노육의 진실함을 익히 알고 있던 위나라 왕 조예는 인재를 뽑는 가장 높은 자리에 그를 임명했어요.

"우리나라를 장차 이끌어 갈 인재를 뽑는 일이 자네의 두 어깨에 달려 있네."

조예의 말에 노육이 머리를 조아리며 대답했어요.

"깊이 새겨 그르침이 없도록 하겠습니다."

조예는 흡족한 표정으로 말을 이었어요.

"자네도 잘 알겠지만 인재를 가려 뽑을 때는 그 명성•만 보아서는 안 되네. 명성이란 한낱 쓸데없는 거품과도 같은 것이니 말일세."

하지만 노육의 생각은 조금 달랐어요. 그리고 왕 앞에서도 자신의 생각을 말하는 데 주저하지 않았지요.

"허나 기왕이면 유명한 사람이 낫지 않겠습니까?"

조예는 노육의 말에 고개를 가로저으며 말했어요.

"사람들이 말하는 명성이란 그림의 떡과 같아서 보면서도 먹지 못하지 않는가."

조예는 명성이 높은 사람을 뽑을 경우 윗사람인 노육의 말을 잘 들으려하지 않을 수 있다고 생각한 것이지요. 노육은 조예의 말을 곧바로 알아듣고 미소를 지으며 답했어요.

"물론입니다. 명성만으로는 그 사람이 인재인지를 확실히 판단할 수 없지요. 하지만 학문과 행실이 높아서 명성을 얻게 된 것이므로 이는 미워할 바가 아니지 않습니까? 그리고 시험으로 인재를 뽑지 않는 상황에서 명성에 따라 인재를 뽑지 않는다면 무엇을 기준으로 인재를 뽑을 수 있겠습니까?"

"그럼 어찌하면 좋겠는가?"

조예의 물음에 노육은 잠시 쉬었다가 말을 이었어요.

"시험을 통해 그들의 재능을 확인하면 어떻겠습니까?"

조예는 생각에 잠겼어요. 노육의 말대로 위나라에서는 일찍이 시험 제도가 폐지되어 결국 명성에 따라 인재를 뽑을 수밖에 없는 상황이었거든요.

혹시 궁금하지 않았나요?

보고 못 먹는 것은 그림의 떡 아무리 마음에 들어도 이용할 수 없거나 가질 수 없는 것을 의미해요.

- 관련된 사자성어
- **화중지병(畵中之餠)** 그림 화(畵), 가운데 중(中), ~의 지(之), 떡 병(餠)으로 그림 가운데 그려진 떡이라는 의미의 사자성어예요.

- **명성** 이름이 세상에 널리 퍼져서 알려지는 것을 의미해요.
- **시시비비** 옳을 시(是), 옳을 시(是), 아닐 비(非), 아닐 비(非)를 써요. 옳은 것과 아닌 것이라는 뜻으로, 옳은 것은 옳고 그른 것은 그르다고 판단하는 걸 말해요.

"허면 시험 제도를 다시 만들어야 한다는 말인가?"

"그렇습니다. 시험 제도가 없어 누군가를 비방하고 칭찬함으로써 그 사람의 앞길이 결정되고 있습니다. 진짜와 가짜가 뒤섞여 있고 누가 나라를 위해 일하는지 시시비비●를 가리기 어려운 형편입니다."

노육의 솔직한 말에 조예는 잠시 할 말을 잃었어요. 시험 제도를 다시 만드는 건 인재를 뽑는 제도에 문제가 있다는 사실을 스스로 고백하는 꼴이었기 때문이었지요.

"좋다. 시험 제도를 다시 시행하도록 하라."

고민 끝에 조예는 노육의 말에 따라 나라의 인재를 뽑기 위해 시험을 치르도록 허락했어요. 노육은 조예의 뜻에 따라 시험 제도를 다시 만들어 실력 있는 인재들을 뽑았고 이들은 나라를 위해 열심히 일했어요.

이처럼 '보고 못 먹는 것은 그림의 떡'은 명성에 따라 인재를 뽑을 때 생길 수 있는 단점에 대한 조예의 말에서 유래한 것이랍니다. 긴 속담을 줄여서 주로 '그림의 떡'이라는 표현을 쓰기도 합니다.

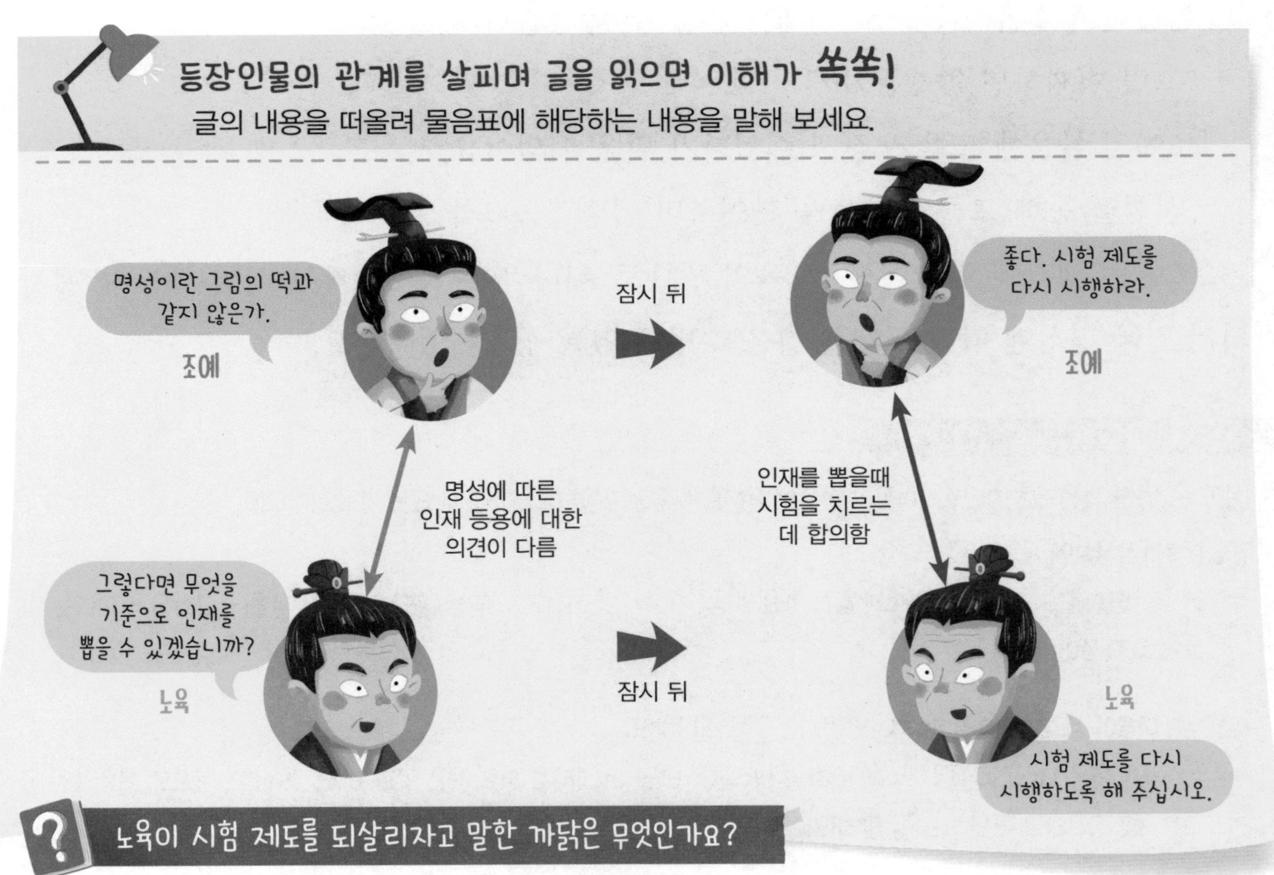

다음 네 가지 질문에 대한 답을 각각 한 문장으로 써 보세요.

1 이야기와 만나는 문장 쓰기 다음 문장을 빈칸에 따라 써 보세요.

"사람들이 말하는 명성이란 그림의 떡과 같아서 보면서도 먹지 못하지 않는가."

2 이해하는 문장 쓰기 조예는 노육에게 명성에 따라 인재를 뽑으면 어떤 일이 생길 거라고 생각했나요?

조예는 다.

3 생각을 발견하는 문장 쓰기 노육은 시험 제도를 되살리면 어떤 점이 좋을 것이라고 생각했을까요?

노육은 다.

4 상상하는 문장 쓰기 여러분이 또 다른 신하라면 어떤 방법으로 인재를 뽑자고 제안했을까요?

내가 신하라면 다.

모아쓰기 위에서 답으로 쓴 네 문장을 연결해서 써 보세요. 하나의 근사한 글이 될 거예요.

스물다섯 번째 이야기

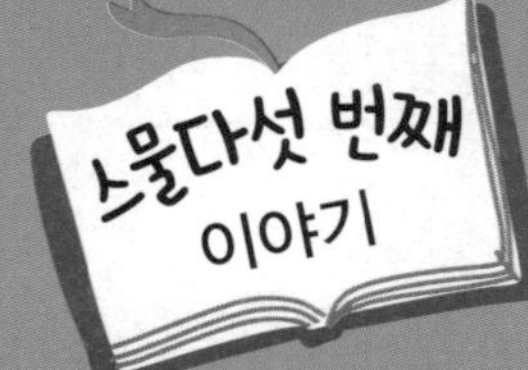

사람은 죽으면 이름을 남기고 호랑이는 죽으면 가죽을 남긴다

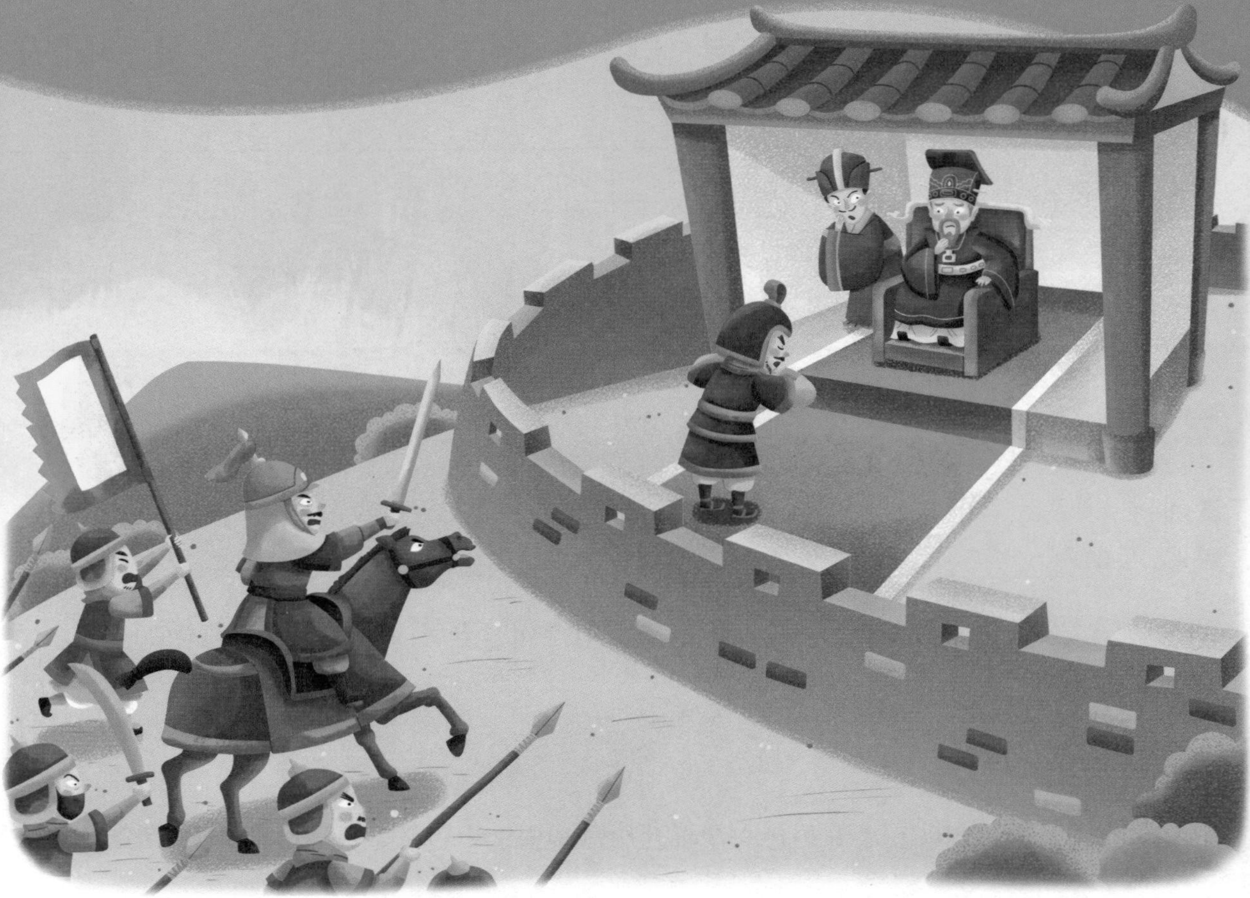

오래 전 중국 양나라 시절에 있었던 일이에요. 양나라에는 왕언장이라는 싸움 잘하기로 유명한 장군이 있었는데요. 그는 늘 쇠창을 들고 싸워서 '왕철창'이라고도 불렸어요. 왕언장은 어찌나 우직하고 실력이 출중했던지 양나라를 공격한 당나라 황제까지도 그를 자기편으로 만들고 싶어 할 정도였지요.

하지만 정작 양나라의 왕은 왕언장의 충성을 의심하며 탐탁지 않게 여겼어요. 게다가 왕의 주변을 떠나지 않는 간신들은 그를 끊임없이 모함•하기도 했지요. 왕언장은 본래 병사 출신이었기에 글을 배우지 못했어요. 그때만 해도 보통 사람이나 병사들은 글을 배울 기회가 없었기 때문이에요. 그럼에도 왕언장은 주위 사람들에게 책을 읽도록 시키고 옆에서 귀 기울여 듣는 일을 즐겨 했어요.

왕언장이 간신의 모함으로 장군 자리에서 쫓겨났을 때의 일이에요. 이날도 왕언장은 주변 사람을 시켜 책 읽기를 청해 듣고 있었어요.

"사람은 죽으면 이름을 남기고 호랑이는 죽으면 가죽을 남긴다."

"잠깐!"

왕언장은 책을 읽는 도중에 말을 끊고 잠시 생각에 잠겼어요.

'사람은 죽으면 이름을 남기고 호랑이는 죽으면 가죽을 남긴다? 그래. 맞아. 짐승도 가죽을 남기는데 만물의 영장●인 사람으로 태어났다면 훌륭한 일을 해서 이름을 남겨야 하는 거야. 이 말을 죽을 때까지 잊지 않아야겠다.'

책에서 나온 말에 깊이 감명을 받은 왕언장은 속으로 죽기 전까지 그 말을 잊지 않겠다고 맹세했어요.

한편, 양나라는 시간이 지날수록 혼란스러워졌어요. 서로 왕을 차지하려는 형제간 싸움이 그치지 않았고, 신하들도 권력을 차지하기 위해 온갖 나쁜 짓을 일삼았어요. 민심은 흉흉해지고 나라의 앞날은 바람 앞의 등불처럼 위태로웠지요. 이때를 틈타 당나라가 양나라를 쳐들어왔어요. 다급해진 양나라 왕은 쫓아냈던 왕언장을 다시 불러들여 장군 자리에 앉혔어요.

왕언장은 늘 그랬듯 누구보다 앞장서서 전투에 임했어요. 용감무쌍한 왕언장의 활약에 양나라 군사들의 사기도 올라갔어요. 하지만 왕언장과 군사들이 아무리 애를 써도 쓰러져 가는 양나라를 일으키기에는 역부족이었어요. 게다가 어마어마한 군사력을 자랑하는 당나라 앞에 양나라가 무너지는 것은 시간문제였지요. 결국 치열한 전

혹시 궁금하지 않았나요?

사람은 죽으면 이름을 남기고 호랑이는 죽으면 가죽을 남긴다 사람은 살아있을 때 훌륭한 일을 하여 훗날 명예로운 이름을 남겨야 한다는 의미예요. (교과 연계)

관련된 사자성어

호사유피(虎死留皮) 호랑이 호(虎), 죽을 사(死), 머무를 유(留), 가죽 피(皮)로 호랑이는 죽으면 가죽을 남긴다는 뜻의 사자성어예요.

- **모함** 나쁜 꾀를 부려 다른 사람을 어려운 처지에 빠지게 하는 것을 말해요.
- **영장** 신령한 힘을 가진 우두머리라는 의미로 사람을 뜻해요.

투 끝에 왕언장이 당나라 군사에 붙잡혀 황제 앞에 끌려가게 되었어요. 당나라 황제는 왕언장에게 부드러운 목소리로 달래며 말했어요.

"내 특별히 너를 보자고 한 까닭이 있다."

"……."

"양나라는 이제 역사 속으로 사라질 것이다. 너의 충성심과 용맹함은 익히 들어 알고 있다. 당나라는 너와 같은 인재에게 언제나 문을 열어 두고 있다. 나와 함께 하는 게 어떻겠느냐?"

당나라 황제의 제안에 왕언장은 표정 하나 바꾸지 않고 대답했어요.

"아침에는 양나라를, 저녁에는 당나라를 섬긴다면 살아서 무슨 면목으로 세상 사람들을 대하겠느냐?"

죽음 앞에서도 당당한 왕언장의 태도는 황제를 비롯한 당나라 신하들에게 강한 인상을 남겼어요. 왕언장은 끝내 사형을 당하고 말았지만, '사람은 죽으면 이름을 남기고 호랑이는 죽으면 가죽을 남긴다'라는 말처럼 그의 이름은 지금까지도 사람들의 입에 오르내리고 있답니다.

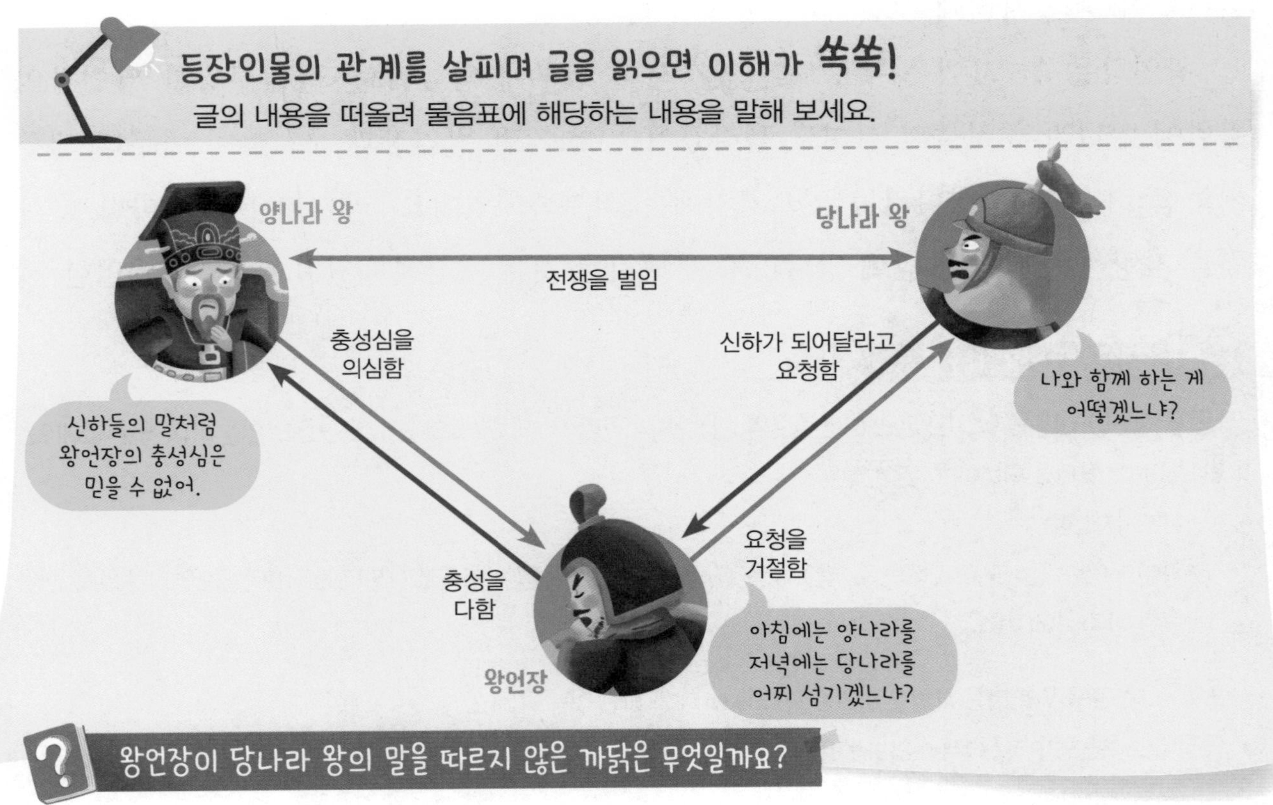

다음 네 가지 질문에 대한 답을 각각 한 문장으로 써 보세요.

1 이야기와 만나는 문장 쓰기 다음 문장을 빈칸에 따라 써 보세요.

"사람은 죽으면 이름을 남기고 호랑이는 죽으면 가죽을 남긴다."

2 이해하는 문장 쓰기 왕언장은 '사람은 죽으면 이름을 남기고 호랑이는 죽으면 가죽을 남긴다'라는 글귀를 전해 듣고 무엇을 맹세했나요?

왕언장은 다.

3 생각을 발견하는 문장 쓰기 당나라 황제는 죽음 앞에서도 당당한 왕언장을 보며 어떤 사람이라고 생각했을까요?

당나라 황제는 다.

4 상상하는 문장 쓰기 여러분이 당나라 황제라면 끝까지 충성을 다하는 왕언장을 보며 어떤 말을 했을까요?

내가 당나라 황제라면 다.

모아쓰기 위에서 답으로 쓴 네 문장을 연결해서 써 보세요. 하나의 근사한 글이 될 거예요.

기억하고 있나요?

어떤 의미일까요?

다음 속담이 의미하는 것을 선으로 연결하고,
해당되는 의미에 맞는 사자성어를 보기에서 찾아 써 보세요.

묘항현령 | 호사유피 | 축계망리 | 화중지병 | 이란투석

닭 쫓던 개 지붕 쳐다본다	살아있을 때 훌륭한 일을 해서 명예로운 이름을 남겨야 한다는 의미 ( )
계란으로 바위 치기	실행할 수도 없는 일을 공연하게 의논할 때 쓰는 말 ( )
고양이 목에 방울 달기	아무리 마음에 들어도 이용할 수 없거나 가질 수 없을 때 쓰는 말 ( )
보고 못 먹는 것은 그림의 떡	애써서 노력해도 불가능한 상황에 도전할 때 쓰는 말 ( )
사람은 죽으면 이름을 남기고 호랑이는 죽으면 가죽을 남긴다	남보다 뒤떨어져 어찌할 수 없음을 의미 ( )

▶ 가이드북 56쪽에 정답

책을 좋아하는 아이도 **글쓰기**는 **연습**이 필요하다

휘리릭 하루 한 문단 쓰기

초등 4문장 글쓰기

손상민 지음

속담 편

교과 연계 속담과
그 유래 이야기로 훈련하는
1 필사 + 3 중심문장 만들기 시스템

정답 및 가이드북

동양북스

정답 및 가이드북

휘리릭 하루 한 문단 쓰기

초등 4문장 글쓰기

속담 편

손상민 지음

차례

3장 상황을 묘사하는 속담

4장 역사 속 인물이 등장하는 속담

5장 사자성어와 같은 뜻을 가진 속담

학부모 및 선생님을 위한 예시 답안 활용법

이렇게 활용하세요!

《휘리릭 초등 4문장 글쓰기 속담 편》은 '책을 좋아하는 아이도 글쓰기는 연습이 필요하다'라는 취지에서 만들어진 《휘리릭 초등 4문장 글쓰기》 시리즈의 다섯 번째 편입니다. 앞선 탈무드, 고사성어, 그리스 로마 신화, 아라비안 나이트 네 편의 주제에 이어 우리나라의 문화와 전통을 듬뿍 간직한 '속담'을 유래와 함께 알아봅니다.

이번 속담 편 역시 글쓰기를 어려워하는 아이들에게 흥미로운 글감을 제공하고, 4개의 문장을 써서 하나의 문단을 완성하여 보다 쉽게 글쓰기에 다가갈 수 있도록 구성하였습니다.

속담 편은 교과과정에서 접하는 속담들을 보다 흥미롭고 깊이 있게 이해할 수 있도록 속담의 배경과 활용에 중점을 두어 기획되었습니다. 특히 5개의 장을 동물, 음식, 특정 상황, 역사 속 인물, 사자성어와 관련된 속담으로 구분하여 각 장에 나오는 속담을 하나의 범주 안에서 기억할 수 있어 효과적입니다. 본문에 나오는 속담의 유래와 관련 이야기는 국립국어원에서 발행한 ≪표준국어대사전≫을 기준으로 삼았습니다. 다만, 출처와 유래가 불분명한 경우 기존 속담 관련 서적을 참고하되 속담에 관한 가장 풍부한 용례와 지식을 담고 있다고 평가 받는 ≪우리말 절대지식≫(김승용, 동아시아, 2021)을 우선하여 각색하였습니다.

〈부모님과 선생님을 위한 가이드북〉은 아이와 함께 《휘리릭 초등 4문장 글쓰기 속담 편》을 보다 적극적으로 학습하는 방법을 제시합니다. 가이드북에서는 본문과 함께 가이드의 방향을 알려주는 '가이드 Tip', 본문을 읽기 전 본문에 대해 생각할 시간을 가지는 '읽기 전 생각해 볼 것들', 본문의 주요 문장 따라 쓰기를 시작으로 4개의 문장을 만드는 '참고하세요'의 예시 답안, 작성된 답안과 추가적인 정보를 통해 보다 깊이 있는 이야기를 나누기 위한 '가이드의 읽을거리'를 제공합니다. 이를 충분히 활용한다면, 매우 효과적인 글쓰기 학습 도구가 될 것이 분명합니다.

물론 본 교재는 아이 혼자서 학습하기에도 전혀 무리가 없습니다. 《휘리릭 초등 4문장 글쓰기》 시리즈는 글쓰기를 어려워하는 아이들을 위해 본문에 등장하는 문장을 먼저 따라 쓰고 본문의 내용을 확인하면서 질문에 따라 두 번째, 세 번째, 네 번째 문장을 자연스럽게 쓸 수 있도록 하고 있습니다. 한 편당 총 25개의 문단을 써낸 아이들은 첫 문장 쓰기의 어려움을 극복한 경험을 바탕으로 좀 더 긴 글에 도전할 자신감을 얻게 될 것입니다.

속담을 연구하는 데에만 15년을 바쳤다는 ≪우리말 절대지식≫의 저자 김승용은 "속담은 한 문장의 우화다"라는 말로 정의하였습니다. 삶의 지혜와 깨달음이 속담이라는 짧은 한 문장에 모두 담겨 있다는 의미입니다. 어느 유명 소설가는 나라별 속담 사전을 사서 옆에 두고 심심할 때마다 들여다본다고 합니다. 오랜 세월 말로 전해져 내려온 속담만큼 그 나라의 역사와 문화가 응축된 것이 없고, 재치와 위트가 가득해서 속담만큼 멋들어진 말이 없기 때문입니다.

또 속담은 적재적소에 잘만 활용해도 긴 이야기가 필요 없습니다. 따라서 아이들과 함께 속담의 활용에 대해 이야기 나누고 실제 생활 속에서 적용해 보시기를 적극 추천 드립니다.

<부모님과 선생님을 위한 가이드북> 활용 원칙

1 틀린 맞춤법과 답안에 집중하지 않습니다.

의외로 많은 아이들이 맞춤법을 지적할 때 글쓰기에 흥미를 잃습니다. 글의 내용은 봐 주지 않고 맞춤법부터 고치려들다 보면, 아이들은 자신의 생각을 표현하는 일을 주저할 수밖에 없으니까요. 평가받는다는 부담 대신 이해받는다는 공감의 기억을 전해 주세요. 맞춤법에 대한 지적은 그 후에 해도 늦지 않습니다.

2 질문을 주고받으며 생각을 키워 나갈 수 있도록 돕습니다.

본문에 이어 제시된 질문들은 아이들이 보다 편안하게 글쓰기를 시작할 수 있도록 돕습니다. 제시된 질문 외에도 다양한 질문을 통해 아이의 생각이 커 나가도록 이끌어 주세요. 이때 본문의 내용을 재차 확인하게 하거나 학습한다는 느낌을 주기보다 즐거운 상상 놀이를 한다는 기분이 들게 해 주세요. 문답식 대화를 윤활유로 삼아 좀 더 자유롭게 풍부하게 생각할 여지를 만들어 줄 수 있습니다.

3 예시 답안을 강요하지 않습니다.

예시 답안은 말 그대로 예시 답안일 뿐이라는 사실을 기억해 주세요. 예시 답안과 아이들의 답안을 비교하며 '틀리다'라고 지적하거나 평가하지 말아 주세요. 오히려 예시 답안과 전혀 다른 독특하고 기발한 상상일수록 칭찬받아 마땅합니다.

4 논리적 타당성이 부족하다면 스스로 점검할 수 있도록 안내합니다.

질문의 의도를 파악하지 못한 답안, 본문 이야기와는 아무 상관없는 답안, 성의 없는 답안 등 학습 지도가 필요한 경우, 질문을 통해 아이가 스스로 문제를 파악하도록 안내합니다. 본문의 내용을 여러 번 살펴보도록 지도하고 나름의 근거와 타당성이 있는 답안을 작성하도록 도와주세요.

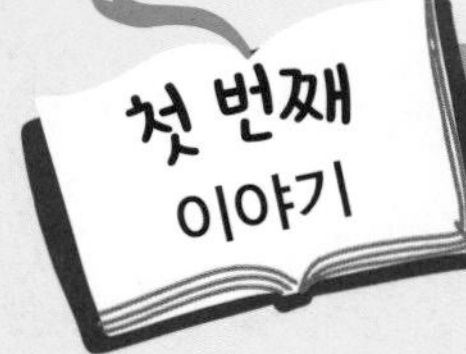

가재는 게 편

"우린 민물에서만 사니까 절대로 바다에 나가면 안 된다. 알았지?"

냇가에 사는 엄마 가재가 아들 가재에게 말했어요. 아들 가재는 고개를 끄덕였지만 속마음은 전혀 달랐어요.

'냇가는 이제 지겨워. 재미있는 일이라곤 하나도 없단 말이야.'

아들 가재는 온종일 바다를 생각했어요. 사실 아들 가재가 바다에 가 보고 싶어 하는 건, 몇 달 전 일 때문이었어요. 아빠를 따라 먹이를 찾으러 나간 아들 가재의 눈에 태어나 처음 보는 엄청난 크기의 물고기가 들어왔어요. 두 눈이 휘둥그레질 만큼 크고 멋진 물고기였지요. 무엇보다 그 물고기는 온몸을 튕겨 내며 물길을 거슬러 올라가고 있었어요. 자신 역시 가끔 물살을 거슬러 갈 때도 있었지만 거센 물살이 내려오는 여울에서 물길을 거슬러 올라간다는 건 상상조차 할 수 없는 일이었지요.

"아빠, 저 물고기 이름은 뭐예요?"

"연어란다. 알을 낳으러 상류로 올라가고 있지."

그날 이후 가재에게는 꿈이 생겼어요. 바로 바다에 나가 보는 것이었어요.

'나도 언젠가 바다에 나가서 넓은 세상을 구경하고 연어처럼 돌아올 거야.'

아들 가재는 바다에 나갈 날만을 손꼽아 기다렸어요.

억수같이 비가 쏟아지던 어느 날, 아들 가재는 드디어 바다로 갈 때가 되었다고 생각했어요. 엄마, 아빠가 잠든 틈을 타서 바위 바깥으로 나온 가재는 거칠게 쏟아지는 물살에 몸을 맡기고 있는 힘껏 앞으로 앞으로 나아갔지요.

다음날, 아들 가재는 여느 때와는 다른 아침을 맞이했어요. 맞아요! 그곳은 바다였어요. 바다 속은 온갖 희귀한 생물들로 가득했어요. 하늘하늘 흔들리는 해초숲과 살금살금 자리를 옮기는 조개들, 크고 작은 물고기들이 바쁘게 오가고 있었어요.

가재가 정신없이 주변을 둘러보는 사이, 얼마 떨어지지 않은 곳에 자신과 비슷하게 생겼지만 특이한 가재 한 마리를 보았어요. 이상한 생김새를 가진 가재는 한 물고기와 말다툼을 하고 있었어요.

"저기…… 무슨 일 있나요?"

아들 가재가 용기를 내어 다가가 물었어요.

"어, 너 마침 잘 왔다. 내 얘기 좀 들어 봐. 여기 바위 아래가 우리 집이거든. 그런데 잠깐 나갔다 왔더니 이 게가 우리 집을 엉망진창으로 만들어 놓은 거야."

"나 아니야. 증거 있어?"

"온통 네 발자국이 이렇게나 잔뜩 있는데 정말 이렇게 발뺌할 거야?"

아들 가재가 본 이상하게 생긴 가재는 사실 게였어요.

가재처럼 딱딱한 등딱지와 집게발이 달리긴 했지만 게는 몸이 납작하고 옆으로 기어 다니는 특징이 있었어요.

"옆으로 걸어 다닌 발자국은 안 보이는데요."

아들 가재는 게가 옆걸음으로 들락날락하느라 두 줄로 난 발자국을 못 본 척하며 말했어요.

"으휴, 가재는 게 편이라더니."

물고기는 기가 차다는 듯 지느러미를 휘휘 젓더니 자리를 떠났어요.

"장난 좀 친 걸 가지고 시끄럽게 굴긴."

물고기가 사라지자 게는 별꼴을 다 보겠다는 듯 집게를 흔들며 말했어요.

"저, 제가 바다가 처음이라 그런데 좀 도와주실 수 있을까요?"

이때다 싶어 가재는 용기를 내어 게에게 말을 걸었어요.

"바다가 처음이라고? 당연히 도와줘야지. 그런데 이를 어쩌나. 지금은 내가 좀 바빠서……."

게는 고맙다는 인사도 없이 쌩하니 가 버렸어요. 게의 도움을 기대했던 아들 가재는 그때서야 생김새만 보고 게 편을 든 걸 후회했답니다.

인물관계도 예시 답안

가재가 게를 도와주었지만, 게는 가재를 돕기는커녕 고맙다는 인사도 없이 가 버렸기 때문입니다.

가이드 tip 질문의 의도

답변으로 나올 수 있는 4개의 문장은 본문의 핵심 내용이 담긴 주요 문장을 확인하고, 제시된 속담을 온전히 이해할 수 있도록 구성되었습니다.

① 핵심이 되는 문장 따라 쓰기 → ② 따라 쓴 문장의 배경 상황 이해하기 → ③ 주인공 행동의 원인 생각하기 → ④ 주인공의 입장에서 상상하며 쓰기

를 통해 본문 속 등장인물이 처한 상황과 속담을 자연스럽게 떠올릴 수 있도록 지도해 주세요.

읽기 전 생각해 볼 것들

본문을 읽기 전 제목, 삽화 등을 보면서 본문의 내용을 유추하게 해 주세요.

1. 제목으로 나온 속담이 어떤 뜻인지, 본문은 어떤 내용일지 미리 이야기해 볼까요.
2. 삽화 속 물고기는 어떤 기분일지 유추해 볼까요.
3. 본문에서 소개된 속담을 어떤 상황에서 쓰면 좋을지 생각해 볼까요.

참고하세요 본책 p.15 정답 예시

1 이야기와 만나는 문장 쓰기 이야기의 핵심이 되는 본문 속 문장을 따라 써 봅시다. (왼쪽 초록색 문장 따라 쓰기)

2 이해하는 문장 쓰기 가재의 말에 화가 난 물고기가 어떻게 행동했는지 확인합니다.

예시 물고기는 기가 차다는 듯 지느러미를 휘휘 젓더니 자리를 떠났습니다.

3 생각을 발견하는 문장 쓰기 가재가 게의 편을 든 까닭은 무엇인지 생각합니다.

예시① 가재는 자신이 게와 비슷하다고 생각해서 게의 편을 들었습니다.

예시② 가재는 생김새가 비슷한 게를 도와주면 게도 자신을 도와줄 거라고 생각했습니다.

4 상상하는 문장 쓰기 내가 가재라면 게에게 어떤 말을 해 주었을지 상상해 봅니다.

예시① 내가 가재라면 게에게 바른대로 말하라고 충고했을 것입니다.

예시② 내가 가재라면 게에게 발자국은 누구의 것이냐고 묻겠습니다.

모아쓰기 네 개의 문장을 이어서 하나의 문단을 완성합니다. 문장이 매끄럽게 연결되도록 적절한 접속어를 활용하게 도와주세요.

예시① "으휴, 가재는 게 편이라더니."
물고기는 기가 차다는 듯 지느러미를 휘휘 젓더니 자리를 떠났습니다. 가재는 자신이 게와 비슷하다고 생각해서 게의 편을 들었습니다. 내가 가재라면 게에게 바른대로 말하라고 충고했을 것 같습니다.

예시② "으휴, 가재는 게 편이라더니."
물고기는 기가 차다는 듯 지느러미를 휘휘 젓더니 자리를 떠났습니다. 가재는 생김새가 비슷한 게를 도와주면 게도 자신을 도와줄 거라고 생각했습니다. (하지만) 내가 가재라면 게에게 발자국은 누구의 것이냐고 묻겠습니다.

가이드의 읽을거리 ● '가재는 게 편'의 가장 흔한 유래는 가재와 게가 원래는 새우와 같은 생김새였다가 큰 싸움에 휘말려 각기 다른 모습이 되었다는 설입니다. 후에 다시 큰 싸움이 일어났을 때 같은 종족이었던 가재와 게가 서로에게 힘이 되어 주었다는 이야기인데, 이에 따르면 처지가 비슷한 사람끼리 사정을 봐주며 한편이 된다는 의미로만 해석됩니다.
한편 《우리말 절대지식》에 따르면, '가재는 게 편'이라는 속담은 가재는 뒷걸음질을 하고 게는 옆걸음을 걷기 때문에 생겨난 말이라고 합니다. 둘 다 똑바로 가지 못하기 때문에 사정을 봐 주는 것이지요. 서로를 감싸 주면서 다른 이들에게는 공정하지 못하다는 의미까지 포함된 셈입니다. 본문의 이야기는 속담의 좀 더 넓은 의미를 담기 위해 두 번째 해설을 담았습니다.

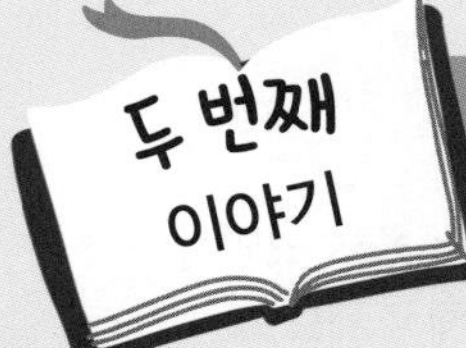

까마귀 고기를 먹었나

오랜 옛날 까마귀는 이승과 저승을 오가는 유일한 새였어요. 어느 날 까마귀는 염라대왕이 자신을 찾는다는 소리에, 막 먹으려던 아침밥을 제쳐 두고 황급히 염라대왕 앞으로 날아갔어요.

"염라대왕님, 저를 찾으셨습니까?"

"응. 그래 잘 왔다. 내 너에게 아주 중요한 심부름 한 가지를 시키려고 하느니라. 이 편지를 인간 세상에 있는 강림도령에게 지금 즉시 가져다 주도록 하여라."

염라대왕은 까마귀에게 한시도 지체하지 말고 당장 인간 세상으로 떠나라는 명령을 내렸지요.

'아직 아침밥도 못 먹었는데…….'

까마귀는 먼 길을 떠나기 전에 식사를 마저 하고 싶었지만, 염라대왕이 워낙 다급하게 명령을 내린 터라 찍소리도 하지 못하고 곧바로 인간 세상으로 향했어요.

하지만 퍼득퍼득 날갯짓을 하며 강림도령에게 날아가던 까마귀가 일순간 속도를 늦추었어요. 바로 바람결에 실려 온 군침 도는 고기 냄새 때문이었어요.

'잠깐, 이게 어디서 나는 냄새지?'

까마귀는 편지를 입에 문 채로 주변을 둘러보았어요. 아니나 다를까 바로 근처 수풀에 말 한 마리가 쓰러져 있는 것이 보였어요. 죽은 말 위로는 솔개 한 마리가 열심히 밥을 먹고 있는 게 아니겠어요.

까마귀는 침을 꼴깍 삼키며 솔개 근처로 다가갔어요.

"아유. 맛있어. 오늘따라 말고기가 왜 이렇게 맛있니?"

솔개의 말에 귀가 솔깃해진 까마귀는 근처 나뭇가지에 앉아 말고기를 먹고 있는 솔개를 쳐다보았어요.

"까마귀야! 너도 와서 먹어. 조금 있으면 다른 애들이 우르르 몰려와서 너 먹을 건 하나도 남아 있지 않을걸."

까마귀는 솔개의 말에 결심한 듯 재빠르게 나뭇가지에서 내려와 말고기를 먹었어요. 시장했던 탓에 고기맛은 꿀맛이었지요. 까마귀는 배가 터지게 고기를 먹은 다음 '아차' 싶었어요.

'맞아, 염라대왕이 주신 편지!'

까마귀는 주위를 둘러보았지만 염라대왕의 편지는 이미 사라지고 없었어요. 이를 어쩌나요. 염라대왕이 아시면 노발대발 크게 혼이 날 일이 벌어지고 말았어요.

"야이 솔개야! 너 때문에 편지를 잃어버렸잖아."

애꿎은 솔개에게 화도 내 보았지만 이미 벌어진 일을 주워 담을 수는 없었어요. 하는 수 없이 까마귀는 편지 없이 강림도령을 찾아갔어요.

"까마귀야. 염라대왕이 주신 편지는 어디 있니?"

강림도령은 까마귀를 보자마자 염라대왕이 준 편지부터 찾았어요.

"그게…… 염라대왕님께서 말씀하시길, 아이 보낼 때 어른 보내시고, 부모 보낼 때 자식 보내시고, 조상 갈 때 자식 보내시고…… 아무튼 그렇게 되는대로 보내시면 된답니다."

까마귀는 그 말만 남긴 채 후다닥 날아가 버렸어요. 강림도령은 의아했지만 까마귀가 전한 말이 염라대왕의 뜻이라니 곧이곧대로 하는 수밖에는 없다고 생각했어요.

강림도령은 사실 염라대왕의 명령을 받아 이승에서 저승으로 사람을 보내는 저승사자였어요. 염라대왕의 편지에는 여자는 일흔, 남자는 여든이 되면 저승으로 보내라고 쓰여 있었는데요. 까마귀가 말을 잘못 전하는 바람에 강림도령은 눈에 보이는 대로 사람들을 저승에 보내 버렸어요.

그날 이후 사람은 나이와 상관없이 저승에 가게 되었어요. 이 모든 일이 까마귀가 고기를 먹는 바람에 편지를 깜빡해 버린 탓이잖아요. 그래서 깜빡깜빡 잘 잊어버리는 사람에게 '까마귀 고기를 먹었나?'하고 묻게 됐다고 해요. 까마귀는 어떻게 됐냐고요? 염라대왕께 혼날까 무서워 영영 인간 세상에서 살았대요.

인물관계도 예시 답안

까마귀가 말을 잘못 전하는 바람에 사람은 나이와 상관없이 저승에 가게 되었습니다.

가이드 tip 질문의 의도

답변으로 나올 수 있는 4개의 문장은 본문의 주요 문장을 확인하고, 제시된 속담의 유래를 알 수 있도록 구성되었습니다.

① 핵심 문장 따라 쓰기 → ② 중요 사건 이해하기 → ③ 등장인물의 생각 유추하기 → ④ 주인공의 입장에서 상상하며 쓰기

를 통해 본문 속 등장인물이 처한 상황과 속담을 자연스럽게 연결할 수 있도록 지도해 주세요.

읽기 전 생각해 볼 것들

본문을 읽기 전 제목, 삽화 등을 보면서 본문의 내용을 유추하게 해 주세요.

1. 제목으로 나온 속담이 어떤 뜻인지, 또 본문은 어떤 내용일지 미리 이야기해 볼까요.
2. 삽화에서 까마귀가 어떤 상황에 처해 있는지 유추해 볼까요.
3. 본문에서 소개된 속담을 어떤 상황에서 쓰면 좋을지 생각해 볼까요.

참고하세요 본책 p.19 정답 예시

1 이야기와 만나는 문장 쓰기 이야기의 핵심이 되는 본문 속 문장을 따라 써 봅시다. (왼쪽 초록색 문장 따라 쓰기)

2 이해하는 문장 쓰기 까마귀가 기억해 낸 것은 무엇인지 확인합니다.

예시 까마귀는 염라대왕이 주신 편지를 잃어버렸다는 걸 기억해 냈습니다.

3 생각을 발견하는 문장 쓰기 까마귀가 지어낸 말을 전해 들은 강림도령의 생각을 유추합니다.

예시① 강림도령은 까마귀의 말이 염라대왕이 시킨 일이 맞는지 확인해 보고 싶다고 생각했을 것입니다.
예시② 강림도령은 까마귀의 말이 염라대왕이 시키는 일이니까 당연히 해야 한다고 생각했을 것입니다.

4 상상하는 문장 쓰기 내가 까마귀라면 강림도령에게 어떻게 말했을지 상상해 봅니다.

예시① 내가 까마귀라면 다시 염라대왕에게 다녀오겠다고 말하겠습니다.
예시② 내가 까마귀라면 강림도령에게 같이 편지를 찾아 보자고 말하겠습니다.

모아쓰기 네 개의 문장을 이어서 하나의 문단을 완성합니다.

예시① '맞아, 염라대왕이 주신 편지!'
까마귀는 염라대왕이 주신 편지를 잃어버렸다는 걸 기억해 냈습니다. 강림도령은 까마귀의 말이 염라대왕이 시킨 일이 맞는지 확인해 보고 싶다고 생각했을 것입니다. 내가 까마귀라면 다시 염라대왕에게 다녀오겠다고 말하겠습니다.

예시② '맞아, 염라대왕이 주신 편지!'
까마귀는 염라대왕이 주신 편지를 잃어버렸다는 걸 기억해 냈습니다. 강림도령은 까마귀의 말이 염라대왕이 시키는 일이니까 당연히 해야 한다고 생각했을 것입니다. 내가 까마귀라면 강림도령에게 같이 편지를 찾아 보자고 말하겠습니다.

가이드의 읽을거리 ● '까마귀 고기를 먹었나'라는 속담의 유래는 제주도의 무속 신화 중 하나인 〈차사본풀이〉에서 찾아볼 수 있습니다. 여기서 차사는 '저승차사'를 일컫는 말로, 〈차사본풀이〉에는 본문 속 강림도령이 어떻게 염라대왕의 명을 받는 저승사자가 되었는지에 대한 사연이 매우 구체적으로 드러납니다.
또 〈차사본풀이〉에 의하면 까마귀가 인간의 수명을 적은 적패지(赤牌旨)를 강림에게 전달하려다가 잃어버리는 바람에, 어른과 아이, 부모와 자식의 죽는 순서가 뒤바뀌어 버리고 말았다고 합니다. 이때부터 까마귀 울음 소리는 죽음을 알리는 불길한 징조로 받아들여졌다고 해요. 다만, 속담의 유래가 보다 정확하게 전달되기 위해서는 '까마귀가 고기를 먹었나'로 바뀌는 편이 낫지 않을까 하는 생각을 해 봅니다.

꿩 대신 닭

어느 마을에 김 선비라는 사람이 살았어요. 김 선비는 쓰러져 가는 초가집에 살면서도 가문에 대한 자긍심 하나는 무척 높았어요. 얼마나 콧대가 높았던지 지나가는 사람이 허리 숙여 인사를 하면 할아버지의 할아버지의 할아버지 이야기까지 들려주기를 좋아했지요. 예를 들면 이런 식이었어요.

"어, 자네 오 서방 아닌가? 반갑네. 내가 전에 우리 할아버지의 할아버지의 할아버지께서 정이품에 오르신 이야기를 해 주었던가?"

사정이 이러하니 마을 사람들은 김 선비를 만나면 일단 피하고 보는 일이 많았어요. 한번 붙잡히면 몇 시간은 족히 이야기를 들어야 했으니 말이에요. 물론 마을 사람들이 그러거나 말거나 김 선비는 계속해서 자신이 뼈대 있는 가문의 자손이라는 사실에 대해 말하기를 즐겼어요.

하루는 그런 김 선비에게 배 서방이 찾아왔어요. 배 서방은 장터에서 장사를 하며 큰돈을 버는 사내였는데요. 자신에 비해 가난하고 보잘 것 없이 사는 김 선비의 콧대를 눌러 주고 싶어 언제나 안달이 나 있었어요.

"선비님, 오랜만에 인사드립니다."

"배 서방 왔는가?"

김 선비는 배 서방을 만남 김에 이번에도 할아버지의 할아버지의 할아버지 이야기를 풀어놓고 싶어 입이 근질근질했어요.

"일단 자리에 좀 앉게나. 여전히 장터에서 비단 장사를 하는 모양이지? 내 할아버지의 할아버지의 할아버지이신 정이품 김, 종자 휘자, 김종휘 할아버지께서 말씀하시길, 속되고 속된 장사치라하더라도……."

"참, 김 선비님!"

김 선비의 일장 연설이 시작되려는 찰나, 배 서방이 김 선비의 말을 자르며 이야기했어요.

"내일 저와 함께, 돌아오는 설에 쓸 꿩을 잡으러 가시겠습니까?"

"뭐? 꿩을?"

생각지도 않은 배 서방의 말에 김 선비는 잠시 당황하고 말았어요. 옛날에는 설날에 떡국을 끓일 때 꿩고기를 넣었는데요. 꿩고기가 맛이 좋기도 했지만 기운이 좋은 동물이라고 여겨서 새해에 꿩을 잡아먹으면 복 많은 한 해를 보낼 수 있다고 믿었거든요. 하지만 꿩고기가 들어간 떡국을 아무 집에서나 먹을 수는 없었어요. 꿩 사냥을 나갈 수 있을 정도의 여유가 있어야 가능한 일이었지요. 배 서방은 김 선비를 무시하려고 일부러 꿩을 잡으러 가자고 한 것이 분명했어요.

주저하는 김 선비에게 배 서방이 짐짓 점잖은 척하며 말했어요.

"준비는 걱정 마십시오. 활과 화살, 꿩을 물어올 매까지 모두 제가 마련해 오겠습니다."

"그럼……, 그럴까?"

김 선비의 말이 끝나기가 무섭게 배 서방은 자리를 털고 일어났어요. 말을 시작하면 언제 끝날지 모르는 김 선비의 집안 자랑을 또다시 지겹도록 들어야 할지도 몰랐으니까요.

다음날 아침, 약속대로 배 서방은 모든 준비를 갖추고 김 선비를 찾았어요. 그리고 두 사람은 함께 꿩 사냥에 나섰답니다. 예상대로 배 서방은 꿩을 잡았지만 사냥에는 영 재주가 없던 김 선비는 빈손으로 돌아올 수밖에 없었어요. 배 서방은 의기양양하게 말했어요.

"꿩 대신 닭을 잡으면 되죠. 하하하."

김 선비는 기분이 상했지만 아내에게 설날 아침에 닭을 잡아 떡국을 끓이라고 시켰어요. 닭고기로 요리한 떡국을 한입 맛본 김 선비는 배 서방이 하나 부러울 게 없다는 듯 중얼거렸어요.

"꿩 대신 닭이어도 맛만 있구만!"

인물관계도 예시 답안

배 서방이 김 선비의 콧대를 눌러 주고 싶었기 때문입니다.

가이드 tip 질문의 의도

답변이 될 수 있는 4개의 문장은 본문 속 주요 문장의 숨은 뜻을 이해하고, 속담의 뜻을 자연스럽게 익히도록 구성되었습니다.

① 핵심 문장 따라 쓰기 → ② 따라 쓴 문장의 숨은 의미 이해하기 → ③ 등장인물의 생각 유추하기 → ④ 주인공의 입장에서 상상하며 쓰기

를 통해 속담이 만들어진 시대를 살던 사람들의 사회문화적 배경을 알 수 있도록 지도해 주세요.

읽기 전 생각해 볼 것들

본문을 읽기 전 제목, 삽화 등을 보면서 본문의 내용을 유추하게 해 주세요.

1. 제목으로 나온 속담이 어떤 뜻이고 본문은 어떤 내용일지 미리 이야기해 볼까요.
2. 삽화에서 두 사람이 각각 어떤 감정인지 유추해 볼까요.
3. 본문에서 소개된 속담을 어떤 상황에서 쓰면 좋을지 생각해 볼까요.

참고하세요 본책 p.23 정답 예시

1 이야기와 만나는 문장 쓰기 이야기의 핵심이 되는 본문 속 문장을 따라 써 봅시다. (왼쪽 초록색 문장 따라 쓰기)

2 이해하는 문장 쓰기 속담이 포함된 김 선비의 말에 비추어 그가 어떤 생각을 했을지 이해해 봅니다.

예시 **김 선비는 떡국을 먹으면서 꿩이 아니라도 상관없다고 생각했습니다.**

3 생각을 발견하는 문장 쓰기 배 서방이 김 선비에 꿩 사냥을 나가자고 한 까닭을 생각합니다.

예시❶ **배 서방은 김 선비를 골려 주기 위해 일부러 꿩 사냥을 나가자고 했을 것입니다.**

예시❷ **배 서방은 김 선비의 콧대를 납작하게 해 주고 싶었을 것입니다.**

4 상상하는 문장 쓰기 내가 김 선비라면 배 서방에게 어떤 말을 했을지 상상해 봅니다.

예시❶ **내가 김 선비라면 배 서방에게 꿩이 불쌍해서 일부러 잡지 않았다고 말하겠습니다.**

예시❷ **내가 김 선비라면 배 서방에게 꿩 사냥 갈 돈으로 꿩을 사다 먹겠다고 말하겠습니다.**

모아쓰기 네 개의 문장을 이어서 하나의 문단을 완성합니다. 문장이 매끄럽게 연결되도록 적절한 접속어를 활용하게 도와주세요.

예시❶ **"꿩 대신 닭이어도 맛만 있구만!"**

김 선비는 떡국을 먹으면서 꿩이 아니라도 상관없다고 생각했습니다. 배 서방은 김 선비를 골려 주기 위해 일부러 꿩 사냥을 나가자고 했을 것입니다. 내가 김 선비라면 배 서방에게 꿩이 불쌍해서 일부러 잡지 않았다고 말하겠습니다.

예시❷ **"꿩 대신 닭이어도 맛만 있구만!"**

김 선비는 떡국을 먹으면서 꿩이 아니라도 상관없다고 생각했습니다. (하지만) 배 서방은 김 선비의 콧대를 납작하게 해 주고 싶었을 것입니다. 내가 김 선비라면 배 서방에게 꿩 사냥 갈 돈으로 꿩을 사다 먹겠다고 말하겠습니다.

가이드의 읽을거리 ● 우리나라는 아주 옛날부터 설날에 명절 음식으로 떡국을 끓여 먹었는데요. 과거에는 떡국에 꿩고기를 넣어 끓였다고 합니다. 《한국세시풍속사전》에 의하면 꿩으로 만든 음식의 시작은 고려 후기에 원나라의 매 사냥 풍속을 배워 온 귀족들이었다고 해요. 귀족들이 매 사냥을 취미로 삼기 시작하면서 매가 물어 온 꿩으로 음식을 만든 것이지요. 그때부터 꿩고기로 국물을 낸 떡국이나 만둣국, 꿩고기를 소로 넣은 만두가 고급 음식으로 대접을 받았습니다.
하지만 특별히 매 사냥을 하지 않으면 꿩고기를 구하기가 쉽지 않은 탓에, 일반인들은 떡국을 끓일 때 닭고기로 국물을 냈습니다. 지금도 전라도에서 찾아볼 수 있는 '닭장떡국'은 바로 이러한 유래에서 나온 음식이랍니다.

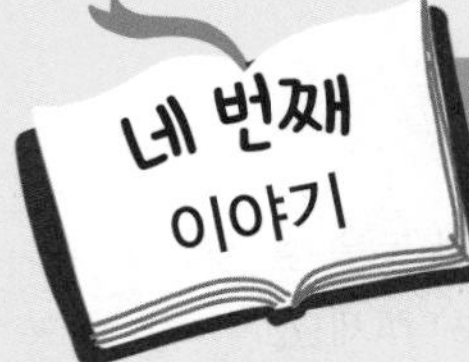

포수 집 강아지 범 무서운 줄 모르듯

지금은 찾아볼 수 없지만 옛날에는 우리나라에도 호랑이가 많이 살았어요. 울창한 숲에는 어김없이 사슴과 멧돼지가 살았고, 호랑이는 바로 이 사슴과 멧돼지를 잡아먹고 살았지요. 그때는 마을 사람 대부분이 농사꾼 아니면 나무꾼이었어요. 그러니 산에 가야 할 일이 얼마나 많았겠어요. 나무꾼은 당연하고 농사꾼도 산에서 농사를 짓다가 호랑이와 마주칠 수 있었으니까요.

산에 갈 때마다 두려움에 떨던 마을 사람들은 고민 끝에 호랑이를 잡아 줄 포수를 마을에 데려오기로 했어요. 포수가 마을에 살기 시작하면서 마을 사람들의 마음은 한결 편안해졌어요. 포수 역시 자신의 용맹을 자랑이나 하듯 집 안팎에 동물의 머리와 뼈, 가죽 등을 늘어놓았어요. 그 모습이 어찌나 무시무시했던지 마을 사람들이 포수의 집 근처를 지날 때면 발끝을 세우고 살금살금 지나갈 정도였지요.

포수에게는 사냥을 나갈 때 늘 데리고 다니는 사나운 개 한 마리가 있었는데요. 어느 날 이 개가 새끼를 낳았는데 그 중 한 마리가 특히 무서움을 몰랐어요. 포수가 멧돼지, 늑대를 잡아오는 날에는 신이 나서 그 위를 겅중겅중 뛰어다니며 노는 걸 즐겨했고요. 포수가 잡아서 머리와 가죽만 남긴 호랑이 위에서는 매일 몸을 부비며 놀다시피 했답니다.

"아, 심심하다. 애들이랑 산에나 놀러가자고 할까?"

집에서 뒹굴뒹굴하던 강아지는 동네 강아지들을 불러 산에서 놀자고 말했어요.

"그러다 호랑이라도 만나면 어떡해?"

강아지들은 저마다 고개를 저으며 뒷걸음질을 쳤는데요. 강아지는 그까짓 호랑이는 앞발 한 방이면 끝난다며 자기만 따르라고 큰소리를 떵떵 쳤어요.

"겁이 나면 지금이라도 돌아가!"

포수 집 강아지 말에 동네 강아지들은 전부 집으로 돌아갔어요. 귀가 어두운 앞집 점박이 강아지 한 마리만 빼고요.

"잘 봐. 내가 호랑이를 어떻게 물리치는지 똑똑히 보고 얘기해 줘야 해. 알았지?"

포수 집 강아지는 이렇게 말하고는 앞장서서 산으로 들어갔어요. 그런데 마침 이제 막 사슴 사냥을 끝내고 이를 쑤시던 호랑이하고 떡 하니 마주치게 되었지 뭐예요.

"야, 호랑아 나는 포수 집 강아지님이시다!"

강아지는 호랑이를 보고 놀라지도 않고 큰소리로 불렀어요. 마치 자신이 포수라도 되는 것처럼 말이에요. 딴에는 호랑이 가죽 위에서 매일 뛰어놀았으니 무시할 만도 했지요. 놀란 점박이 강아지는 얼른 커다란 바위 뒤로 숨어 버렸어요.

'어디서 무슨 소리가 났나?'

호랑이는 고개를 갸우뚱하다가 앞에 있는 작은 강아지 한 마리를 보고는 피식 웃고 말았어요.

"쬐끄만 놈이 겁도 없이. 좋은 말로 할 때 저리 가라."

배가 부른 호랑이는 스르르 잠이 왔어요. 느긋하게 낮잠을 자려는데, 글쎄 포수 집 강아지가 귀찮게 자꾸 캉캉 짖는 게 아니겠어요. 참지 못한 호랑이가 앞발로 강아지를 슥 밀어뜨리자 강아지가 더 세게 짖으면서 호랑이의 앞발을 콕 깨물었어요.

"앗, 요놈이 진짜."

강아지가 문 곳은 따끔한 정도였지만 호랑이는 낮잠을 자지 못해 기분이 팍 상해 버렸어요.

"요놈! 널 후식으로 먹어야겠다."

호랑이는 포수 집 강아지를 한입에 꿀꺽 삼켜 버렸고, 놀란 점박이 강아지는 마을로 돌아가 이 일을 알렸어요. 그 후로 사람들은 자기 분수도 모르고 달려드는 걸 비꼬아 '포수 집 강아지 범 무서운 줄 모른다'라고 했답니다.

인물관계도 예시 답안

포수 집 강아지는 자신이 호랑이를 무서워하지 않는다는 걸 보여 주고 싶어서 호랑이에게 싸움을 걸었습니다.

가이드 tip 질문의 의도

답변으로 나올 수 있는 4개의 문장은 등장인물들의 행동 원인을 파악해 제시된 속담의 뜻을 자연스럽게 익힐 수 있도록 구성되었습니다.

① 핵심 문장 따라 쓰기 → ② 포수 집 강아지의 생각 이해하기 → ③ 등장인물이 취한 행동의 이유 유추하기 → ④ 등장인물의 입장에서 상상하며 쓰기

를 통해 속담이 의미하는 바가 무엇인지에 대해 이해할 수 있도록 지도해 주세요.

읽기 전 생각해 볼 것들

본문을 읽기 전 제목, 삽화 등을 보면서 본문의 내용을 유추하게 해 주세요.

1. 제목으로 나온 속담이 어떤 뜻인지, 또 본문은 어떤 내용일지 미리 이야기해 볼까요.
2. 삽화에서 포수 집 강아지를 보는 점박이 강아지의 입장이 어땠을지 유추해 볼까요.
3. 본문에서 소개된 속담을 어떤 상황에서 쓰면 좋을지 생각해 볼까요.

참고하세요

본책 p.27 정답 예시

1 이야기와 만나는 문장 쓰기 이야기의 핵심이 되는 본문 속 문장을 따라 써 봅시다. (왼쪽 초록색 문장 따라 쓰기)

2 이해하는 문장 쓰기 포수 집 강아지가 호랑이를 만난 뒤 어떤 생각을 했을지 유추합니다.

예시 **포수 집 강아지는 호랑이가 별것 아니라고 생각했습니다.**

3 생각을 발견하는 문장 쓰기 호랑이가 포수 집 강아지를 잡아먹은 까닭에 대해 생각합니다.

예시① **호랑이는 낮잠을 자지 못해 짜증이 나서 강아지를 잡아먹었습니다.**

예시② **호랑이는 좋은 말을 해도 가지 않는 포수 집 강아지가 귀찮아서 강아지를 잡아먹었습니다.**

4 상상하는 문장 쓰기 내가 점박이 강아지라면 어떤 말을 해 주었을지 상상해 봅니다.

예시① **내가 점박이 강아지라면 포수 집 강아지에게 살아 있는 호랑이 근처에는 절대 가서는 안 된다고 말했을 것입니다.**

예시② **내가 점박이 강아지라면 포수 집 강아지에게 그러다 죽을지도 모른다고 말했을 것입니다.**

모아쓰기 네 개의 문장을 이어서 하나의 문단을 완성합니다.

예시① **"야, 호랑아 나는 포수 집 강아지님이시다!"**

포수 집 강아지는 호랑이가 별것 아니라고 생각했습니다. 호랑이는 낮잠을 자지 못해 짜증이 나서 강아지를 잡아먹었습니다. 내가 점박이 강아지라면 포수 집 강아지에게 살아 있는 호랑이 근처에는 절대 가서는 안 된다고 말하겠습니다.

예시② **"야, 호랑아 나는 포수 집 강아지님이시다!"**

포수 집 강아지는 호랑이가 별것 아니라고 생각했습니다. 호랑이는 좋은 말을 해도 가지 않는 포수 집 강아지가 귀찮아서 강아지를 잡아먹었습니다. 내가 점박이 강아지라면 포수 집 강아지에게 그러다 죽을지도 모른다고 말하겠습니다.

가이드의 읽을거리 ● '포수 집 강아지 범 무서운 줄 모르듯'이라는 속담은 '하룻강아지 범 무서운 줄 모른다'라는 속담으로 더 잘 알려져 있습니다. 직업으로 삼아 사냥을 하던 포수를 더 이상 찾아보기 힘든 시대이니 더더욱 그러할 것입니다. 여기서 범은 호랑이라는 것을 아이들에게 알려 주어도 좋겠지요.

그렇다면 '하룻강아지 범 무서운 줄 모른다'는 속담은 어떻게 나온 말일까요. 사실 이 속담에서 '하룻강아지'는 '하릅강아지'입니다. 하릅강아지는 태어난 지 1년 정도 된 개를 일컫는 말인데요. 사람으로 치면 청소년기 정도에 해당하는데, 사냥개도 이때는 혈기가 왕성한데다 무서움이 없어서 호랑이 앞에서도 절대 기죽지 않는다고 합니다. 사람이든 강아지든 사춘기는 역시 무모할 정도로 용맹무쌍한 시기인가 봅니다.

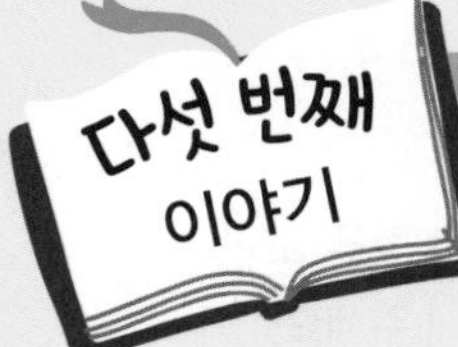

호랑이 담배 먹을 적

옛날 옛날 어느 마을에 이 선비와 박 선비가 살았어요. 두 사람은 어렸을 때부터 무척 친해서 서로에 대해 모르는 게 없었어요. 하루는 이 선비가 박 선비에게 함께 과거 시험을 보러 가자고 말했어요. 박 선비 역시 흔쾌히 그러자고 대답했지요. 그렇게 두 사람은 매일 열심히 공부했고, 같이 시험을 보았어요. 하지만 이 선비는 과거 시험에 합격하고 박 선비는 떨어지고 말았어요.

이 선비는 나라의 부름을 받아 마을을 떠났지만, 시험에 떨어지고 친구마저 떠나보낸 박 선비는 얼마나 실망했겠어요. 그런데 박 선비에게 닥친 불행은 그게 다가 아니었어요. 갑자기 박 선비의 어머니가 시름시름 앓더니 그대로 자리에 누워 버리는 게 아니겠어요. 용하다는 의원도 모셔왔지만, 고개를 절레절레 저을 뿐 별다른 방도를 알려 주지 않았어요. 게다가 집은 어찌나 가난한지 몸에 좋다는 음식을 사드릴 수도 없는 처지였어요. 박 선비는 한숨만 푹푹 내쉬었고 박 선비의 아내는 그런 남편의 눈치만 보았어요.

그러던 어느 날이었어요. 못 보던 스님 한 분이 박 선비를 찾아왔어요. 스님은 박 선비를 보더니 혀를 끌끌 차며 말했어요.

"어머니 병환으로 걱정이 아주 많으시군요."

"그걸 어떻게……?"

놀란 박 선비에게 다가온 스님은 누가 들을까 조용히 말을 이었어요.

"방법이 있긴 한데 절대 실수 없이 해야만 합니다."

박 선비는 어떤 방법이라도 알려 주기만 하면 다 해낼 수 있다고 자신했어요. 하지만 스님의 말을 듣고는 얼굴이 새파랗게 질리고 말았답니다. 스님이 말한 방법은 100일 동안 매일 개를 한 마리씩 잡아다 고아드려야 한다는 것이었거든요.

"내가 부적 두 개를 줄 테니 이걸로 개를 잡아 고아드리시오. 하나는 호랑이로 변하는 부적, 하나는 다시 인간으로 돌아오는 부적이오."

박 선비가 부적을 받아 든 순간 스님은 눈 깜짝할 사이 사라졌어요. 박 선비는 그 길로 산에 가서 부적을 붙여 보았어요. 역시 스님 말대로 부적을 붙이자 순식간에 호랑이로 변했어요. 그날부터 박 선비는 하루도 빠짐없이 호랑이로 변한 다음 개를 잡아서 어머니께 고아드렸어요.

'드디어 아흔아홉 마리째야.'

99일이 지나고 마지막 한 마리를 남겨 둔 날, 들떠 있던 박 선비가 사람으로 변하는 부적을 깜빡하고 집에 두고 오지 않았겠어요? 박 선비는 호랑이인 채로 부리나케 집으로 가서 부적을 찾으려는데, 마침 박 선비를 수상하게 생각하던 아내가 불길하다며 부적을 아궁이 불에 태우고 있지 뭐예요. 박 선비는 자신이 호랑이라는 사실도 잊은 채 아내에게 달려들어 부적을 찾으려 했는데요. 아내는 호랑이로 변한 박 선비에게 심하게 밀쳐져 그 자리에서 죽고 말았어요. 거기다 부쩍 건강해진 어머니가 산책을 다녀오다가 그 모습을 보고 놀라 쓰러지시고는 이내 돌아가셨답니다. 영영 호랑이로 변해 버린 박 선비는 가슴이 찢어질 듯 아팠지만 산으로 돌아갈 수밖에 없었어요.

세월이 흐르고 흘러 인간으로 산 기억조차 희미해진 어느 날, 박 선비는 이 고장 사포가 되어 돌아온 이 선비와 우연히 마주치게 되었어요.

"자네 이 선비 아닌가?"

이 선비를 알아본 박 선비는 눈물을 흘리며 반가워했고, 이 선비 역시 박 선비를 알아보고는 자리를 옮긴 뒤 사람을 시켜 술상을 차려오게 했지요.

"박 선비, 어쩌다 이리 된 건가?"

이 선비의 질문을 받은 박 선비는 어머니의 병환, 스님의 부적, 아내의 죽음에 대해 모두 말해야겠다고 생각했어요.

"사연이 너무 긴데, 우선 담배 한 대만 가져다 주겠나?"

이 선비는 박 선비에게 곰방대 하나를 가져다 주었고, 박 선비는 담배를 피우며 그동안 있었던 일을 밤새 이야기했답니다. 자, 이제 '옛날 옛적, 호랑이가 담배 먹을 적에'라는 말이 왜 생겼는지 알겠죠?

인물관계도 예시 답안

박 선비가 그동안 어려움에 대해 이야기를 하려면 밤을 새도 모자랐기 때문입니다.

가이드 tip 질문의 의도

답변으로 나올 수 있는 4개의 문장은 본문의 핵심 내용이 담긴 주요 문장을 확인하고, 본문을 통해 제시된 속담의 뜻을 자연스럽게 익힐 수 있도록 구성되었습니다.

> ① 핵심이 되는 문장 따라 쓰기 → ② 따라 쓴 문장의 배경 상황 이해하기 → ③ 등장인물의 감정 떠올리기 → ④ 등장인물의 입장에서 상상하며 쓰기

를 통해 본문에서 소개하는 속담이 어디에서 유래했는지를 자연스럽게 알아갈 수 있도록 지도해 주세요.

읽기 전 생각해 볼 것들

본문을 읽기 전 제목, 삽화 등을 보면서 본문의 내용을 유추하게 해 주세요.

1. 제목으로 나온 속담이 어떤 뜻인지, 또 본문은 어떤 내용일지 미리 이야기해 볼까요.
2. 삽화 속 인물들이 어떤 상황에 처해 있는지 유추해 볼까요.
3. 본문에서 소개된 속담을 어떤 상황에서 쓰면 좋을지 생각해 볼까요.

참고하세요 본책 p.31 정답 예시

1 이야기와 만나는 문장 쓰기 이야기의 핵심이 되는 본문 속 문장을 따라 써 봅시다. (왼쪽 초록색 문장 따라 쓰기)

2 이해하는 문장 쓰기 박 선비가 어떤 생각으로 한 말인지를 유추합니다.

예시 호랑이로 변한 박 선비는 그동안 있었던 모든 일을 말해야겠다고 생각했습니다.

3 생각을 발견하는 문장 쓰기 이 선비의 마음이 어떠했을지를 생각합니다.

예시 1 이 선비는 박 선비에게 있었던 일들을 듣고 마음이 많이 아팠을 것입니다.

예시 2 이 선비는 박 선비의 이야기를 모두 듣고 진짜 그런 일이 있었다는 것을 믿을 수 없었을 것입니다.

4 상상하는 문장 쓰기 내가 이 선비라면 어떤 말을 해 주었을지 상상해 봅니다.

예시 1 내가 이 선비라면 이제는 전에 있었던 일들은 잊고 호랑이로 살아가야 한다고 말하겠습니다.

예시 2 내가 이 선비라면 사람으로 돌아오기 위해 스님을 찾으라고 말하겠습니다.

모아쓰기 네 개의 문장을 이어서 하나의 문단을 완성합니다.

예시 1 "사연이 너무 긴데, 우선 담배 한 대만 가져다 주겠나?"
호랑이로 변한 박 선비는 그동안 있었던 모든 일을 말해야겠다고 생각했습니다. 이 선비는 박 선비에게 있었던 일들을 듣고 마음이 많이 아팠을 것입니다. 내가 이 선비라면 이제는 전에 있었던 일들은 잊고 호랑이로 살아가야 한다고 말하겠습니다.

예시 2 "사연이 너무 긴데, 우선 담배 한 대만 가져다 주겠나?"
호랑이로 변한 박 선비는 그동안 있었던 모든 일을 말해야겠다고 생각했습니다. 이 선비는 박 선비의 이야기를 모두 듣고 진짜 그런 일이 있었다는 것을 믿을 수 없었을 것입니다. 내가 이 선비라면 사람으로 돌아오기 위해 스님을 찾으라고 말하겠습니다.

가이드의 읽을거리 ● 옛날 이야기라면 으레 이렇게 시작합니다. "옛날 옛적에 호랑이 담배 피던 시절에……"라고 말이지요. 여기서 '호랑이 담배 피던 시절'의 의미는 호랑이가 담배를 피우는 말도 안 되는 일이 일어났다고 해도 전혀 이상하지 않을 정도로 아주 옛날이라는 뜻이겠지요.

한데, '호랑이 담배 피던 시절'의 원래 표현은 '호랑이 담배 먹을 적'입니다. 본문에서는 예전 속담대로 '담배 먹을 적'이라고 표현했는데요. 아마도 먹을 수 있는 담배라 함은 우리에게 익숙한 지금의 담배가 아닌 담뱃잎을 지칭한 것으로 보입니다. '호랑이 담배 먹을 적'은 호랑이가 처음 담뱃잎을 뜯어 먹었을 때처럼 아주 오래 전을 의미하는 것이고요.

호랑이가 담배를 피든, 먹든…… 어쨌든 무슨 일이라도 가능했던 그 옛날, 그 시절에 대한 그리움을 간직한 속담은 아닐까요.

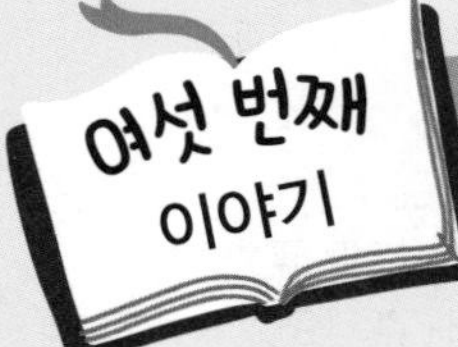

꿩 구워 먹은 자리

옛날 어느 산골에 식탐이 아주 많은 천 씨라는 사내가 살았어요. 천 씨는 연세가 많으신 어머니를 모시고 아내와 살고 있었는데요. 천 씨가 얼마나 식탐이 많았는지 어머니와 아내 몰래 먹을 것을 숨겨 두었다가 꺼내 먹는 일이 다반사였답니다. 마을과 동떨어진 산골은 늘 먹을 것이 부족한데다 겨울이 되면 끼니를 거르기가 일쑤여서 아내는 천 씨의 그런 행동이 서운할 때가 적지 않았어요.

"여보, 오늘은 산에 가서 나무를 좀 해 오세요. 이러다 눈이라도 오면 큰일이에요."

부쩍 추워진 어느 날 천 씨의 아내는 천 씨에게 단단히 당부했어요. 먹을 것이 부족한데, 땔감마저 없으면 어떻게 해야 할지 눈앞이 깜깜했거든요.

"알았어. 내 오늘은 나무를 해 올 테니 걱정 말아요."

천 씨는 지나가는 말로 대답을 했어요. 하지만 그날도 집으로 돌아온 천 씨의 지게는 텅 비어 있었어요.

'도대체 이 양반은 산에서 뭘 하기에 만날 빈 지게만 지고 오는 거야?'

아내는 천 씨의 행동이 수상해서 몰래 천 씨의 뒤를 따라 산으로 올라갔어요. 천 씨는 아내가 뒤따라오는 줄도 모르고 지게를 진 채 느긋하게 산을 올랐어요. 한 시간 쯤 지났을까 천 씨가 주위를 둘러보더니 땅바닥에서 나뭇가지를 얼기설기 엮어 만든 나무 그물을 치우고 아래에서 무언가를 꺼내는 게 보였어요. 그물에 매달려 있던 건 다름 아닌 꿩이었지요.

'어머나, 꿩이네. 오늘 저녁에는 꿩을 먹을 수 있겠구나.'

아내는 한껏 들뜬 마음으로 먼저 산을 내려왔어요. 아내가 산을 내려온 후 얼마 지나지 않아 천 씨도 산에서 내려왔어요. 그런데 이게 웬일인가요. 꿩은커녕 남편의 지게는 여전히 텅 비어 있는 게 아니겠어요?

'이 사람이 정말…….'

아내는 화를 꾹 참고 남편에게 다정하게 물었어요.

"여보, 오늘 산에서 별일 없었어요?"

"으휴. 오늘은 어찌나 춥던지, 오래 있을 수가 있어야지. 나무는 내일 해야겠소."

천 씨는 꿩 얘기는 쏙 뺀 채 시치미를 뚝 뗐어요. 더는 묻지 못한 아내는 남편이 하는 행동을 좀 더 지켜보자고 마음먹었어요. 해가 지고 모두 잠든 밤, 천 씨가 슬그머니 잠자리에서 일어났어요. 조용히 방문을 열고 나가는 천 씨를 아내도 따라나섰지요. 천 씨는 장작더미 아래를 들추더니 숨겨 놓은 꿩을 꺼냈어요. 분명 낮에 보았던 그 꿩이었어요. 천 씨는 아궁이 앞에 자리를 잡고 그 자리에서 꿩을 구워 맛있게 먹었어요. 고소한 냄새에 아내의 입에도 한가득 침이 고였지만 꾹 참고 지켜만 보았어요.

그날 이후 아내는 시어머니께 이 일을 알리고 천 씨가 꿩을 감춰 두었던 장작더미를 수시로 확인했어요. 아니나 다를까 천 씨가 빈 지게를 지고 온 다음날, 꿩 한 마리가 숨겨져 있었어요.

아내는 바느질감이 많다며 호롱불을 켜 두고는 자지 않고 버텼어요. 아내가 잠들기를 기다렸던 천 씨가 결국 먼저 잠이 들고 말았지요. 이때다 싶었던 아내는 장작더미에 숨겨 둔 꿩을 찾아 시어머니와 함께 맛있게 구워 먹었어요.

다음날 밤, 천 씨는 몰래 잠자리에서 빠져나와 장작더미를 뒤졌어요. 한참을 뒤져도 꿩이 나오지 않자 실망하며 다시 방으로 들어왔어요. 방에는 잠들지 않은 아내가 누워 있었어요.

"이 밤에 어디 다녀오세요?"

"뒷간에 좀……."

아내는 속으로 고소해 하며 생각했어요.

'밤새 찾아본들 꿩 구워 먹고 남은 재도 못 찾을 거다.'

이때부터 표 나지 않게 흔적 없이 치운 자리를 가리켜 '꿩 구워 먹은 자리'라고 말하게 되었답니다.

인물관계도 예시 답안

남편 몰래 숨겨 둔 꿩을 찾아 시어머니와 맛있게 구워 먹었습니다.

가이드 tip 질문의 의도

답변으로 나올 수 있는 4개의 문장은 핵심 문장을 확인하고, 인물 행동의 원인을 파악할 수 있게 구성되었습니다.

① 핵심 문장 따라 쓰기 → ② 화가 난 아내의 해결책 확인하기 → ③ 남편의 생각 유추하기 → ④ 아내의 입장에서 상상하며 쓰기

를 통해 본문 속 등장인물의 행동과 연결된 사건을 속담으로 연결할 수 있도록 지도해 주세요.

읽기 전 생각해 볼 것들

본문을 읽기 전 제목, 삽화 등을 보면서 본문의 내용을 유추하게 해 주세요.

1. 제목으로 나온 속담이 어떤 뜻인지, 또 본문은 어떤 내용일지 미리 이야기해 볼까요.
2. 삽화에서 두 사람만 꿩고기를 먹고 있는 이유를 유추해 볼까요.
3. '꿩 구워 먹은 자리'라는 속담을 어떤 상황에서 쓰면 좋을지 생각해 볼까요.

참고하세요 본책 p.37 정답 예시

1 이야기와 만나는 문장 쓰기 이야기의 핵심이 되는 본문 속 문장을 따라 써 봅시다. (왼쪽 초록색 문장 따라 쓰기)

2 이해하는 문장 쓰기 꿩고기를 구워 먹은 남편에게 아내가 한 행동을 확인합니다.

예시 아내는 시어머니와 함께 남편 몰래 꿩고기를 구워 먹었습니다.

3 생각을 발견하는 문장 쓰기 꿩고기가 사라진 후 천 씨가 어떤 생각을 했을지 유추해 봅니다.

예시① 천 씨는 아내와 어머니가 꿩고기를 먹었을지도 모른다고 생각했을 것입니다.
예시② 천 씨는 꿩고기에 대해 아내에게 물어볼지 말지를 고민했을 것입니다.

4 상상하는 문장 쓰기 여러분이 아내라면 천 씨에게 어떤 말을 해 주었을지 상상해 봅니다.

예시① 내가 아내라면 아무리 배가 고파도 가족과 나눠 먹어야지 혼자 먹는 게 말이 되냐고 따졌을 것입니다니다.
예시② 내가 아내라면 앞으로 내가 만들어 준 음식은 절대 먹지 말라고 말했을 것입니다.

모아쓰기 네 개의 문장을 이어서 하나의 문단을 완성합니다.

예시① '밤새 찾아본들 꿩 구워 먹고 남은 재도 못 찾을 거다.'
아내는 시어머니와 함께 남편 몰래 꿩고기를 구워 먹었습니다. 천 씨는 아내와 어머니가 꿩고기를 먹었을지도 모른다고 생각했을 것입니다. 내가 아내라면 아무리 배가 고파도 가족과 나눠 먹어야지 혼자 먹는 게 말이 되냐고 따졌을 것입니다.

예시② '밤새 찾아본들 꿩 구워 먹고 남은 재도 못 찾을 거다.'
아내는 시어머니와 함께 남편 몰래 꿩고기를 구워 먹었습니다. 천 씨는 꿩고기에 대해 아내에게 물어볼지 말지를 고민했을 것입니다. 내가 아내라면 앞으로 내가 만들어 준 음식은 절대 먹지 말라고 말했을 것입니다.

가이드의 읽을거리 ● '꿩 구워 먹은 자리'는 꿩을 직접 잡아 구워 먹던 아주 먼 옛날 이야기를 배경으로 합니다. 일전에 배운 '꿩 대신 닭'이라는 속담에서도 살펴보았듯, 옛 사람들은 꿩이 굉장히 좋은 기운을 가진 동물이라 생각했습니다. 귀하고 맛도 있고요. 그런데 다른 동물도 아닌 그 꿩을 남편은 혼자 쥐도 새도 모르게 먹어 치웁니다. 그것도 어머니와 아내가 버젓이 자고 있는 틈을 타서 '몰래' 말이지요. 남편의 행동만 보면 당장에라도 버럭 화를 내야 마땅하지만, 아내는 남편이 잘 때를 기다려서 시어머니와 함께 꿩을 구워 먹습니다. '꿩 구워 먹고 남은 재도 못 찾을 것'이라며 남편의 행동을 '퉁'치면서 말이지요. 이처럼 남편의 잘못을 앞에서 지적하기보다 다른 방법으로 해결하면서 속담까지 만들어 낸 한 아내의 재치에 대해 이야기 나눠 보세요.

뒤로 호박씨 깐다

어느 마을에 글공부밖에 모르는 선비가 살았어요. 선비에게는 아내가 있었는데, 아내는 가난한 집안 살림은 아랑곳없이 글공부에만 매진하는 선비가 야속했답니다. 선비가 책상머리에 앉아 글공부를 하는 동안, 아내는 꼭두새벽부터 밤늦게까지 허리 한번 펴지 못하고 온갖 궂은일을 도맡아 해야 했으니까요. 하루는 참다못한 아내가 책을 보는 선비에게 말했어요.

"여보, 글공부도 좋지만 먹고살 걱정도 해야 하지 않겠어요?"

선비는 고개를 저으며 책에서 눈을 떼지 않고 답했어요.

"나는 아직 멀었소."

답답한 아내는 선비에게 따져 물었어요.

"그놈의 글공부는 언제쯤 끝이 난답니까?"

그제야 선비는 고개를 들어 아내를 쳐다보았어요. 이때다 싶었던 아내는 선비에게 참았던 말을 쏟아부었지요.

"일 년만 참자 한 게 벌써 십 년이에요. 목구멍이 포도청이라고 끼니를 거르면 해서는 안 될 일도 하게 된다는데, 밥걱정 없이 글공부만 한다고 쌀이 나와요, 뭐가 나와요."

그동안의 고생이 새록새록 떠오른 아내는 급기야 저고리 고름에 눈물까지 찍어대며 선비에게 하소연을 했어요.

"과거 급제를 할 거면 시험이라도 보든지 백날 천 날 책만 들여다보는 게 지겹지도 않아요?"

선비는 아내의 말이 끝나기를 기다린 다음 차분히 말했어요.

"밥은 굶어도 책은 끊지 못하는 나 같은 사람을 만나 참 고생이 많구려. 허나, 이치를 깨닫는 일이 그리 쉬워서야 되겠소? 고생스럽더라도 조금만 더 참아 주시오. 대신 내가 밥을 굶겠소."

아내는 끼니마저 거르겠다는 선비의 말에 더는 잔소리를 하지 못했어요.

그날 이후 선비는 정말로 하루 한 끼만 먹으며 지냈는데요. 보다 못한 아내가 간식으로라도 먹으라며 호박씨를 소쿠리 가득 담아 책상 옆에 두었어요. 마땅한 간식이 없던 옛날에는 사람들이 호박씨를 심심풀이 땅콩처럼 즐겨 까먹었거든요.

"호박씨라도 까서 먹으면서 하세요. 밥을 굶을 정도로 책이 좋아도 간식거리는 있어야 하지 않겠어요?"

아내의 말에 선비는 고개를 저었어요.

"선비 체면에 호박씨를 어떻게 까먹겠소? 난 필요 없으니 도로 가지고 가시오."

"그럼 놔둬요. 제가 먹지요. 뭘."

아내는 역시나 그럴 줄 알았다는 표정으로 뒤돌아 나갔어요.

'꼬르륵.' 한참 글공부를 하던 선비의 배에서 소리가 났어요. 선비는 아랑곳없이 다시 글공부에 집중했어요. '꼬르륵.' 하지만 빈방을 채우는 꼬르륵 소리에 선비도 퍽 신경이 쓰였어요.

'옳거니, 호박씨가 있었구나.'

선비는 마침 호박씨가 생각나 소쿠리 가득 담긴 호박씨를 하나씩 집어 먹기 시작했어요. 호박씨의 껍질은 소화가 잘 되지 않기 때문에 일일이 손톱으로 껍질을 까서 먹어야 하는데요. 선비 체면에 호박씨를 까서 먹을 수는 없고 또 아무도 없는 빈 방이더라도 누가 볼 새라 걱정돼서 재빨리 입에 넣고 만 것이죠.

어느새 해가 지고 밭일을 마치고 돌아온 아내가 저녁상을 차려서 방으로 들어왔어요. 아내는 호박씨 소쿠리가 빈 것을 보고 깜짝 놀라 말했어요.

"뒤로 호박씨는 혼자 다 까셨네요!"

멋쩍어진 선비는 아내의 말에 아무 대꾸도 없이 밥을 떠서 먹기만 했답니다.

인물관계도 예시 답안

다른 사람이 보는 앞에서 호박씨를 까먹는다는 건 선비 체면에 있을 수 없는 일이라고 생각했기 때문입니다.

가이드 tip 질문의 의도

답변으로 나올 수 있는 4개의 문장은 사건의 원인을 확인하고, 제시된 속담에서 전하고자 하는 바가 무엇인지 알 수 있도록 구성되었습니다.

① 사건의 원인이 되는 문장 따라 쓰기 → ② 배고픈 선비의 행동 확인하기 → ③ 선비의 행동을 본 아내의 생각 유추하기 → ④ 아내의 입장에서 상상하며 쓰기

를 통해 본문 속 등장인물이 처한 상황과 속담이 나오게 된 유래를 이해할 수 있도록 지도해 주세요.

읽기 전 생각해 볼 것들

본문을 읽기 전 제목, 삽화 등을 보면서 본문의 내용을 유추하게 해 주세요.

1. 제목으로 나온 속담이 어떤 뜻이고 본문은 어떤 내용일지 미리 이야기해 볼까요.
2. 삽화를 보고 선비가 아내에게 무슨 말을 하고 있을지 유추해 볼까요.
3. 본문의 속담은 어떤 상황에서 쓰면 좋을지 생각해 볼까요.

참고하세요

본책 p.41 정답 예시

1 이야기와 만나는 문장 쓰기 사건의 원인이 되는 본문 속 문장을 따라 써 봅니다. (왼쪽 초록색 문장 따라 쓰기)

2 이해하는 문장 쓰기 배고픈 선비가 어떻게 행동했는지 확인합니다.

예시 선비는 배가 고파서 호박씨를 집어 먹었습니다.

3 생각을 발견하는 문장 쓰기 선비의 행동을 본 아내의 생각을 유추합니다.

예시 1 아내는 선비도 배가 고파서 어쩔 수 없었다고 생각했을 것입니다.
예시 2 아내는 선비가 배가 고프면서도 일부러 아닌 척 했다고 생각했을 것입니다.

4 상상하는 문장 쓰기 내가 아내라면 선비에게 어떻게 말했을지 상상해 봅니다.

예시 1 내가 아내라면 선비에게 "먹는 일도 중요하니 이제는 일과 공부를 같이 하세요"라고 말할 것입니다.
예시 2 내가 아내라면 선비에게 "보는 사람이 없으니 앞으로는 호박씨를 까서 드세요"라고 말할 것입니다.

모아쓰기 네 개의 문장을 이어서 하나의 문단을 완성합니다.

예시 1 '옳거니, 호박씨가 있었구나.'
선비는 배가 고파서 호박씨를 집어 먹었습니다. 아내는 선비도 배가 고파서 어쩔 수 없었다고 생각했을 것입니다. 내가 아내라면 선비에게 "먹는 일도 중요하니 이제는 일과 공부를 같이 하세요"라고 말할 것입니다.

예시 2 '옳거니, 호박씨가 있었구나.'
선비는 배가 고파서 호박씨를 집어 먹었습니다. 아내는 선비가 배가 고프면서도 일부러 아닌 척 했다고 생각했을 것입니다. 내가 아내라면 선비에게 "보는 사람이 없으니 앞으로는 호박씨를 까서 드세요"라고 말할 것입니다.

가이드의 읽을거리 ● '뒤로 호박씨 깐다'는 속담은 겉으로는 아닌 척 하면서 다른 사람 몰래 엉큼한 행동을 하는 것을 일컫는 말입니다. 사실 이 속담의 유래는 다른 형태로 퍼져 있는데요. 글공부에만 전념하던 가난한 선비가 하루는 밖에 나갔다 돌아왔는데, 마침 아내가 급하게 무언가를 엉덩이 뒤로 감추는 걸 본 선비가 아내를 채근합니다. 이에 아내는 하도 배가 고파 방바닥에 떨어진 호박씨 하나를 집어 먹었다고 대답합니다. 그제야 선비는 아내를 끌어안고 함께 눈물을 흘렸다는 이야기입니다. 아름다운 유래이기는 하지만 《우리말 절대지식》에 따르면 근거가 미약합니다. '뒤로 호박씨 깐다'는 '뒷구멍(똥구멍)으로 호박씨 깐다'의 뜻으로 모른 척 급하게 껍질째 먹는 바람에 호박씨 껍질이 똥으로 나오는 상황, 즉 겉으로는 표가 나지 않지만 속으로 엉뚱한 짓을 하는 걸 의미하는 것이기 때문이지요. 그래서 이야기 본문은 속담의 원래 뜻을 더 잘 드러낼 수 있도록 구성했습니다.

미운 놈 떡 하나 더 준다

옛날에 깐깐하기로는 손에 꼽힐 정도로 유명한 시어머니를 모시고 사는 며느리가 있었어요. 매사에 어찌나 까다로운지 며느리가 문지방이 닳도록 드나들며 시중을 들어도 늘 핀잔만 듣기 일쑤였지요. 하루는 더 이상 참지 못한 며느리가 용하다는 점쟁이를 찾아갔어요.

"얼굴에 우환이 가득하구나. 가족 문제지?"

점쟁이는 며느리를 보자마자 대번에 고민이 무엇인지 맞혔어요.

"아이고. 그걸 어찌 아셨어요? 제가 제 명에 못 살아요, 정말."

며느리는 점쟁이 앞에서 시어머니께 구박받은 일을 빠짐없이 풀어놓았어요.

"그동안 마음고생이 심했겠구먼."

자신의 마음을 알아주는 점쟁이의 말에 며느리는 눈물을 펑펑 쏟으며 말했어요.

"정말 이제는 누구 한 사람이 없어지지 않으면 안 될 것 같아요."

며느리의 말에 곰곰이 생각하던 점쟁이가 물었어요.

"시어머니가 제일 좋아하시는 음식이 뭐지?"

"좋아하시는 음식이요? 글쎄…… 아! 인절미를 무척 좋아하세요."

며느리의 대답에 점쟁이가 얼씨구나 손뼉을 치며 말했어요.

"그걸세! 앞으로 백 일 동안 하루 세 번 빼먹지 말고 인절미를 만들어 드리게. 그러면 시어머니는 오래 못 사시게 될 거야."

점쟁이의 말에 며느리는 고개를 끄덕였어요. 집으로 돌아온 며느리는 찹쌀밥을 지어 절구통에 넣고 찧은 후 곱게 갈아 놓은 콩고물을 묻혀 인절미를 만들었어요. 정성껏 만든 인절미를 받은 시어머니가 며느리에게 물었어요.

"갑자기 웬 인절미냐?"

"어머니께서 좋아하셨던 게 생각나서요. 자주 해드릴 테니 천천히 꼭꼭 씹어 잡수세요."

밉상스러웠던 며느리가 웬일로 인절미를 다 해 주나 싶어 탐탁지 않았지만 시어머니도 좋아하는 인절미 앞에서는 어쩔 수가 없었어요.

'아이고. 입에서 그냥 살살 녹아 버리는구나.'

시어머니는 순식간에 사라져 버린 인절미가 아쉬운 듯 입맛을 다셨어요. 그런데 이게 웬일인가요? 며느리가 아침과 점심 사이, 점심과 저녁 사이, 저녁을 먹고 난 이후 하루 세 번 꼬박꼬박 인절미를 해다 바치는 게 아니겠어요.

잠깐 저러다 말겠지 했던 시어머니는 매일 하루 세 번, 두 달을 넘게 인절미를 만들어 주는 며느리의 정성에 그만 탄복하고 말았어요. 하는 일마다 눈엣가시였던 며느리의 행동이 어느 날부턴가는 너무 사랑스러웠고요. 며느리가 예뻐 보이니 핀잔과 야단 대신 칭찬과 미소로 대하게 되었어요. 처음에는 나쁜 마음으로 인절미를 만들기 시작했던 며느리도 어느 새 진심으로 시어머니를 위하고 있는 자신을 발견했어요.

'아뿔싸, 이러고 있을 때가 아니야.'

그제야 자신이 한 일이 생각난 며느리는 부리나케 점쟁이를 다시 찾아갔어요.

"제가 잘못했어요. 제발 우리 어머니 좀 살려 주세요. 제발요."

며느리는 무릎을 꿇고 앉아 두 손을 비비며 사정했어요.

"시어머니가 아직 안 죽었어?"

"우리 어머니 돌아가시면 절대 안 돼요. 살려 주세요. 제가 뭐든 할게요. 살려만 주세요."

며느리는 눈물을 뚝뚝 흘리며 머리를 조아렸어요.

"허허. 미운 시어머니는 죽어 없어졌냐 이 말이다. 이제는 둘도 없이 좋은 시어머니가 되셨다는 말이군. 고민이 해결됐으니 그만 집으로 돌아가게나."

점쟁이의 말을 들은 며느리는 기쁜 마음으로 집으로 돌아와 행복하게 살았답니다.

인물관계도 예시 답안

며느리가 하루 세 번씩 두 달 넘게 인절미를 만들어 바쳤기 때문입니다.

가이드 tip 질문의 의도

답변으로 나올 수 있는 4개의 문장은 사건이 일어나게 된 주요 문장을 확인하고, 본문을 통해 제시된 속담의 뜻을 자연스럽게 익힐 수 있도록 구성되었습니다.

> ① 문제 해결의 실마리가 된 핵심 문장 따라 쓰기 → ② 핵심 문장의 숨은 의미 이해하기 → ③ 변화된 며느리의 마음 유추하기 → ④ 인절미를 먹은 시어머니의 입장에서 상상하며 쓰기

를 통해 속담의 진짜 의미를 이해할 수 있도록 지도해 주세요.

읽기 전 생각해 볼 것들

본문을 읽기 전 제목, 삽화 등을 보면서 본문의 내용을 유추하게 해 주세요.

1. 제목으로 나온 속담의 뜻과 본문의 내용을 미리 유추해 볼까요.
2. 삽화에서 며느리와 시어머니의 관계는 어떻게 보이나요?
3. 본문에서 소개된 속담은 어떤 상황에서 쓰이면 좋을까요?

참고하세요 본책 p.45 정답 예시

1 이야기와 만나는 문장 쓰기 사건의 실마리가 된 본문 속 문장을 따라 써 봅니다. (왼쪽 초록색 문장 따라 쓰기)

2 이해하는 문장 쓰기 점쟁이가 며느리에게 시킨 일은 무엇인지 확인합니다.

예시 점쟁이는 시어머니가 좋아하는 인절미를 하루 세 번씩 백 일 동안 만들어 드리라고 했습니다.

3 생각을 발견하는 문장 쓰기 며느리의 태도가 바뀐 까닭은 무엇인지 유추합니다.

예시① 백 일이 지나자 며느리는 자신을 칭찬하는 시어머니가 돌아가시면 너무 슬플 것 같아 걱정했습니다.

예시② 백 일이 지나자 며느리는 자신이 시어머니를 사랑하고 있다는 사실을 깨닫고 돌아가실까 봐 걱정했습니다.

4 상상하는 문장 쓰기 내가 시어머니라면 며느리에게 무슨 말을 해 주었을지 상상해 봅니다.

예시① 내가 시어머니라면 며느리에게 맛있는 걸 해 줄 테니 좋아하는 걸 말해 보라고 할 것입니다.

예시② 내가 시어머니라면 며느리에게 고맙지만 인절미는 이제 그만 줘도 된다고 말했을 것입니다.

모아쓰기 네 개의 문장을 이어서 하나의 문단을 완성합니다.

예시① "시어머니가 제일 좋아하시는 음식이 뭐지?"
점쟁이는 시어머니가 좋아하는 인절미를 하루 세 번씩 백 일 동안 만들어 드리라고 했습니다. 백 일이 지나자 며느리는 시어머니가 돌아가시면 너무 슬플 것 같아 걱정했습니다. 내가 시어머니라면 며느리에게 맛있는 걸 해 줄 테니 좋아하는 걸 말해 보라고 할 것입니다.

예시② "시어머니가 제일 좋아하시는 음식이 뭐지?"
점쟁이는 시어머니가 좋아하는 인절미를 하루 세 번씩 백 일 동안 만들어 드리라고 했습니다. 백 일이 지나자 며느리는 자신이 시어머니를 사랑하고 있다는 사실을 깨닫고 돌아가실까 봐 걱정했습니다. 내가 시어머니라면 며느리에게 고맙지만 인절미는 이제 그만 줘도 된다고 말했을 것입니다.

가이드의 읽을거리 ● 며느리가 자신을 못 살게 구는 시어머니의 수명을 줄이기 위해 매일같이 떡을 만들어 드렸는데, 놀랍게도 시어머니와 며느리의 갈등이 눈 녹듯 사라졌습니다. '미운 놈 떡 하나 더 준다'는 우리 조상들의 놀라운 지혜를 엿볼 수 있는 이야기입니다.

물론 나를 싫어하는 사람을 예쁜 눈으로 바라보는 것은 결코 쉬운 일이 아닙니다. 하지만 미운 사람에게 칭찬 한 번이라도 더 해 주려 노력하다 보면, 내 마음이 변하고 더불어 상대방도 변하기 마련입니다. 갈등 상황에서 직접 대립할 수도 있지만 때로는 햇볕이 나그네의 옷을 벗길 수 있는 한 가지 방법이 되기도 하니까요. 미운 마음을 사랑으로 바꾸는 마법의 주문, '미운 놈 떡 하나 더 준다'의 깊은 뜻을 알려 주세요.

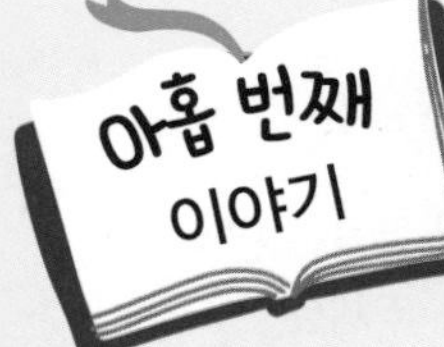

싼 게 비지떡

남의 말을 잘 듣는 귀 얇은 김 서방이 살았어요. 한 해 전 장가를 간 김 서방에게는 어여쁜 아내가 있었는데요. 몇 달 전부터는 하루가 다르게 배가 불러오는 아내를 보며 아이가 생긴다는 기쁨에 하루하루가 매우 행복했어요. 그러던 어느 날 아내가 일을 하러 나가려는 김 서방을 붙들고 말했어요.

"여보. 저기……."

김 서방은 아내를 쳐다보았지만 아내는 좀처럼 말을 꺼내지 못했어요.

"무슨 일이오? 혹시 안 좋은 일이라도 있소?"

걱정스레 묻는 김 서방에게 망설이던 아내는 큰 결심이나 한 듯 고개를 끄덕이고는 조그마한 목소리로 말했어요.

"저…… 다른 게 아니라, 제가 요새 자꾸 생각나는 게 있어서요."

"그게 뭐요? 얼른 말해 보소."

김 서방의 채근에 아내가 대답했어요.

"그게……, 떡이요. 떡이 먹고 싶어서 자꾸 눈앞에서 아른거려요."

"하하하."

아내의 말에 김 서방은 크게 웃음을 터트리고 말았어요.

"진즉에 말을 하지 그랬소. 내 오늘 장에 가서 거기 있는 떡을 죄다 사올 테니 어디 두고 보시오."

큰 소리 떵떵치는 김 서방에게 빙긋이 웃으며 아내가 말했어요.

"이렇게 먹고 싶은 걸 보니 아무래도 뱃속의 우리 아기가 먹고 싶은가 봐요. 많이는 말고 조금만 사다 주면 돼요."

가난한 살림을 걱정한 아내는 김 서방에게 떡을 조금만 사다 달라고 신신당부를 했어요. 옛날에는 쌀이 귀해서 많은 쌀이 들어가는 떡은 특별한 날에나 맛볼 수 있는 음식이었거든요. 가격도 비싸서 쉽게 사 먹을 수 없었지요. 장에 도착한 김 서방은 열일을 제쳐 두고 떡장수부터 찾았어요. 마침 포목 가게 옆에서 떡장수 한 명이 떡을 팔고 있었어요.

"한 푼어치는 몇 개요?"

김 서방이 떡장수에게 물었어요.

"한 푼에 두 개요."

김 서방은 머릿속으로 자신이 가지고 있는 돈으로 몇 개의 떡을 살 수 있을지 세어 보았어요.

'어디 보자. 주머니에 열 푼이 있으니까 열 푼어치를 모두 사도 떡이 스무 개밖에 되지 않는구나.'

하지만 김 서방이 사가지고 가야할 것은 떡만이 아니었어요. 배냇저고리를 만들 무명천과 숯이며 마른 미역도 사야했지요. 고민하던 그때 멀리서 또 다른 떡장수의 소리가 들렸어요.

"떡이 한 푼에 다섯 개!"

김 서방은 냉큼 자리를 옮겨 소리가 들리는 쪽으로 향했어요.

"다섯 푼어치만 주시오."

떡을 산 김 서방은 날아갈 듯 기분이 좋았어요. 아내가 먹고 싶다던 떡을 싸게 많이 살 수 있었으니까요. 하지만 김 서방이 산 건 고물을 묻혀 겉모습만 떡처럼 보이는, 두부 찌꺼기인 비지를 둥글게 부쳐서 만든 비지떡이어서 맛이 덜했지요.

집으로 돌아온 김 서방은 가장 먼저 아내에게 떡을 꺼내 주었어요. 아내는 환하게 웃으며 떡 하나를 먹더니 무언가 생각난 듯 잠시 입을 다물었어요. 몇 분 뒤 아내는 김 서방에게 얼마에 산 떡이냐고 물었어요. 김 서방이 사실대로 말하자 아내가 비지떡장수를 원망하며 말했어요.

"아이고. 싼 게 비지떡이네요."

인물관계도 예시 답안

아내는 자신이 먹은 떡이 쌀로 만든 것이 아니라 비지로 만들었다는 걸 알아차렸기 때문입니다.

가이드 tip 질문의 의도

답변으로 나올 수 있는 4개의 문장은 사건 배경을 설명하는 주요 문장을 확인하고, 본문을 통해 제시된 속담의 뜻을 자연스럽게 익힐 수 있도록 구성되었습니다.

① 사건의 실마리가 되는 문장 따라 쓰기 → ② 핵심 문장 이후의 상황 이해하기 → ③ 떡을 맛본 아내의 생각 유추하기 → ④ 김 서방의 입장에서 상상하며 쓰기

를 통해 속담이 쓰일 당시의 상황을 이해하고 속담의 뜻을 이해할 수 있도록 지도해 주세요.

읽기 전 생각해 볼 것들

본문을 읽기 전 제목, 삽화 등을 보면서 본문의 내용을 유추하게 해 주세요.

1. 제목으로 나온 속담의 뜻과 본문의 내용을 미리 유추해 볼까요.
2. 삽화 속 김 서방과 아내가 어떤 상황에 처해 있는지 유추해 볼까요.
3. 본문에서 소개된 속담을 어떤 상황에서 쓰면 좋을지 생각해 볼까요.

참고하세요 본책 p.49 정답 예시

1 이야기와 만나는 문장 쓰기 사건의 실마리가 되는 본문 속 문장을 따라 써 봅니다. (왼쪽 초록색 문장 따라 쓰기)

2 이해하는 문장 쓰기 비지떡 장수의 말을 들은 김 서방이 어떻게 행동했는지 확인합니다.

예시 김 서방은 싸고 양 많은 떡을 다섯 푼어치 사서 집으로 왔습니다.

3 생각을 발견하는 문장 쓰기 비지떡을 맛본 아내의 생각을 유추해 봅니다.

예시① 김 서방의 아내는 양이 적고 비싸더라도 진짜 떡을 사는 것이 나았겠다고 생각했을 것입니다.

예시② 김 서방의 아내는 비지떡을 먹어 보고 역시나 싼 것은 맛이 없다고 생각했을 것입니다.

4 상상하는 문장 쓰기 여러분이 김 서방이라면 아내에게 어떤 말을 해 주었을지 상상해 봅니다.

예시① 내가 김 서방이라면 지금이라도 가서 다시 사올 테니 조금만 기다려 달라고 말하겠습니다.

예시② 내가 김 서방이라면 떡이 싼 이유를 꼼꼼히 물어 보지 못해서 미안하다고 사과하겠습니다.

모아쓰기 네 개의 문장을 이어서 하나의 문단을 완성합니다.

예시① "떡이 한 푼에 다섯 개!"

김 서방은 싸고 양 많은 떡을 다섯 푼어치 사서 집으로 왔습니다. 김 서방의 아내는 양이 적고 비싸더라도 진짜 떡을 사는 것이 나았겠다고 생각했을 것입니다. 내가 김 서방이라면 지금이라도 가서 다시 사올 테니 조금만 기다려 달라고 말하겠습니다.

예시② "떡이 한 푼에 다섯 개!"

김 서방은 싸고 양 많은 떡을 다섯 푼어치 사서 집으로 왔습니다. 김 서방의 아내는 비지떡을 먹어 보고 역시나 싼 것은 맛이 없다고 생각했을 것입니다. 내가 김 서방이라면 떡이 싼 이유를 꼼꼼히 물어 보지 못해서 미안하다고 사과하겠습니다.

가이드의 읽을거리 ● '싼 게 비지떡'이라는 속담의 유래는 여러 가지입니다. 그 중 가장 많이 알려진 것이 충북의 인심 많은 주모가 선비들에게 주었다는 설인데요. 과거를 보러가는 선비들에게 보자기에 싸서 준 '비지떡'이 오늘날 '싸다', '저렴하다'는 의미로 와전되었다고 보고 있습니다. 실제로 속담 표현은 전해지면서 의미가 변하기도 하니까요.
본문에서는 비지떡 자체가 일반 떡에 비해 맛이나 영양 면에서 품질이 떨어져서 가격이 쌌기 때문에 생겨난 유래에 초점을 맞춰 소개했습니다. 이 일화에서는 '싸다'는 뜻이 현재와 동일하게 그대로 쓰였지요.
속담은 민간에서 떠돌다가 쓰임이 많아지면서 채록된 것들이므로 여러 가지 유래가 있을 수 있다는 점을 알려 주세요.

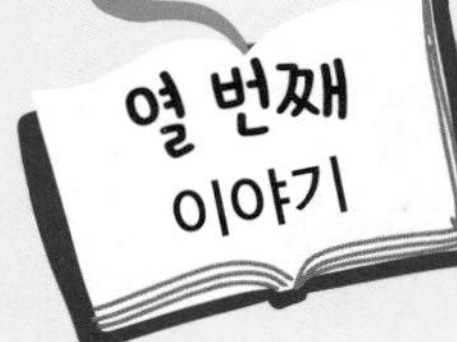

썩어도 준치

옛날 옛적 바다 깊은 곳에는 온갖 물고기들이 모여 살았어요. 그중 준치는 맛이 좋기로 유명했는데요. 소문을 들은 어부들이 서로 잡으려는 바람에 하루가 다르게 그 수가 줄고 있었어요. 보다 못한 준치들이 긴급 회의를 열었습니다. 가장 나이 많은 할아버지 준치가 큰소리로 말하자, 모두 입을 다물고 할아버지 준치를 쳐다보았어요.

"우리가 여기 모인 이유는 아시다시피 너무나 많은 우리의 부모, 형제, 친구들을 잃었기 때문입니다."

"정말 너무 무서워서 못 살겠어요."

"이제는 한시도 아이들을 집 밖에 내보낼 수가 없을 지경이에요."

"부모님은 물론 형제들까지 모두 잡혀가고 이제 저 혼자 남았어요."

할아버지 준치의 말에 다른 준치들이 기다렸다는 듯 저마다 한 마디씩 말을 보탰어요.

"누구 좋은 생각이 없소?"

"……."

하지만 좀 전의 아우성과 달리 해결 방법을 묻는 질문엔 찬물을 끼얹은 듯 아무도 대답을 하지 못했어요. 한동안 침묵이 이어지는 가운데 어린 준치 한 마리가 앞으로 나와 조심스레 이야기했어요.

"저… 용왕님께 부탁드려보는 건 어떨까요?"

"맞아요! 용왕님이라면 해결책을 말해 주실 거예요."

"동의합니다!"

여기저기서 찬성의 말이 쏟아져 나왔어요.

"좋습니다. 용왕님께 우리 상황을 말씀드리고 도움을 청해 봅시다."

할아버지 준치는 준치들을 대표해 용왕님을 만나기로 했어요. 드디어 용왕님을 만나기로 한 날, 할아버지 준치는 용왕님 앞에 머리를 조아리며 준비해 온 말을 또박또박 전했어요.

"용왕님. 저희들은 용왕님의 은혜로 이제껏 살아왔습니다. 하지만 안타깝게도 최근에는 너무 많은 가족, 친구들을 잃었습니다. 어부들이 준치만한 생선이 없다며 모조리 잡아들이는 바람에 저희는 조만간 바다에서 없어질지도 모를 상황입니다. 부디 저희 준치가 용왕님 곁을 오래오래 지킬 수 있도록 도와주시옵소서."

준치의 말에 용왕은 잠시 생각에 잠겼어요. 그러고는 인간 세상 소식을 가장 잘 아는 신하인 메기에게 물었어요.

"어부들이 준치를 눈에 불을 켜고 잡는 이유가 무어라더냐?"

"준치는 맛있고 뼈가 없어 먹기에 좋기 때문이라고 합니다."

"맛있고 먹기 좋다라……. 그렇지! 여봐라. 모든 물고기들은 자신의 몸에서 가시를 하나씩 빼서 준치에게 꽂아 주어라. 가시같은 뼈가 많으면 먹기 어려워 준치를 잡지 않을 것이다."

용왕의 말에 할아버지 준치의 얼굴에는 미소가 떠올랐어요. 용왕의 말대로 뼈가 많아지면 어부들이 덜 잡을 거라고 생각했거든요. 용왕의 명령이 떨어지자 물고기들은 준치에게 자신들의 가시를 하나씩 빼서 꽂아 주었어요. 심지어는 꼬리에까지 가시를 박아 두어 그야말로 뼈 반, 살 반이라 해도 될 정도였지요. 갑작스레 뼈가 많아진 준치를 먹던 사람들은 뼈가 목에 걸려 크게 고생을 했어요. 그럼에도 워낙 맛이 있던 준치에 대한 인기는 식을 줄을 몰랐지요.

"뼈가 많아서 조금씩 먹게 되니 전보다 더 맛있게 느껴지는 걸."

사람들은 많은 뼈에도 아랑곳없이 준치를 찾았어요.

'썩어도 준치'는 이처럼 품질이 좋은 상품은 모양이 변하거나 썩거나 오래 되어도 제 값을 한다는 의미랍니다.

인물관계도 예시 답안

용왕은 준치를 지켜 주기 위해 다른 물고기들의 뼈를 뽑아서 준치에게 꽂아 주라고 명령했습니다.

가이드 tip 질문의 의도

답변으로 나올 수 있는 4개의 문장은 핵심 문장을 확인하고, 본문을 통해 제시된 속담의 뜻을 자연스럽게 익힐 수 있도록 구성되었습니다.

① 핵심 문장 따라 쓰기 → ② 준치가 처한 어려움 이해하기 → ③ 등장인물의 생각 유추하기 → ④ 용왕의 입장에서 상상하며 쓰기

를 통해 본문에서 소개하는 속담이 어떻게 지금의 의미를 가지게 되었는지를 이해할 수 있도록 지도해 주세요.

읽기 전 생각해 볼 것들

본문을 읽기 전 제목, 삽화 등을 보면서 본문의 내용을 유추하게 해 주세요.

1. 제목으로 나온 속담이 어떤 뜻인지, 또 본문은 어떤 내용일지 미리 이야기해 볼까요.
2. 삽화를 보고 준치들이 무엇을 하는 중인지 유추해 볼까요.
3. 본문에서 소개한 속담을 어떤 상황에서 쓰면 좋을지 생각해 볼까요.

참고하세요

본책 p.53 정답 예시

1 이야기와 만나는 문장 쓰기 이야기의 핵심이 되는 본문 속 문장을 따라 써 봅시다. (왼쪽 초록색 문장 따라 쓰기)

2 이해하는 문장 쓰기 할아버지 준치가 용왕에게 한 말을 확인합니다.

예시 할아버지 준치는 어부들이 준치를 너무 많이 잡아서 그 수가 크게 줄고 있다고 말했습니다.

3 생각을 발견하는 문장 쓰기 할아버지 준치의 말을 들은 용왕의 생각을 유추해 봅니다.

예시 1 용왕은 이대로 가다가는 준치가 사라질 지도 모른다고 생각했습니다.

예시 2 용왕은 준치에게 뼈가 많으면 사람들이 준치를 좋아하지 않을 거라고 생각했습니다.

4 상상하는 문장 쓰기 자신이 용왕이라면 어떤 명령을 했을지 상상해 봅니다.

예시 1 내가 용왕이라면 준치의 살이 맛없게 변하도록 명령을 내렸을 것입니다.

예시 2 내가 용왕이라면 준치에게 어부들의 손이 닿지 않는 깊은 곳으로 가서 살라는 명령을 내렸을 것입니다.

모아쓰기 네 개의 문장을 이어서 하나의 문단을 완성합니다.

예시 1 "준치는 맛있고 뼈가 없어 먹기에 좋기 때문이라고 합니다."
할아버지 준치는 어부들이 준치를 너무 많이 잡아서 그 수가 크게 줄고 있다고 말했습니다. 용왕은 이대로 가다가는 준치가 사라질 지도 모른다고 생각했습니다. 내가 용왕이라면 준치의 살이 맛없게 변하도록 명령을 내렸을 것입니다.

예시 2 "준치는 맛있고 뼈가 없어 먹기에 좋기 때문이라고 합니다."
할아버지 준치는 어부들이 준치를 너무 많이 잡아서 그 수가 크게 줄고 있다고 말했습니다. 용왕은 준치에게 뼈가 많으면 사람들이 준치를 좋아하지 않을 거라고 생각했습니다. 내가 용왕이라면 준치에게 어부들의 손이 닿지 않는 깊은 곳으로 가서 살라는 명령을 내렸을 것입니다.

가이드의 읽을거리 ● 대부분 사람들은 '썩어도 준치'라는 속담은 익히 들어 알고 있지만 직접 준치의 맛을 본 사람은 찾아보기 힘듭니다. 그렇다면 준치는 어떤 생선일까요?
준치는 한국, 중국, 일본에서 나는 생선으로 바다 깊은 곳에 사는 어종입니다. 중국에서는 명나라 주원장이 제사상에 준치를 올리면서부터 귀한 생선으로 여겼다 하는데요. 우리나라에서는 높은 관직에 있는 사람들에게 준치를 선물로 주어 권력과 재물에 탐하는 것을 경계하도록 했습니다. 준치는 맛이 있는 만큼 가시가 많은데 그것이 벼슬과 닮았기 때문이지요.
하지만 실제 이 속담은 여러 유래 중에서 '물러도 준치'에서 잘못 전해진 것이라는 의견이 타당합니다. 오래되어 살이 '물러도', 돈으로 다시 '물러' 달라고 해도 제값을 쳐준다는 의미에서 말입니다.

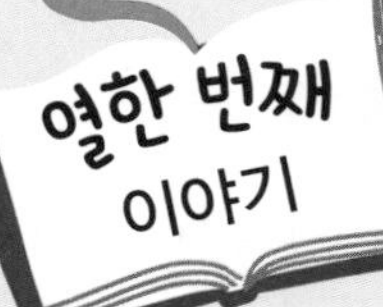

같은 값이면 다홍치마

조선시대 어느 마을에 부끄러움이 많은 이 선비가 살았어요. 이 선비에게는 몸이 약한 어머니가 있었는데요. 수 년 동안 병환 중인 어머니를 돌보느라 그만 혼인할 때를 놓치고 말았어요.

"얘야, 네 나이가 벌써 서른아홉이구나. 이제라도 장가를 가야지."

오랜 병환을 이겨낸 이 선비의 어머니는 장가를 가지 못한 아들이 안쓰러워 눈이 마주칠 때마다 혼인 이야기를 꺼냈어요. 부끄러움 많은 이 선비는 어머니의 말씀에 얼굴만 붉게 달아오를 뿐 별다른 대답을 하지 못했지요.

'이러다가는 평생 혼자 살다 총각 귀신이 되고 말지. 아무래도 안 되겠다. 당장 혼처를 알아봐야겠어.'

이 씨의 어머니는 걱정 끝에 마을에 하나밖에 없는 중매쟁이를 찾아갔어요.

"쯧쯧. 그 나이까지 장가를 못 갔으니 이를 어쩐다?"

이야기를 다 들은 중매쟁이가 혀를 끌끌 차자, 듣다 못한 이 선비의 어머니가 발끈했어요.

"우리 아들은 나이만 먹었지, 얼마나 순진하고 착한지 말로 다 못해요."

중매쟁이는 이해한다는 듯 눈웃음을 지으며 대답했어요.

"딱 맞을 것 같은 사람이 하나 있기는 한데……."

중매쟁이가 말을 꺼내자 이 선비 어머니의 귀가 솔깃했어요.

"뜸 들이지 말고 어서 말해 봐요. 어떤 처자예요?"

이 선비의 어머니가 중매쟁이를 재촉했어요.

"사실은 이쪽도 혼기가 꽉 차고 넘쳤지만 그쪽에 비하면 아무것도 아니라우."

중매쟁이가 이 선비 어머니에게 소개한 사람은 건넛마을에 사는 김 씨의 셋째 딸로 이제 곧 서른 살이 되는 아가씨였어요. 조선시대 여성들은 보통 열다섯에서 스무 살 사이에 혼인을 했거든요. 그래서 아가씨 역시 나이가 많은 축이었지요.

"그 나이 먹도록 뭐하고 아직 혼례를 못했는가? 뭔가 문제가 있는 게 아니오?"

이 선비 어머니는 자기 자식의 나이는 생각지 않고 상대의 나이가 많다며 흠부터 잡았어요.

"이쪽 처자도 부모님을 모시느라 그랬다는데, 두 효자, 효녀가 만나면 그야말로 천생연분이 아니겠어요?"

"그거야 뭐……."

중매쟁이의 말에 이 선비 어머니는 떨떠름해 하는 한편, 이 선비를 장가보낼 생각에 마음이 들떴어요. 집으로 돌아온 이 선비의 어머니는 아들에게 말했어요.

"내 오늘 내친김에 네 혼례 자리를 알아보고 왔단다. 너 혹시 영 장가갈 생각이 없는 건 아니지?"

어머니가 묻자 이 선비가 수줍게 고개를 끄덕였어요. 이 선비 어머니는 아들의 반응을 보며 이번 참에 혼인을 시켜야겠다고 단단히 마음을 먹었어요.

"네게 어울리는 짝이 있는데 나이가 좀 많다만 효심이 깊다더구나."

어머니는 중매쟁이한테서 건넛마을 여인에 대해 들었던 이야기를 늘어놓았어요.

"네 생각은 어떠냐?"

말을 끝낸 어머니가 이 선비에게 물었어요. 이 선비는 곰곰 생각에 잠기더니 고개를 푹 숙인 채 대답했어요.

"저…… 같은 값이면 다홍치마라고 좀 더 어린 색시를 아내로 맞고 싶어요."

이 선비의 말을 듣고 기가 찬 어머니는 아무런 대꾸도 하지 못했답니다.

인물관계도 예시 답안

효심이 깊지만 혼기가 꽉 찬 여성을 소개했습니다.

가이드 tip 질문의 이도

답변으로 나올 수 있는 4개의 문장은 의견 대립이 시작되는 문장을 확인하고, 속담의 속뜻을 이해할 수 있도록 구성되었습니다.

① 핵심 문장 따라 쓰기 → ② 등장인물의 반응 확인하기 → ③ 등장인물의 생각 유추하기 → ④ 제3자의 입장에서 상상하며 쓰기

를 통해 본문 속 등장인물의 반응과 그로 인해 생겨난 속담의 속뜻을 연결해 생각할 수 있도록 지도해 주세요.

읽기 전 생각해 볼 것들

본문을 읽기 전 제목, 삽화 등을 보면서 본문의 내용을 유추하게 해 주세요.

1. 제목으로 나온 속담의 뜻과 본문의 내용을 미리 유추해 볼까요.
2. 삽화 속 중매쟁이가 이 선비를 만난다면 어떤 말을 할지 상상해 볼까요.
3. 본문에서 소개된 속담을 어떤 상황에서 쓰면 좋을지 생각해 볼까요.

참고하세요

본책 p.59 정답 예시

1 이야기와 만나는 문장 쓰기 속담의 배경이 되는 문장을 따라 써 봅시다. (왼쪽 초록색 문장 따라 쓰기)

2 이해하는 문장 쓰기 이 선비가 어머니께 무엇이라고 말했는지 확인합니다.

예시 이 선비는 좀 더 어린 색시를 아내로 맞고 싶다고 했습니다.

3 생각을 발견하는 문장 쓰기 이 선비의 말을 들은 어머니의 생각을 유추해 봅니다.

예시1 어머니는 이 선비가 자신의 처지는 생각하지 않고 여인의 나이만 따지는 것이 황당했습니다.

예시2 어머니는 효심 깊은 성품은 중요하게 생각하지 않는 이 선비의 말에 기가 찼습니다.

4 상상하는 문장 쓰기 내가 중매쟁이라면 이 선비에게 뭐라고 했을지 상상해 봅니다.

예시1 내가 중매쟁이라면 이 선비에게 평생 장가가기는 글렀다고 말할 것입니다.

예시2 내가 중매쟁이라면 김 씨의 셋째 딸도 이 선비의 나이가 많아 싫다고 했다고 말할 것입니다.

모아쓰기 네 개의 문장을 이어서 하나의 문단을 완성합니다. 문장이 매끄럽게 연결되도록 적절한 접속어를 활용하게 도와주세요.

예시1 "네게 어울리는 짝이 있는데 나이가 좀 많다만 효심이 깊다더구나."
(하지만) 이 선비는 좀 더 어린 색시를 아내로 맞고 싶다고 했습니다. 어머니는 이 선비가 자신의 처지는 생각하지 않고 여인의 나이만 따지는 것이 황당했습니다. 내가 중매쟁이라면 이 선비에게 평생 장가가기는 글렀다고 말할 것입니다.

예시2 "네게 어울리는 짝이 있는데 나이가 좀 많다만 효심이 깊다더구나."
(하지만) 이 선비는 좀 더 어린 색시를 아내로 맞고 싶다고 했습니다. 어머니는 효심 깊은 성품은 중요하게 생각하지 않는 이 선비의 말에 기가 찼습니다. 내가 중매쟁이라면 김 씨의 셋째 딸도 이 선비의 나이가 많아 싫다고 했다고 말할 것입니다.

가이드의 읽을거리 ● 본문과 달리 '같은 값이면 다홍치마'가 과거 조선시대에 일반 백성들이 붉은 색 의복 즉, 실제로 다홍치마를 입지 못한 데서 유래했다는 의견도 있습니다. 그래서 기왕이면 다홍치마를 입을 수 있는 양반집 규수를 원한다는 것이지요.
하지만 일반 백성들도 혼례를 할 때는 다홍치마를 입었고, 양반 계급의 여성들 중에서도 결혼할 나이에 이른 여성들이 주로 다홍치마를 입었다는 사실로 미루어 '다홍치마'는 곧 '다홍치마를 입은 사람'이라고 보는 편이 좀 더 설득력을 가집니다.
본문처럼 나이 많은 총각도 '다홍치마'를 입는 젊은 여성을 더 선호한다는 의미에서 비롯된 속담이지만, 현재에는 의미가 확장되어서 같은 조건이라면 더 좋은 것을 선택한다는 뜻으로 두루 쓰인다는 점을 설명해 주세요.

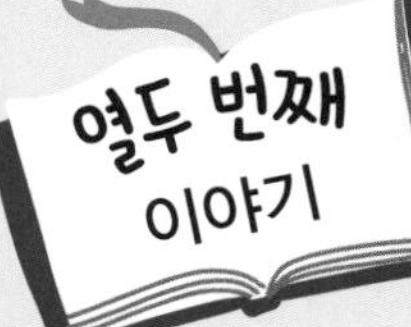

내 코가 석 자

신라시대에 김방이라는 사람이 살았어요. 김방은 무척 가난했지만 마음씨만큼은 착하고 넉넉했어요. 그런 방이에게는 욕심 많은 동생이 있었어요. 하루는 김방이 동생을 찾아갔어요.

"내가 이번에 조그마한 밭 하나를 빌렸어. 그런데 씨앗 한 톨이 없으니 뭘 심을 수가 있어야지. 염치없지만 네가 씨앗을 좀 빌려주었으면 하는데……."

하지만 동생은 형의 부탁이 귀찮기만 했어요. 더군다나 김방의 동생은 형이 잘 사는 걸 눈엣가시처럼 보기 싫어했지요.

"좋아. 그럼 씨앗을 좀 챙겨 줄 테니 가져가도록 해."

김방의 동생은 사람을 시켜 삶은 씨앗을 형에게 주라고 했어요. 씨앗을 삶으면 땅에 심어 봤자 싹이 트지 않는다는 걸 뻔히 알면서도 말이에요. 그 사실을 까맣게 몰랐던 김방은 신이 나서 집으로 돌아와 자신이 빌린 밭에 씨앗을 뿌려두었어요. 아니나 다를까 씨를 뿌린 지 한참이 지났지만 싹은 올라오지 않았지요.

'도대체 어떻게 된 일이지?'

김방은 매일같이 밭에 나가 싹이 나오는 지를 확인했어요.

그러던 어느 날, 웬일인지 뿌린 씨앗들 중 하나에서 싹이 올라왔어요. 김방은 기분이 좋아 폴짝폴짝 뛰었어요. 하지만 싹을 틔운 것도 잠시, 제비 한 마리가 멀리서 쏜살같이 날아오더니 싹이 튼 씨를 물고 날아가 버리는 게 아니겠어요. 가만히 두고 볼 수 없었던 김방도 제비를 부리나케 쫓아갔어요. 한참 날아가던 제비는 깊은 산 속 커다란 바위틈 사이에 싹이 튼 씨앗을 떨어트리고는 이내 사라져 버렸어요. 김방은 싹 튼 씨앗을 찾으러 바위틈으로 들어갔지요.

어느새 밤이 찾아왔어요.

"으하하하. 오늘도 어디 한번 신나게 놀아 볼까?"

바위틈에서 제비가 떨어트린 씨를 찾던 김방이 밖을 보니, 말로만 듣던 도깨비들이 금방망이를 휘두르며 신나게 노는 게 아니겠어요. 듣던 대로 금방망이를 휘두를 때마다 온갖 보물이며, 곡식, 과일을 쏟아내면서 말이에요.

"어이쿠. 벌써 해가 뜰 시간이네. 어서 가자."

해가 뜰 시간이 되자 도깨비들은 부랴부랴 자리를 떴어요. 그런데 워낙 정신없이 가는 바람에 금방망이 하나를 두고 갔지 뭐예요. 김방은 도깨비들이 두고 간 금방망이를 냉큼 집어 들고 산에서 내려왔어요. 집으로 돌아온 김방은 금방망이 덕에 동네잔치도 열고, 으리으리한 집도 짓고 떵떵거리며 살게 되었어요. 소문을 들은 동생이 김방을 찾아가서 자초지종을 물었어요.

"이 모든 게 네가 준 씨앗 덕분이 아니냐."

김방은 그동안 있었던 일을 모두 동생에게 이야기해 주었어요. 동생도 똑같이 삶은 씨앗을 밭에 심고 제비가 오길 기다렸지요. 마침 씨앗 하나가 싹을 틔웠고, 김방에게 그랬던 것처럼 제비가 날아와 싹이 튼 씨앗을 물고 달아났어요.

'옳다구나!'

김방의 동생은 이때다 싶어 있는 힘을 다해 제비를 쫓아갔어요. 역시나 제비는 이번에도 커다란 바위 틈 사이에 싹 튼 씨앗을 떨어트렸고, 밤이 되자 약속이나 한 듯 도깨비가 나타났어요. 김방의 동생은 모든 일이 계획대로 되자 자신도 모르게 신이 나서 흐흐흐 소리를 내며 웃고 말았어요.

"네 이놈! 네 놈이 우리 방망이를 가져갔지? **당장 내놓지 않으면 네 놈의 코를 방망이처럼 쭉 늘여 놓을 테다.**"

숨어서 지켜보던 것을 도깨비에게 들킨 동생은 코가 석 자나 뽑혀 무릎까지 늘어난 다음에야 마을로 돌아올 수 있었답니다.

인물관계도 예시 답안

김방의 동생을 두고 금방망이를 가져간 김방이라고 착각했기 때문입니다.

가이드 tip 질문의 의도

답변으로 나올 수 있는 4개의 문장은 본문의 핵심 문장을 확인하고, 속담이 쓰이게 된 유래를 기억할 수 있도록 구성되었습니다.

① 속담의 유래가 된 문장 따라 쓰기 → ② 도깨비가 화를 낸 배경 이해하기 → ③ 김방 동생의 감정 유추하기 → ④ 등장인물의 입장에서 상상하며 쓰기

를 통해 본문 속 등장인물의 행동과 그로 인해 일어난 사건을 속담으로 연결해 생각할 수 있도록 지도해 주세요.

읽기 전 생각해 볼 것들

본문을 읽기 전 제목, 삽화 등을 보면서 본문의 내용을 유추하게 해 주세요.

1. 제목으로 나온 속담의 뜻과 본문의 내용을 미리 이야기해 볼까요.
2. 삽화를 보고 도깨비들이 왜 화가 났는지를 유추해 보세요.
3. 본문에서 소개한 속담은 어떤 상황에서 쓰면 좋을지 생각해 보세요.

참고하세요

본책 p.63 정답 예시

1 이야기와 만나는 문장 쓰기 이야기의 핵심이 되는 본문 속 문장을 따라 써 봅시다. (왼쪽 초록색 문장 따라 쓰기)

2 이해하는 문장 쓰기 도깨비가 화가 난 까닭은 무엇인지 확인합니다.

예시 도깨비는 김방의 동생이 자신들의 방망이를 훔쳐갔다고 생각했습니다.

3 생각을 발견하는 문장 쓰기 자신의 코를 본 김방의 동생은 어떤 기분이었을지 유추합니다.

예시 1 김방의 동생은 자신이 가져가지도 않은 방망이 때문에 코가 길어져 무척 속상했을 것입니다.
예시 2 김방의 동생은 그동안 너무 욕심을 부리며 살아왔다고 후회했을 것입니다.

4 상상하는 문장 쓰기 내가 김방의 동생이라면 도깨비에게 어떻게 말했을지 상상해 봅니다.

예시 1 내가 김방의 동생이라면 금방망이를 찾아올 테니 다시 코를 원래대로 바꿔달라고 말할 것입니다.
예시 2 내가 김방의 동생이라면 욕심을 부린 걸 사과할 테니 한 번만 봐 달라고 할 것입니다.

모아쓰기 네 개의 문장을 이어서 하나의 문단을 완성합니다.

예시 1 "당장 내놓지 않으면 네 놈의 코를 방망이처럼 쭉 늘여 놓을 테다."
도깨비는 김방의 동생이 자신들의 방망이를 훔쳐갔다고 생각했습니다. 김방의 동생은 자신이 가져가지도 않은 방망이 때문에 코가 길어져 무척 속상했을 것입니다. 내가 김방의 동생이라면 금방망이를 찾아올 테니 다시 코를 원래대로 바꿔달라고 말할 것입니다.

예시 2 "당장 내놓지 않으면 네 놈의 코를 방망이처럼 쭉 늘여 놓을 테다."
도깨비는 김방의 동생이 자신들의 방망이를 훔쳐갔다고 생각했습니다. 김방의 동생은 그동안 너무 욕심을 부리며 살아왔다고 후회했을 것입니다. 내가 김방의 동생이라면 욕심을 부린 걸 사과할 테니 한 번만 봐 달라고 할 것입니다.

가이드의 읽을거리 ● 사람의 코는 앞을 향해 있습니다. 그중 기세가 등등한 사람은 턱을 쳐들면서 코가 위로 향하게 마련입니다. 반대로 기가 죽어 있거나 근심이 가득한 사람은 고개를 떨어뜨리게 되지요.

'내 코가 석 자' 속의 '코'가 실제 우리 얼굴의 코를 지칭한 것이라면, 코가 석 자나 되어 보일만큼 아래로 축 쳐진 상황을 과장해서 표현했다고 생각해 볼 수 있습니다.

또 하나는 '코'를 '콧물'로 보는 견해도 있습니다. 이 속담의 본래 모양이 '내 코가 석 자나 밑으로 쑥 빠졌다'인데, 석 자나 아래로 빠질 수 있는 걸 보면 흘러내리는 콧물을 과장해서 표현한 것으로도 볼 수 있기 때문입니다. 비슷한 속담으로 '내 코가 닷발'에서 '코'는 명백히 '콧물'로 여겨지듯이 말입니다.

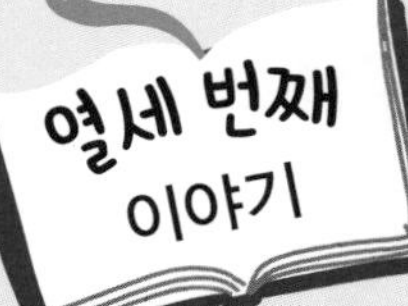

독장수구구는 독만 깨트린다

어느 마을에 숫자 계산에 약한 독장수가 살았어요. 독장수는 독을 지게에 잔뜩 지고 나가 파는 일을 했어요. 흙으로 빚은 독은 무겁고 깨지기가 쉬워서 늘 조심해서 운반해야 했답니다. 그래서 지게로 운반하는 독의 개수도 어느 정도 정해져 있었지요. 하지만 독장수는 매번 남들보다 더 많은 독을 지고 가려고 욕심을 냈어요.

"세 개 더 주십시오."

"자네 이걸 어떻게 다 지고 가려고 그러나?"

독 짓는 노인은 독장수가 많은 독을 지게에 올리는 모습을 보며 걱정했어요. 독장수는 별일 아니라는 듯 손사래를 치며 말했어요.

"걱정 마십시오. 다 지고 가니까요."

독장수는 자신만만하게 아홉 개나 되는 독을 지게에 차곡차곡 쌓고는 거뜬히 지고 길을 나섰어요.

'오늘은 장날이니 최대한 많이 가져가서 파는 게 이득이야.'

독장수는 독을 팔 생각에 벌써부터 마음이 들떴어요. 하지만 그것도 잠시, 언덕을 오르는 독장수의 이마에는 송글송글 땀이 맺혔어요. 아홉 개나 되는 독의 무게가 어깨를 잔뜩 짓눌렀지요. 다행히 언덕을 오르자 멀리 장터가 보였어요. 언덕 위 나무 그늘 아래에는 나이 지긋한 비단 장수가 앉아 쉬고 있었어요.

"어이, 독장수. 앉아서 좀 쉬었다 가게나."

비단 장수가 독장수에게 말을 걸었어요. 하지만 독장수는 대답도 않고 앞만 보고 지나갔어요.

"허허. 저러다 넘어지기라도 하면 큰일일 텐데……."

독장수의 뒷모습을 쳐다보던 비단 장수가 걱정스레 말했어요. 그러거나 말거나 독장수는 잰걸음으로 언덕을 내려와 장터로 향했어요. 독장수의 머릿속에는 온통 독을 팔고 난 다음에 할 일로 가득 찼답니다.

'이번에 독을 다 팔면 이 돈으로는 무얼 할까? 독을 다시 사서 또 파는 게 좋을까, 아니야. 이참에 송아지를 한 마리 사서 키워 보면 좋겠군. 송아지를 키워서 새끼를 낳으면 두 마리, 세 마리 금방 불어나겠지. 소를 키워서 되판 돈으로는 논밭을 사야지. 논밭만 사면 뭘 해. 색시가 있어야지. 흐흐.'

장가가는 상상까지 이르자 독장수의 입에서는 저도 모르게 피시식 웃음이 새어 나왔어요.

'가만, 송아지가 얼마더라? 독을 다 팔면 얼마가 생길지부터 계산해 봐야지.'

문득 독장수는 독을 판 돈으로 송아지를 살 수 있는지 궁금했어요. 만약 사게 되면 거스름돈이 얼마나 남을지도 셈해 두어야 했지요.

'내가 지고 온 독이 아홉 개고, 독 하나에 대강 일곱 푼이라고 치면…….'

머릿속으로 이리저리 계산을 해 보았지만 도통 답이 나오지 않았어요. 독장수는 머리를 긁적이다가 별안간 생각이 난 듯 '짝' 소리 나게 손뼉을 쳤어요.

"맞아, 그 방법이 있었지!"

독장수가 생각해 낸 건 다름 아닌 손으로 꼽아 가며 계산하는 방법이었어요. 주먹을 쥐었다 폈다 하면서 계산한다고 하여 '주먹구구'식이라고 이름 붙여진 계산법이었지요. 독장수는 지게를 지고 걸으면서 동시에 손가락을 접었다 폈다 하며 계산을 했는데요.

'와장창창!'

아뿔싸. 장터를 코앞에 두고 돌부리에 걸려 넘어지는 바람에 장독을 모두 깨고 말았지 뭐예요. 언덕에서 마주쳤던 비단 장수가 지나가면서 그 모습을 보고 혀를 끌끌 차며 말했어요.

"독장수구구는 독만 깨트린다더니!"

앞은 보지 않고 딴 생각에 팔려서, 지고 있던 독을 모두 깨트린다는 뜻이었지요.

인물관계도 예시 답안

독장수는 독을 지게에 지고 가다가 딴 생각을 하는 바람에 독을 깨트리고 말았습니다.

가이드 tip 질문의 의도

답변으로 나올 수 있는 4개의 문장은 본문의 핵심 문장을 확인하고, 속담이 의미하는 바를 이해할 수 있도록 구성되었습니다.

① 핵심 문장 따라 쓰기 → ② 비단 장수의 생각 이해하기 → ③ 사건 이후 독장수의 감정 유추하기 → ④ 비단 장수의 입장에서 상상하며 쓰기

를 통해 본문 속 등장인물의 행동과 사건을 속담으로 연결해 생각할 수 있도록 지도해 주세요.

읽기 전 생각해 볼 것들

본문을 읽기 전 제목, 삽화 등을 보면서 본문의 내용을 유추하게 해 주세요.

1. 제목으로 나온 속담과 본문 속 내용을 미리 이야기해 볼까요.
2. 삽화를 보고 독을 깨고 만 독장수의 마음이 어떨지 유추해 볼까요.
3. 본문에서 소개한 속담은 어떤 상황에서 쓰면 좋을지 생각해 볼까요.

참고하세요

본책 p.67 정답 예시

1 이야기와 만나는 문장 쓰기 | 이야기의 핵심이 되는 본문 속 문장을 따라 써 봅시다. (왼쪽 초록색 문장 따라 쓰기)

2 이해하는 문장 쓰기 | 비단 장수는 독장수가 독을 깨트린 이유를 뭐라고 생각했는지 확인합니다.

예시 **비단 장수는 독장수가 앞은 보지 않고 딴 생각을 하다가 넘어져서 독을 모두 깨트렸다고 생각했습니다.**

3 생각을 발견하는 문장 쓰기 | 독을 깨트린 독장수는 어떤 기분이 들었을지 유추합니다.

예시1 **독장수는 독이 깨져서 무척 속이 상했을 것입니다.**

예시2 **독장수는 독과 함께 꿈이 깨져서 무척 허탈했을 것입니다.**

4 상상하는 문장 쓰기 | 내가 비단 장수라면 독장수에게 어떻게 말했을지 상상해 봅니다.

예시1 **내가 비단 장수라면 몸이 다치지 않았으니 괜찮다고 말했을 것입니다.**

예시2 **내가 비단 장수라면 다음에는 넘어지지 않게 앞을 잘 보라고 말했을 것입니다.**

모아쓰기 네 개의 문장을 이어서 하나의 문단을 완성합니다.

예시1 **"독장수구구는 독만 깨트린다더니!"**
비단 장수는 독장수가 앞은 보지 않고 딴 생각을 하다가 넘어져서 독을 모두 깨트렸다고 생각했습니다. 독장수는 독이 깨져서 무척 속이 상했을 것입니다. 내가 비단 장수라면 몸이 다치지 않았으니 괜찮다고 말했을 것입니다.

예시2 **"독장수구구는 독만 깨트린다더니!"**
비단 장수는 독장수가 앞은 보지 않고 딴 생각을 하다가 넘어져서 독을 모두 깨트렸다고 생각했습니다. 독장수는 독과 함께 꿈이 깨져서 무척 허탈했을 것입니다. 내가 비단 장수라면 다음에는 넘어지지 않게 앞을 잘 보라고 말했을 것입니다.

가이드의 읽을거리 ● '독장수구구는 독만 깨트린다'라는 속담을 소개한 대부분의 어린이 책에서는 독장수가 낮잠을 자다가 꿈에 부자가 되어 크게 기뻐한 나머지 옆에 세워 둔 지겟다리를 쳐서 지게에 올려둔 독을 모두 깼다고 설명합니다.
한데, 그에 따르면 '구구'가 무엇인지 이해하기 어렵지요. 사실 '구구'는 '주먹구구'라고 말할 때의 그 '구구'입니다. 여기서 '구구'는 양 손가락을 꼽아 가면서 하는 곱셈법인데요. 계산기가 없던 옛날이기에 손가락으로 주먹을 꼽아 가면서 하는 주먹구구식 곱셈법이 필요했던 것입니다.
힘든 만큼 잘만 팔면 꽤 큰돈을 벌 수 있었던 독장수가 희망에 부풀어 손가락셈을 하다가 바로 앞을 보지 못해 넘어진 데서 유래한 이 속담의 의미처럼 너무 먼 미래보다는 당장 내 앞에 닥친 일부터 집중해서 해야겠지요?

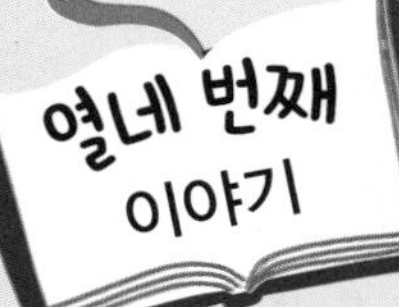

신선놀음에 도낏자루 썩는 줄 모른다

옛날 옛적 강원도 산골에 한 나무꾼이 살았어요. 나무꾼에게는 어여쁜 아내가 있었는데요. 몇 해 전 혼인한 두 사람 사이에는 젖먹이 아기까지 있어 하루하루가 소중하고 행복했답니다. 어느 화창한 가을, 그날도 나무꾼은 나무를 하러 산으로 갈 채비를 했어요. 나무꾼의 아내가 그 모습을 보고 말했어요.

"여보, 오늘 일찍 오세요. 우리 아기 돌이잖아요."

"알겠소. 내 오늘은 일찍 오리다."

나무꾼은 아내의 품에 안겨 있는 귀여운 아기의 볼을 살짝 꼬집으면서 대답했어요. 아내와 아기에게 손을 흔들며 집을 나온 나무꾼은 여느 때처럼 흥얼흥얼 콧노래를 불렀어요.

'돌상에 올릴 만한 게 뭐가 없을까. 그렇지! 저쪽으로 가면 밤나무가 있을 거야.'

나무꾼은 늘 가던 길을 지나쳐 다른 길로 갔어요.

'어, 이런 곳도 있었나?'

나무꾼이 도착한 곳은 눈이 휘둥그레질 정도로 경치가 빼어난 절벽 부근이었어요. 단풍 든 산 아래가 훤히 내려다보이고 곳곳에 피어 있는 야생화가 눈길을 사로잡았지요. 경치에 감탄하던 나무꾼은 멀리서 마주 앉아 있는 두 사람을 보았어요.

'이 깊은 산중에 누구지?'

자세히 보니 꿈에서나 나올 법한 머리와 긴 수염을 매단 할아버지 두 사람이었어요. 두 할아버지는 서로 마주보며 바둑을 두고 있었지요. 나무꾼은 도끼와 지게를 근처 나무 아래에 내려놓고는 가까이 다가갔어요. 한 수 한 수 바둑 두는 모습을 보다 보니 시간 가는 줄을 몰랐답니다. 나무하는 일도, 밤을 주우려던 일도 새까맣게 잊은 나무꾼은 이제 아예 대놓고 옆에 붙어 앉아 훈수를 두기까지 했어요.

"아, 거기 말고 여기가 낫지 않을까 싶은데……."

두 할아버지는 나무꾼의 말에도 빙긋이 웃으며 바둑을 계속할 뿐이었어요.

"꼬르륵"

얼마나 긴 시간이 지났던지 나무꾼의 뱃속에서 꼬르륵 소리가 크게 들렸어요. 할아버지 한 분이 나무꾼의 얼굴을 쓰윽 보더니 소매 안쪽에서 탐스러운 복숭아 하나를 꺼내 주셨어요. 할아버지가 먹으라며 고갯짓을 하자 나무꾼은 복숭아를 한 입 크게 베어 먹었어요. 그 맛이 어찌나 좋았던지 입 안에서 스르르 녹아 없어져 버리는 것만 같았지요. 두 개, 세 개, 네 개……. 할아버지가 주는 복숭아를 연신 받아먹던 나무꾼은 불현듯 아내와 아기가 생각났어요.

'내가 이럴 때가 아니지. 얼른 집으로 가야겠다.'

나무꾼은 벌떡 일어나 두 할아버지께 인사를 하고는 지게를 지고 도끼를 집어 들었어요. 그런데 이게 웬일일까요. 도낏자루가 먼지처럼 부서지더니 도끼날이 툭 떨어지고 마는 게 아니겠어요. 바닥에 떨어진 도끼날은 검게 녹이 슬어 있었어요. 나무꾼이 바둑을 보며 보낸 시간이 도낏자루가 사라질 만큼 긴 시간이었다니. 깜짝 놀라 허겁지겁 집으로 돌아온 나무꾼은 아내와 아기를 찾았지만 두 사람은 온 데 간 데 없고, 곧 쓰러질 듯 허물어져 가는 집만 덩그러니 남아 있었어요.

"저기, 실례지만 뉘신지요?"

잡초만 무성한 집 앞에서 서성이던 나무꾼에게 나무를 한 짐 지고 이제 막 산에서 내려온 또 다른 젊은 나무꾼이 말을 걸었어요. 나무꾼이 자신의 이름을 이야기하자, 젊은 나무꾼이 깜짝 놀라 말했어요.

"저의 증조부님 존함이온데 어찌된 일인지……."

"내가 신선놀음에 도낏자루 썩는 줄 몰랐구나."

나무꾼은 그제야 땅을 치며 바둑을 지켜본 것에 대한 후회를 했답니다.

인물관계도 예시 답안

산에서 신선이 바둑 두는 모습을 지켜보다가 시간이 너무 많이 흘렀습니다.

가이드 tip 질문의 의도

답변으로 나올 수 있는 4개의 문장은 핵심 문장인 속담의 유래를 파악하고 등장인물의 감정을 상상할 수 있도록 구성되었습니다.

① 핵심 문장 따라 쓰기 → ② 시간을 흘려 보낸 나무꾼의 마음 이해하기 → ③ 남편을 기다리는 아내의 생각 유추하기 → ④ 나무꾼의 입장에서 상상하며 쓰기

를 통해 본문 속 이야기를 속담으로 연결해 생각할 수 있도록 지도해 주세요.

읽기 전 생각해 볼 것들

본문을 읽기 전 제목, 삽화 등을 보면서 본문의 내용을 유추하게 해 주세요.

1. 제목으로 나온 속담이 어떤 뜻인지, 또 본문은 어떤 내용일지 미리 이야기해 볼까요.
2. 삽화를 보고 나무꾼에게 무슨 일이 일어난 것인지 상상해 볼까요.
3. 본문에서 소개한 속담은 어떤 상황에서 쓰면 좋을지 생각해 볼까요.

참고하세요 본책 p.71 정답 예시

1 이야기와 만나는 문장 쓰기 이야기의 핵심이 되는 본문 속 문장을 따라 써 봅시다. (왼쪽 초록색 문장 따라 쓰기)

2 이해하는 문장 쓰기 나무꾼이 증손자를 만난 후 무엇을 후회했는지 확인합니다.

예시 **나무꾼은 시간 가는 줄 모르고 바둑 두는 모습을 지켜본 일을 후회했습니다.**

3 생각을 발견하는 문장 쓰기 나무꾼의 아내가 어떤 생각을 했을지 유추합니다.

예시 1 **나무꾼의 아내는 나무꾼이 호랑이에게 잡아먹혔을 거라고 생각했을 것입니다.**
예시 2 **나무꾼의 아내는 나무꾼이 산에서 죽었다고 생각했을 것입니다.**

4 상상하는 문장 쓰기 내가 나무꾼이라면 무엇이 가장 안타까웠을지 상상해 봅니다.

예시 1 **내가 나무꾼이라면 아기의 돌 잔치에 못 간 것이 가장 안타까웠을 것입니다.**
예시 2 **내가 나무꾼이라면 아내와 함께 살지 못한 일이 가장 안타까웠을 것입니다.**

모아쓰기 네 개의 문장을 이어서 하나의 문단을 완성합니다.

예시 1 **"내가 신선놀음에 도낏자루 썩는 줄 몰랐구나."**
나무꾼은 시간 가는 줄 모르고 바둑 두는 모습을 지켜본 일을 후회했습니다. 나무꾼의 아내는 나무꾼이 호랑이에게 잡아먹혔을 거라고 생각했을 것입니다. 내가 나무꾼이라면 아기의 돌 잔치에 못 간 것이 가장 안타까웠을 것입니다.

예시 2 **"내가 신선놀음에 도낏자루 썩는 줄 몰랐구나."**
나무꾼은 시간 가는 줄 모르고 바둑 두는 모습을 지켜본 일을 후회했습니다. 나무꾼의 아내는 나무꾼이 산에서 죽었다고 생각했을 것입니다. 내가 나무꾼이라면 아내와 함께 살지 못한 일이 가장 안타까웠을 것입니다.

가이드의 읽을거리 ● 이 속담의 또 다른 이야기는 중국 송나라의 과학자이자 지식인인 조충지(祖沖之, 429~500)가 쓴 중국 고대 소설집 《술이기》에서 유래했습니다. 소설집에서는 진나라 때 왕질이라는 사람이 나무를 하러 산에 들어갔다가 어린 아이 둘이서 바둑을 두는 걸 발견했다고 쓰여 있습니다.

왕질은 어린 아이 하나가 전해 준 대추씨를 받아먹은 다음, 도끼를 내려놓고는 한참동안 바둑 두는 모습을 정신없이 구경하는데요. 얼마나 시간이 흘렀을까요. 아이 하나가 "도낏자루가 썩었다"라고 하는 말을 들은 왕질이 도끼를 바라보니 정말로 자루가 썩어 있었다는 내용입니다. 이후 이야기는 본문에서와 마찬가지로 너무 많은 세월이 흘러 가족과 아는 사람은 모두 죽어 버리고 없더라는 것이지요.

이 속담에 따르면 과거에도 현재에도, 해야 할 일을 잊고 놀이에 빠지면 시간은 '순삭'입니다.

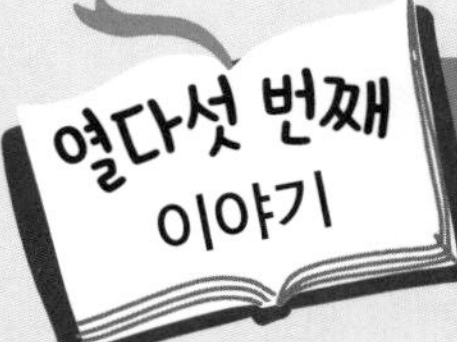

혹 떼러 갔다 혹 붙여 온다

어느 마을에 노래 잘 하기로 유명한 김 영감이 살았어요. 김 영감의 한 쪽 귀 아래에는 복주머니 같은 혹이 달려 있어 혹부리 영감이라고도 불렸지요.

하루는 김 영감이 나무를 하기 위해 뒷산에 올랐어요. 나무를 팔아 끼니를 해결하려던 김 영감은 해가 지는 줄도 모르고 나무를 하느라 여념이 없었답니다. 어느덧 어둑어둑 해가 지고 주위가 까맣게 변해 버리자 김 영감은 덜컥 겁이 났어요. 그제야 허둥지둥 산을 내려오려 했지만 밤길은 너무나 어둡고 무서웠어요.

'이를 어쩌지. 꼼짝 없이 호랑이에게 잡아먹혀 죽게 생겼구나.'

더듬더듬 조심조심 산길을 걷던 김 영감의 눈에 작은 불빛 하나가 들어왔어요. 김 영감은 옳다구나하고 불빛을 향해 다가갔지요. 놀랍게도 그곳에는 으리으리한 기와집 한 채가 서 있었어요.

'외딴 산 중턱에 기와집이라니……. 어쨌든 여기서 하룻밤 신세지면 되겠구나.'

김 영감은 슬쩍 대문을 열고 두리번거리며 집 안으로 들어갔어요. 촛불이 켜진 안방에는 기름진 고기며, 전, 나물 등이 푸짐하게 한상 차려져 있었어요. 무척 배가 고팠던 김 영감은 차려진 음식을 정신없이 먹어 치웠어요. 하지만 어쩐 일인지 음식은 전혀 줄지 않았지요. 바로 그때, 우당탕탕 누군가 대문을 박차고 들어오는 소리가 들렸어요. 놀란 김 영감은 천장 바로 아래 대들보 위로 재빨리 올라갔어요. 드디어 방문이 열리고 대들보 위에서 아래를 내려다보던 김 영감은 놀란 입을 다물 수가 없었어요. 방문을 열고 들어온 것은 다름 아닌 도깨비들이었거든요.

도깨비들은 무슨 좋은 일이 있었는지 웃고 떠들며 먹어대기 바빴어요. 어느 정도 흥이 오르자 이번에는 노래하며 춤을 추었어요. 가만히 지켜보던 김 영감도 흥겨운 분위기에 취해 그만 노래를 따라 부르고 말았지요.

"잠깐! 이 목소리는 뭐지?"

춤추던 도깨비 하나가 귀를 쫑긋 세우며 말했어요.

"저기 저 위야! 저 위에 사람이 있어!"

또 다른 도깨비가 대들보 위에 있던 김 영감을 가리키며 소리질렀어요. 그 소리에 놀란 김 영감이 대들보에서 뚝 떨어졌어요.

"아이고, 죽을 죄를 지었습니다. 목숨만 살려 주세요."

김 영감은 도깨비들 앞에 무릎 꿇고 앉아 두 손을 모아 싹싹 빌었어요.

"좋아. 목숨만은 살려줄 테니 네 노래 실력은 두고 가거라."

얼토당토않게 노래 실력을 두고 가라니. 도깨비의 말에 김 영감은 꾀를 냈어요.

"제 노래 실력은 이 혹에서 나오는지라 두고 갈 수가 없는데 어떡할까요?"

도깨비는 얼씨구나 하고는 요술로 김 영감의 혹을 떼어 가져간 다음, 금은보화를 잔뜩 넘겨 주었어요. 덕분에 마을로 돌아온 김 영감은 큰 부자가 되어 더 이상 먹고 살 걱정은 하지 않았답니다.

김 영감의 소문을 전해 들은 또 한 명의 혹부리 영감이 있었으니, 그는 다름 아닌 최 부자였어요. 최 부자는 김 영감의 말을 듣고는 그 길로 산에 올랐고 김 영감이 말한 기와집에서 도깨비를 기다렸어요. 마침 도깨비가 나타나자 최 부자는 대들보에 올라 도깨비들이 노는 모습을 보게 되었지요. 그러다가 일부러 큰 소리로 노래를 부르고는 대들보 아래로 훌쩍 뛰어 내렸답니다.

"노래를 한 사람이 너냐?"

도깨비가 묻자 최 부자는 웃으며 그렇다고 답했어요.

"지난번에도 속이더니 이번에도 또 우리를 속이려고 들어?"

화가 난 도깨비들은 방망이로 최 부자를 흠씬 두들겨 패더니, 남은 한쪽 귀 아래에도 혹을 달아 주었답니다.

"혹 떼러 왔다가 혹을 하나 더 붙이다니!"

최 부자는 울며 후회했지만 이미 엎질러진 물이었지요.

인물관계도 예시 답안

김 영감에게 속은 도깨비가 최 부자를 김 영감으로 착각하고 혼내기 위해 혹을 붙여 주었습니다.

가이드 tip 질문의 의도

답변으로 나올 수 있는 4개의 문장은 핵심 문장을 확인하고, 착각과 욕심이 어떤 결과를 불러오는지 확인할 수 있도록 구성되었습니다.

① 핵심 문장 따라 쓰기 → ② 김 영감의 위기 극복 방법 확인하기 → ③ 김 영감을 본 최 부자의 생각 유추하기 → ④ 김 영감의 입장에서 상상하며 쓰기

를 통해 본문에서 소개하는 속담이 어떻게 지금의 의미를 가지게 되었는지를 이해할 수 있도록 지도해 주세요.

읽기 전 생각해 볼 것들

본문을 읽기 전 제목, 삽화 등을 보면서 본문의 내용을 유추하게 해 주세요.

1. 제목으로 나온 속담이 어떤 뜻인지, 또 본문은 어떤 내용일지 미리 이야기해 볼까요.
2. 삽화에서 최 부자는 현재 어떤 상황에 놓였는지 유추해 볼까요.
3. 본문에서 소개한 속담을 어떤 상황에서 쓰면 좋을지 생각해 볼까요.

참고하세요 본책 p.75 정답 예시

1 이야기와 만나는 문장 쓰기 이야기의 핵심이 되는 본문 속 문장을 따라 써 봅시다. (왼쪽 초록색 문장 따라 쓰기)

2 이해하는 문장 쓰기 도깨비들이 김 영감과 무엇을 주고받았는지 확인합니다.

예시 도깨비들은 김 영감의 혹을 떼어 내고 금은보화를 잔뜩 주어 돌려보냈습니다.

3 생각을 발견하는 문장 쓰기 소문을 들은 최 부자가 어떤 생각을 했을지 유추해 봅니다.

예시 ① 최 부자는 자신도 김 영감처럼 혹도 떼고 금은보화도 얻고 싶다고 생각했을 것입니다.
예시 ② 최 부자는 갑자기 부자가 된 김 영감을 보고 배가 아팠을 것입니다.

4 상상하는 문장 쓰기 내가 김 영감이라면 최 부자에게 무슨 말을 했을지 상상해 봅니다.

예시 ① 내가 김 영감이라면 도깨비가 두 번 속지는 않을 것이라고 말했을 것입니다.
예시 ② 내가 김 영감이라면 지금은 도깨비가 화가 났을 테니 조심해야 한다고 말했을 것입니다.

모아쓰기 네 개의 문장을 이어서 하나의 문단을 완성합니다.

예시 ① "제 노래 실력은 이 혹에서 나오는지라 두고 갈 수가 없는데 어떡할까요?"
도깨비들은 김 영감의 혹을 떼어 내고 금은보화를 잔뜩 주어 돌려보냈습니다. 최 부자는 자신도 김 영감처럼 혹도 떼고 금은보화도 얻고 싶다고 생각했을 것입니다. 내가 김 영감이라면 도깨비가 두 번 속지는 않을 것이라고 말했을 것입니다.

예시 ② "제 노래 실력은 이 혹에서 나오는지라 두고 갈 수가 없는데 어떡할까요?"
도깨비들은 김 영감의 혹을 떼어 내고 금은보화를 잔뜩 주어 돌려보냈습니다. 최 부자는 갑자기 부자가 된 김 영감을 보고 배가 아팠을 것입니다. 내가 김 영감이라면 지금은 도깨비가 화가 났을 테니 조심해야 한다고 말했을 것입니다.

가이드의 읽을거리 ● 옛 이야기에는 착한 사람은 복을 받고 나쁜 사람은 벌을 받는다는 권선징악의 내용이 많습니다. '혹 떼러 갔다 혹 붙여 온다'는 속담 역시 마찬가지입니다. 뿐만 아니라 창조와 모방에 대한 옛 사람들의 관점도 읽을 수 있지요. 예컨대 본문에서 욕심 많은 혹부리 영감인 최 부자가 김 영감을 따라하다가 큰코를 다치고 마는데요. 처음 거짓말을 한 김 영감은 행운을 얻지만, 같은 거짓말을 두 번째로 한 최 부자는 불운을 겪는다는 점에서 남을 따라하는 일, 즉 스스로 창조한 행동이 아닌 '모방' 행동이 좋지 않은 태도임을 전해 주고 있기도 합니다.
한편, 옛이야기에 자주 등장하는 도깨비는 어떤 의미일까요? 거짓말에 잘 속아 넘어가는 도깨비는 어리석은 인간처럼 보이기도 하고, 혹을 뗐다 붙여다 할 수 있기에 신처럼 보이기도 합니다. 등장인물인 도깨비, 혹부리 영감인 김 영감과 최 부자의 캐릭터에 대해 아이와 함께 이야기 나눠 보세요.

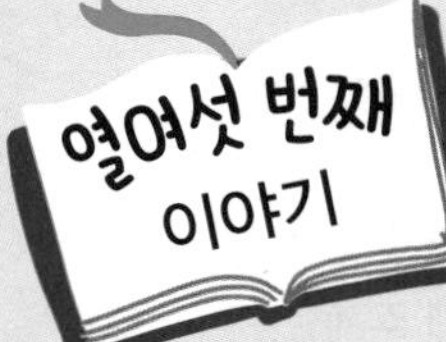

꿈은 잘못 꾸어도 해몽만 잘 하여라

고려 말기 대담하고 용감하기로 유명한 이성계라는 장수가 있었어요. 이성계는 저 멀리 중국과 맞닿은 요동부터 한반도 남쪽에 이르기까지 수많은 지역을 누비면서 전투를 벌였어요. 그는 활쏘기의 명수이자, 단 한 번도 진 적 없는 백전백승의 장군으로 이름이 드높았지요. 사람들은 30여 년 동안 전장에 나가 단 한 번도 패하지 않았던 그를 두고 '고려의 수호신'이라 부를 정도였어요.

하루는 전국을 누비며 전투를 벌이던 이성계가 전에 없던 꿈을 꾸었어요. 어느 초가집 툇마루에 앉아 있다가 나무 위에서 수탉이 날개를 치면서 시끄럽게 우는 것을 보는 꿈이었어요. 마침 이성계가 머물렀던 지역에는 깨달음을 얻은 스님 한 분이 토굴에서 수행한다는 이야기가 전해졌어요.

'잘 됐다. 내가 직접 스님을 찾아가 꿈 풀이를 해 달라고 해야겠다.'

이성계는 그 길로 수행 중인 스님을 찾아갔어요.

"여보게. 자네가 그 유명한 무학대사인가?"

이성계는 전날 밤 자신이 꾸었던 수탉 꿈에 대해 스님에게 털어 놓고 해석을 부탁했어요.

"닭이 울면 나쁜 꿈이라고들 하던데, 자네 생각은 어떠한가?"

무학대사는 이성계의 꿈 이야기를 유심히 듣고는 고개를 끄덕이며 말했어요.

"장군, 좋은 꿈을 꾸셨나이다."

무학대사는 의아해하는 이성계에게 꿈 풀이를 해 주었어요.

"수탉이 울면 날이 밝는다는 뜻이고, 닭이 울 때는 '꼬끼오'하고 우니, 한자로는 고귀위(高貴位) 아니겠습니까? 장차 높고 귀한 자리에 앉는다는 뜻입니다."

무학대사의 말을 들은 이성계는 빙긋이 미소 지었어요.

그날 밤, 이성계는 또 한 번 이상하리만치 생생한 꿈을 꾸었어요. 꿈에서 이성계는 오래된 집 안에 있었는데, 집 밖으로 나오는 순간 서까래 세 장이 등 위에 얹어지면서 서까래를 지고 나오는 꿈이었답니다. 다시 한번 무학대사를 찾은 이성계가 꿈 풀이를 요청했어요.

"장군, 더없이 좋은 꿈입니다."

"어째서 그러한가?"

이성계의 물음에 무학대사가 가까이 다가가 작은 소리로 속삭였어요.

"서까래 세 개를 등에 진 사람은 누구겠습니까? 바로 왕(王)입니다. 장차 왕이 되실 예지몽인 것이지요."

무학대사의 말에 이성계는 깜짝 놀라면서도 내심 기분이 좋았어요. 그날 밤, 이성계는 또 다른 꿈을 꾸었어요. 아름다운 꽃밭에서 꽃을 보고 있는데, 갑자기 꽃이 모두 시들고 와장창 그릇 깨지는 소리가 들리는 꿈이었어요. 이성계는 이번에도 어김없이 무학대사를 찾아가 꿈 이야기를 들려 주었어요.

"이번에는 어떤가? 앞으로 내가 하는 일을 그르친다는 뜻인가?"

무학대사는 이성계의 질문에 고개를 저은 후, 자리에서 일어나 큰절을 올렸어요.

"장군, 때가 왔습니다. 꿈에서의 꽃은 장군이 세운 업적들을 말합니다. 한데, 꽃이 시들면 열매가 열리지 않습니까? 장군의 업적들을 바탕으로 결실을 맺을 시기라는 뜻이지요. 또 큰 소리가 난 것은 곧 큰일이 있어 만백성이 모두 장군을 우러러 본다는 의미입니다."

무학대사의 말에 이성계는 새로운 나라, 조선을 세울 결심을 굳혔어요. 이후 이성계는 고려를 무너뜨리고 조선을 세웠고, 이성계를 도운 무학대사는 자신이 수행하던 토굴 근처에 왕이 될 꿈을 풀이한 절이라는 뜻의 석왕사를 지었어요.

'꿈은 잘못 꾸어도 해몽만 잘 하여라'는 이때 생겨난 속담이랍니다.

인물관계도 예시 답안

이성계는 특이한 꿈을 꾼 뒤, 꿈 풀이를 해달라고 요청하기 위해 스님을 찾아갔습니다.

가이드 tip 질문의 의도

답변으로 나올 수 있는 4개의 문장은 무학대사의 답변을 통해 속담 속 '해석의 힘'을 깨달을 수 있도록 구성되었습니다.

① 핵심 문장 따라 쓰기 → ② 무학대사의 꿈 해몽 이해하기 → ③ 이성계의 감정 유추하기 → ④ 이성계의 입장에서 상상하며 쓰기

를 통해 본문 속 인물의 행동과 그로 인해 일어난 사건을 속담으로 연결해 생각할 수 있도록 지도해 주세요.

읽기 전 생각해 볼 것들

본문을 읽기 전 제목, 삽화 등을 보면서 본문의 내용을 유추하게 해 주세요.

1. 제목으로 나온 속담의 뜻과 본문의 내용을 미리 연결해서 생각해 볼까요.
2. 삽화를 보고 이성계가 나중에 어떤 일을 했을지 유추해 볼까요.
3. 본문에서 소개된 속담을 어떤 상황에서 쓰면 좋을지 생각해 볼까요.

참고하세요 본책 p.81 정답 예시

1 이야기와 만나는 문장 쓰기 이야기의 핵심이 되는 본문 속 문장을 따라 써 봅시다. (왼쪽 초록색 문장 따라 쓰기)

2 이해하는 문장 쓰기 첫 번째 꿈에 대해 무학대사가 한 말을 확인합니다.

예시 무학대사는 이성계가 장차 높고 귀한 자리에 앉을 꿈이라고 말했습니다.

3 생각을 발견하는 문장 쓰기 꿈 풀이를 들은 이성계는 어떤 기분이 들었을지 유추합니다.

예시1 이성계는 깜짝 놀라면서도 기분이 무척 좋았을 것입니다.

예시2 이성계는 나쁜 꿈인 줄 알았다가 좋은 꿈이라고 해서 안심했을 것입니다.

4 상상하는 문장 쓰기 본인이 이성계라면 무학대사에게 어떤 보상을 해 주었을지 상상해 봅니다.

예시1 내가 이성계라면 꿈을 현실로 이루기 위해 함께 노력해 보자고 했을 것입니다.

예시2 내가 이성계라면 고맙다고 한 뒤 다른 사람에게는 말하지 말라고 단단히 일러두었을 것입니다.

모아쓰기 네 개의 문장을 이어서 하나의 문단을 완성합니다.

예시1 "장군, 좋은 꿈을 꾸셨나이다."
무학대사는 이성계가 장차 높고 귀한 자리에 앉을 꿈이라고 말했습니다. 이성계는 깜짝 놀라면서도 기분이 무척 좋았을 것입니다. 내가 이성계라면 꿈을 현실로 이루기 위해 함께 노력해 보자고 했을 것입니다.

예시2 "장군, 좋은 꿈을 꾸셨나이다."
무학대사는 이성계가 장차 높고 귀한 자리에 앉을 꿈이라고 말했습니다. 이성계는 나쁜 꿈인 줄 알았다가 좋은 꿈이라고 해서 안심했을 것입니다. 내가 이성계라면 고맙다고 한 뒤 다른 사람에게는 말하지 말라고 단단히 일러두었을 것입니다.

가이드의 읽을거리 ● 현재에도 흔히 쓰는 속담인 '꿈보다 해몽'이 쓰이게 된 건 본문에서 확인할 수 있듯이 조선을 건국한 이성계의 꿈 이야기에서 그 유래를 찾을 수 있습니다. 본문에 나오는 이성계와 무학대사는 실존 인물이며, 무학대사는 이후 이성계가 조선을 건국하는 데 있어 큰 역할을 합니다.

이성계가 꾼 꿈에 대해서는 조금씩 차이가 있지만, 공통적인 부분은 무학대사가 꿈 풀이를 통해 이성계가 후에 왕이 될 재목이라는 점을 확인시켜 주었다는 것입니다. 무학대사의 꿈 풀이가 없었다면 이성계가 조선 건국에 대한 확신을 가질 수 없었을 지도 모를 일입니다.

이제껏 꾸었던 가장 기억에 남는 꿈은 무엇인지, 어떻게 풀이할 수 있을지 서로의 경험을 나누어 보세요. '꿈보다 해몽'이라는 속담을 잊지 않으면서 말입니다.

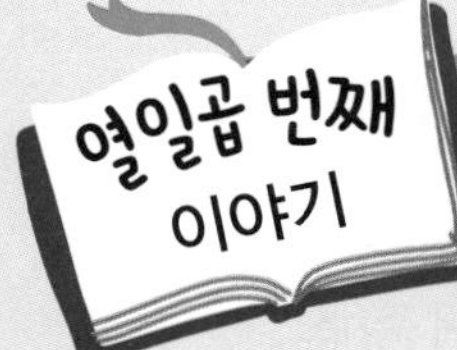

이미 엎질러진 물이다

아주 오래 전 중국에 강태공이라는 가난한 선비가 살았어요. 강태공은 언젠가 자신이 나라에 큰 역할을 하게 될 거라 믿으며, 결혼을 한 뒤에도 글공부에만 매달렸지요. 강태공의 아내 마 씨는 먹고살 걱정은 전혀 하지 않는 강태공이 늘 못마땅했어요. 하루는 마 씨가 집을 나서며 글공부를 하는 강태공에게 말했어요.

"여보, 밭에 다녀올 테니 혹시 비가 오면 마당에 널어 둔 벼를 거둬 놓으세요. 알았죠?"

"……."

"아니, 왜 대답이 없어요?"

강태공은 마 씨의 채근에 어쩔 수 없이 책에서 눈을 떼더니 마당을 휙 둘러보고는 다시 고개를 돌렸어요.

"그저 저 놈의 책만 들여다보고 집안일은 안중에도 없으니……."

마 씨는 한숨을 푹 내쉬고는 밭으로 향했어요.

얼마나 지났을까. 마 씨의 걱정대로 하늘에 먹구름이 끼더니 후드둑 빗물이 떨어지기 시작했어요.

집으로 황급히 돌아온 마 씨는 설마 했던 일이 벌어진 걸 보고 기가 딱 막혀 버렸어요. 비는 억수같이 오는데, 마당에 널어놓은 벼는 비를 그대로 맞으며 떠내려가고 있었거든요. 그 와중에도 강태공은 꼼짝없이 방에 앉아 책만 보고 있지 뭐예요.

화가 머리끝까지 치민 마 씨는 더 이상 참을 수가 없어 소리를 질렀어요.

"더 이상은 못 참겠어요! 어디 나 없이 살아 보시구려!"

마 씨는 그 길로 짐을 싸서 집을 나와 버렸어요.

아내가 가 버린 뒤에도 강태공의 글공부는 여전했어요. 가난했던 살림은 더욱 가난해졌고, 강태공은 먹을 게 없어 근처 하천에 낚시를 다녔지요. 하지만 강에서 낚시를 하면서도 강태공은 애써 물고기를 잡으려 하지 않았어요. 낚시를 할 때 쓰는 낚시 바늘만 봐도 그러했지요. 원래 낚시 바늘은 끝이 둥글게 구부러져 있어 물고기가 바늘을 물면 도망갈 수 없게 만드는데요. 강태공의 낚시 바늘은 끝이 일자로 쭉 펴져 있었거든요. 그래서 사람들은 그를 두고 '세월을 낚는 낚시꾼'이라 부르기도 했어요.

수십 년 후, 어느덧 그의 나이가 70이 되었어요. 그날도 낚싯대만 드리운 채 강을 바라보던 강태공에게 누군가 다가와 말을 걸었어요. 그는 훗날 주나라 왕이 될 문왕이었지요.

문왕은 처음 본 그 자리에서 강태공이 주나라를 이끌 큰 인물이 되리라고 확신했어요. 강태공은 드디어 때를 만났다고 여기고 문왕과 함께 은나라를 물리치고 주나라를 세우는 데 큰 공을 세웠답니다.

강태공의 업적이 얼마나 컸던지 문왕에 이어 왕이 된 문왕의 아들, 무왕도 강태공을 스승으로 대접했어요. 그리하여 강태공은 제나라를 다스리는 제후로 임명되기까지 하였지요.

제나라 제후가 된 강태공이 마을을 떠나던 날, 마을 사람들이 몰려나와 그를 환송해 주었어요. 그들 사이에 노인이 된 마 씨도 있었어요. 마 씨는 용기를 내어 강태공 앞에 나타났어요.

"나리, 부디 과거의 잘못은 잊어 주시고 다시 한번 제게 기회를 주세요."

마 씨를 알아본 강태공은 가던 길을 멈추고 생각에 잠겼어요. 몇 분 후 입을 뗀 강태공이 마 씨에게 부탁했어요.

"부인, 내게 물 한 사발 떠다 줄 수 있겠소?"

마 씨는 곧장 물그릇 가득 물을 담아 강태공에게 전해 주었지요. 강태공은 마 씨가 가져다준 물그릇을 뒤집어 물을 모두 바닥에 쏟아 버리고는 말했어요.

"쏟아진 물을 다시 그릇에 담을 수 있다면 돌아와도 좋소."

마 씨는 눈물을 흘리며 뒤로 물러섰어요. 한번 쏟아진 물은 다시 담을 수 없는 것처럼, 한번 떠났으니 예전으로 되돌릴 수는 없는 노릇이란 걸 알아차린 까닭이에요. 이처럼 사람들은 되돌릴 수 없는 상황을 두고 '이미 엎질러진 물이다'라고 한답니다.

인물관계도 예시 답안

쏟아진 물처럼 강태공을 떠난 아내와는 돌이킬 수 없는 사이가 되었다고 생각하기 때문입니다.

가이드 tip 질문의 의도

답변으로 나올 수 있는 4개의 문장은 핵심 문장을 확인하고, 속담이 쓰이게 된 유래를 기억할 수 있도록 구성되었습니다.

① 핵심 문장 따라 쓰기 → ② 핵심 문장의 배경 상황 이해하기 → ③ 등장인물의 감정 유추하기 → ④ 주인공의 입장에서 상상하며 쓰기

를 통해 본문 속 인물의 행동과 그로 인해 일어난 사건을 속담으로 연결해 생각할 수 있도록 지도해 주세요.

읽기 전 생각해 볼 것들

본문을 읽기 전 제목, 삽화 등을 보면서 본문의 내용을 유추하게 해 주세요.

1. 제목으로 나온 속담의 의미를 미리 유추해 볼까요.
2. 삽화를 보고 흰 머리의 두 남녀는 어떤 관계일지 유추해 볼까요?
3. 본문에서 소개한 속담은 어떤 상황에서 쓰면 좋을지 생각해 볼까요.

참고하세요 본책 p.85 정답 예시

1 이야기와 만나는 문장 쓰기 강태공의 마음을 비유한 본문 속 문장을 따라 써 봅시다. (왼쪽 초록색 문장 따라 쓰기)

2 이해하는 문장 쓰기 강태공이 한 말은 어떤 뜻을 담고 있는지 확인합니다.

예시 강태공은 이미 일어난 일은 돌이킬 수 없다는 말을 하고 싶었을 것입니다.

3 생각을 발견하는 문장 쓰기 강태공의 말을 들은 마 씨의 기분이 어땠을지 유추합니다.

예시 1 마 씨는 옛정을 생각하지 않는 강태공의 말에 서운한 마음이 들었을 것입니다.

예시 2 마 씨는 가족을 돌보지 않았던 강태공 때문에 떠났기에 무척 억울했을 것입니다.

4 상상하는 문장 쓰기 내가 강태공이라면 마 씨에게 무슨 말을 했을지 상상해 봅니다.

예시 1 내가 강태공이라면 같이 갈 수는 없지만 평생 먹고 살 음식을 보내 주겠다고 말하겠습니다.

예시 2 내가 강태공이라면 우선 미안하다고 하고, 예전처럼 지낼 수는 없지만 어려운 일이 있으면 찾아오라고 말하겠습니다.

모아쓰기 네 개의 문장을 이어서 하나의 문단을 완성합니다.

예시 1 "쏟아진 물을 다시 그릇에 담을 수 있다면 돌아와도 좋소."
강태공은 이미 일어난 일은 돌이킬 수 없다는 말을 하고 싶었을 것입니다. 마 씨는 옛정을 생각하지 않는 강태공의 말에 서운한 마음이 들었을 것입니다. 내가 강태공이라면 같이 갈 수는 없지만 평생 먹고 살 음식을 보내 주겠다고 말하겠습니다.

예시 2 "쏟아진 물을 다시 그릇에 담을 수 있다면 돌아와도 좋소."
강태공은 이미 일어난 일은 돌이킬 수 없다는 말을 하고 싶었을 것입니다. 마 씨는 가족을 돌보지 않았던 강태공 때문에 떠났기에 무척 억울했을 것입니다. 내가 강태공이라면 우선 미안하다고 하고, 예전처럼 지낼 수는 없지만 어려운 일이 있으면 찾아오라고 말하겠습니다.

가이드의 읽을거리 ● 강태공은 꽤 많이 알려진 인물이지만, 그의 출신과 업적에 대해서는 전설로만 알려져 있을 뿐 실제 기록은 거의 찾아볼 수 없습니다. 우리에게 강태공은 '세월을 낚는 낚시꾼'이자 세상사에 통달한 도인의 이미지가 강합니다.
분명한 건 강태공은 70대에 주나라 문왕에게 발탁되기 전까지만 해도 하는 일 없이 책을 읽거나 낚시를 하면서 지독히도 가난하게 살았다는 것입니다. 언젠가 자신은 큰일을 하게 될 거라 여기면서 말이지요. 그러니 20년 넘게 남편을 뒷바라지하던 아내 마 씨가 참다못해 집을 떠나 버린 일은 어쩌면 당연하게 다가오기도 합니다. 특히 시시각각 세상이 변하고 할 일도 많은 요즘 같은 사회에서는 더더욱 강태공의 태도는 받아들이기 어렵습니다.
각각 현재와 과거의 관점에서 강태공과 마 씨는 어떻게 바라볼 수 있을까요? 아이과 함께 이야기해 보세요.

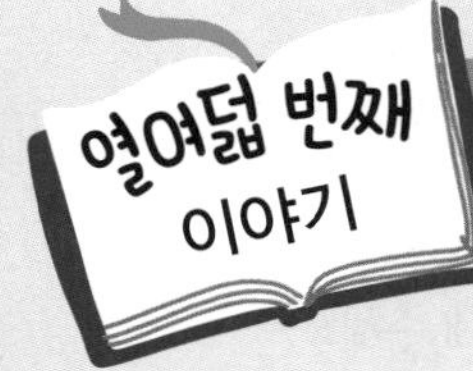

지성이면 감천이다

어느 마을에 부모 없이 자라는 지성이와 감천이라는 두 소년이 살았어요. 지성이는 태어나면서부터 걷지 못했고, 감천이는 눈이 보이지 않았어요. 두 소년은 형제처럼 지내며 언제, 어디에나 함께 다녔어요. 감천이가 지성이를 업고 다니며 지성이는 감천이의 두 눈이 되고, 감천이는 지성이의 두 다리가 되어 주었기 때문이에요.

한번은 잔치가 있다는 이웃 마을로 가기 위해 산을 오를 때였어요. 혼자 올라가기에도 벅찬 가파른 산길을 지성이까지 업고 올라야 하는 감천이의 이마에는 땀이 쉴 새 없이 흘러 내렸어요.

"감천이 형! 힘들지? 우리 잠깐 쉬었다 가자."

지성이가 감천이의 이마에 흐르는 땀을 닦아 주며 말했어요. 가쁜 숨을 몰아쉬던 감천이는 그제야 가던 길을 멈추고 지성이를 바닥에 내려 주었어요.

"지성아! 목이 너무 마른데 어디 물 좀 마실 데가 없을까?"

감천이의 말에 지성이는 주위를 둘러보며 열심히 샘물이 있을 만한 곳을 찾아보았어요. 걷지는 못하지만 손을 짚어 조금씩 나아가면서요.

"형! 저기 아래 물이 흘러와서 고여 있어. 여기서 조금만 더 올라가면 샘물이 나올 것 같아."

지성이는 간신히 작은 물웅덩이 하나를 발견하고는 감천이를 설득해 다시 산을 올랐어요. 감천이는 마지막 남은 힘을 다해 지성이를 업고 산길을 올랐지요.

"샘물이다!"

지성이의 외침과 함께 깨끗하고 맑은 샘물이 모습을 드러냈어요. 감천이의 등에서 내려온 지성이는 감천이의 손을 끌어 샘물에 담가 주었어요. 목이 말라 죽을 지경이었던 감천이는 허겁지겁 물을 마셨어요. 지성이도 두 손을 모아 물을 떠서 목을 축였어요. 그런데 물을 마시던 지성이의 눈에 커다란 금덩이가 보이지 않겠어요? 샘물 속에 덩그러니 놓인 반짝이는 물체는 분명 금덩이가 확실했어요.

"형, 저 안에 금덩이가 있어!"

지성이는 금덩이를 꺼내 감천이의 손에 쥐어 주었어요. 감천이도 깜짝 놀라 금덩이를 만져 보았어요. 두 사람이 금덩이를 보고 감탄하는 사이 도붓장수 하나가 물을 마시러 다가왔어요.

"어이쿠. 그건 구렁이가 아니오?"

도붓장수는 두 사람이 든 금덩이를 구렁이라며 물도 마시지 않고 부리나케 도망가 버렸어요. 금덩이를 구렁이라고 하다니 이상하다며 쳐다보는 사이, 이번에는 나무꾼이 샘물 근처로 다가왔어요.

"나무꾼님, 이 금덩이를 둘로 나눠 줄 수 있을까요?"

지성이가 나무꾼에게 부탁하자, 나무꾼이 가지고 있던 도끼로 금덩이를 반으로 나눠 주었어요.

"돌멩이를 가지고 금덩이라니, 어쨌든 둘로 나눠 줬으니 됐지?"

나무꾼도 사라지자 감천이는 다시 지성이를 업고 산길을 걸었어요. 각자 금덩이를 하나씩 주머니에 넣은 채로요. 산길을 걷던 중 두 사람은 절로 돌아가는 스님 한 분을 만나게 되었어요.

"스님, 스님의 눈에도 이게 구렁이나 돌멩이로 보이시나요?"

"아이고, 이게 웬 금덩어린가?"

지성이에게서 모든 이야기를 전해 들은 스님이 말했어요.

"이건 보통 금덩이가 아니오. 분명 부처님의 뜻이니 이 금덩이를 부처님께 바치고 100일 기도를 해 보는 게 좋겠소."

지성이와 감천이는 금덩이를 부처님께 바치고 그날부터 100일 기도를 시작했어요. 그리고 마침내 기도가 끝나는 날, 감천이의 눈이 떠지고 지성이가 걷게 되는 믿지 못할 기적이 일어났지요. 이처럼 '지성이면 감천이다'라는 말은 지성과 감천의 우정에 하늘이 감동한 이야기에서 생겨난 말이랍니다.

인물관계도 예시 답안

금덩이를 있는 그대로 볼 수 있었던 지성이와 감천이, 스님과 달리 나무꾼과 도붓장수는 자신의 생각에 빠져 금덩이를 제대로 볼 수 없었기 때문입니다.

가이드 tip 질문의 의도

답변으로 나올 수 있는 4개의 문장은 본문의 속담이 나오게 된 사건의 원인이 무엇인지 확인하고, 속담의 숨은 의미를 이해할 수 있도록 구성되었습니다.

> ① 사건의 원인이 되는 문장 따라 쓰기 → ② 따라 쓴 문장의 배경 상황 이해하기 → ③ 등장인물의 생각 유추하기 → ④ 등장인물의 입장에서 상상하며 쓰기

를 통해 본문 속 등장인물이 처한 상황과 속담이 나오게 된 유래를 이해할 수 있도록 지도해 주세요.

읽기 전 생각해 볼 것들

본문을 읽기 전 제목, 삽화 등을 보면서 본문의 내용을 유추하게 해 주세요.

1. 제목으로 나온 속담의 의미와 본문의 내용을 미리 이야기해 볼까요.
2. 삽화를 보고 각각의 인물이 금덩이를 보고 뭐라고 말하는지 유추해 볼까요?
3. 본문에서 소개한 속담은 어떤 상황에서 쓰면 좋을지 생각해 볼까요.

참고하세요 본책 p.89 정답 예시

1 이야기와 만나는 문장 쓰기 사건의 원인이 되는 본문 속 문장을 따라 써 봅시다. (왼쪽 초록색 문장 따라 쓰기)

2 이해하는 문장 쓰기 지성이와 감천이가 샘물에서 무엇을 발견했는지 확인합니다.

예시 지성이와 감천이는 샘물에서 커다란 금덩이를 발견했습니다.

3 생각을 발견하는 문장 쓰기 지성이의 이야기를 들은 스님의 생각을 유추합니다.

예시❶ 스님은 지성이와 감천이 눈에만 금덩이가 보이는 것이 특별하다고 생각했습니다.

예시❷ 스님은 도붓장수와 나무꾼 눈에는 보이지 않는 금덩이가 두 사람에게 온 것은 분명히 다른 이유가 있을 거라고 생각했습니다.

4 상상하는 문장 쓰기 내가 스님이라면 금덩이를 어디에 쓸지 상상해 봅니다.

예시❶ 내가 스님이라면 금덩이로 지성이와 감천이처럼 장애가 있는 사람을 위한 시설을 만들겠습니다.

예시❷ 내가 스님이라면 금덩이로 지성이와 감천이가 절에서 안전하게 지낼 수 있도록 하겠습니다.

모아쓰기 네 개의 문장을 이어서 하나의 문단을 완성합니다.

예시❶ "형, 저 안에 금덩이가 있어!"
지성이와 감천이는 샘물에서 커다란 금덩이를 발견했습니다. 스님은 지성이와 감천이 눈에만 금덩이가 보이는 것이 특별하다고 생각했습니다. 내가 스님이라면 금덩이로 지성이와 감천이처럼 장애가 있는 사람을 위한 시설을 만들겠습니다.

예시❷ "형, 저 안에 금덩이가 있어!"
지성이와 감천이는 샘물에서 커다란 금덩이를 발견했습니다. 스님은 도붓장수와 나무꾼 눈에는 보이지 않는 금덩이가 두 사람에게 온 것은 분명히 다른 이유가 있을 거라고 생각했습니다. 내가 스님이라면 금덩이로 지성이와 감천이가 절에서 안전하게 지낼 수 있도록 하겠습니다.

가이드의 읽을거리 ● '지성이면 감천이다'라는 속담은 가난하고 의지할 곳이 없는 '지성(至誠)'과 '감천(感天)'의 우정에 하늘이 감동하여 복을 주었다는 설화에서 유래하였습니다. 만약 위와 같은 유래를 몰랐다 하더라도, 두 인물의 이름이 가진 한자 뜻을 살펴보면 속담의 의미를 충분히 유추할 수 있습니다. 알다시피 지성(至誠)은 지극한 정성이라는 뜻을, 감천(感天)은 정성이 지극하여 하늘이 감동한다는 뜻을 지니고 있으니까요.
하지만 또 다른 설화에는 장애가 없는 친형제 사이인 지성과 감천이 등장하고, 둘 중 형인 지성이 동생 감천이의 몫까지 모두 차지하려는 바람에 동생의 눈이 먼 것으로 나옵니다. 어찌됐건 서로 돕고 배려하며 꿋꿋하게 살아 가면 복을 준다는 뜻을 가진 이 속담을 어떤 상황에 쓸 수 있을지 이야기 나누어 보세요.

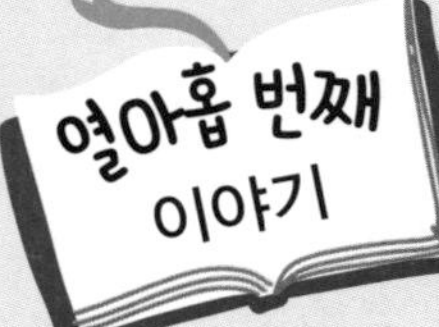

티끌 모아 태산

조선 시대 영의정까지 오른 인물인 이항복은 어린 시절 일화로도 유명해요. 죽마고우인 이덕형과의 우정을 담은 이야기, '오성과 한음'의 주인공 오성이 바로 이항복이랍니다. 이런 이항복이 어렸을 때의 일이에요.

이항복은 하나를 가르쳐 주면 열을 깨우치는 영특한 아이였지만, 글공부를 하지 않을 때면 영락없는 개구쟁이였어요. 마을의 아이들을 몰고 다니며 장난치기를 좋아하는 골목대장이었고, 이곳저곳 탐험하듯 돌아다니기를 좋아했어요. 그가 자주 드나들던 대장간도 그중 하나였지요. 대장장이가 쇠를 녹여 낫이며, 호미 등을 만드는 모습을 보는 건 또 다른 즐거움이었거든요.

하루는 이항복이 대장장이가 일하는 모습을 유심히 보다가 바닥에 떨어진 쇳조각에 눈길을 주게 되었어요. 바닥에는 새끼손톱만한 크기부터 손가락 한 마디 정도 크기의 쇳조각들이 무수히 흩어져 있었지요.

"바닥에 떨어진 쇳조각은 쓰지 않는가?"

이항복이 대장장이에게 묻자, 대장장이는 웃으며 말했어요.

"당연히 쓰지 않지요. 그 작은 걸 어디다 쓰겠어요?"

"쇳조각을 치우면 바닥이 한결 깨끗할 텐데, 내가 쇳조각을 가져가도 되겠는가?"

이항복의 말에 대장장이는 듣던 중 반가운 소리라고 했어요. 그날부터 이항복은 대장간에 들러 바닥에 떨어진 쇳조각을 모아 집으로 가지고 왔어요. 갈 때마다 한줌씩 모은 쇳조각은 어느새 독 하나를 가득 채울 정도로 많아졌지요. 대장간에서 주워온 쇳조각으로 두 번째 독을 채우자, 이항복의 아버지도 이항복이 쇳조각을 모은다는 사실을 알게 되었어요.

"네가 쇳조각이나 모으고 다닌다는 소리가 들리던데, 공부는 안 하고 쓸데없는 짓이나 하고 돌아다니는 게냐. 당장 쇳조각을 갖다 버리도록 해라."

"지당하신 말씀이나, 곧 쓸 일이 있으니 조금만 기다려 주세요."

아버지의 불호령에도 이항복은 꿋꿋이 쇳조각을 모았어요. 그렇게 이항복이 모은 쇳조각이 세 번째 독을 채우던 날, 갑작스레 대장간이 문을 닫고 말았어요.

"쯧쯧. 대장장이가 노름에 빠지더니 결국 대장간까지 문을 닫았네."

대장간 앞에서 수군거리는 사람들의 말을 전해 들은 이항복은 곧장 대장장이를 찾아갔어요.

"대장간 문이 닫혔던데 왜 일을 하지 않는 건가?"

이항복이 대장장이에게 묻자, 대장장이가 힘없이 대답했어요.

"아이고, 도련님. 제가 일을 하려면 쇠를 사야 하는데 지금은 돈이 없어요."

"그건 걱정 마시게. 쇠라면 나한테 충분히 많으니까. 내 그동안 모은 쇠를 모두 돌려줄 테니 그걸 녹여 연장을 만들어 팔게나."

이항복은 대장장이에게 세 개의 독에 든 쇳조각을 모두 전해 주었어요. 대장장이는 이항복이 모아 놓은 쇳조각으로 다시 낫이며, 호미를 만들었고 그걸 판 돈을 밑천으로 다시 대장간의 문을 열었어요. 이 사실을 전해 들은 마을 사람들은 모두 이항복을 칭찬했어요.

"아무 쓸데없다고 버린 쇳조각이 이리 요긴하게 쓰일 줄이야!"

"그러게 말이오. 이항복이 아니었다면 대장간이 다시 문을 열 수 있었겠냐 이 말이지."

쇳조각을 모아 대장간을 되살린 이항복에 대한 칭찬은 어느덧 이항복 아버지의 귀에도 들어갔어요. 이항복의 아버지는 이항복을 불러 말했어요.

"티끌 모아 태산이라더니, 쇳조각을 모아 대장간을 살렸구나."

아버지의 칭찬을 들은 이항복의 입가에는 살며시 미소가 어렸어요.

인물관계도 예시 답안

이항복이 그동안 모아 놓은 쇳조각을 대장장이에게 전해 주었기 때문입니다.

가이드 tip 질문의 의도

답변으로 나올 수 있는 4개의 문장은 본문의 속담이 나오게 된 사건의 원인을 확인하고, 제시된 속담에서 전하려고 하는 것이 무엇인지 알 수 있도록 구성되었습니다.

① 사건의 원인이 되는 문장 따라 쓰기 → ② 따라 쓴 문장의 배경 상황 이해하기 → ③ 등장인물의 생각 유추하기 → ④ 등장인물의 입장에서 상상하며 쓰기

를 통해 본문 속 인물이 처한 상황과 속담이 나오게 된 유래를 이해할 수 있도록 지도해 주세요.

읽기 전 생각해 볼 것들

본문을 읽기 전 제목, 삽화 등을 보면서 본문의 내용을 유추하게 해 주세요.

1. 제목으로 나온 속담의 의미와 본문 내용을 미리 유추해 볼까요.
2. 삽화를 보고 이항복 아버지는 왜 아들을 바라보고 있는지 유추해 볼까요.
3. 본문에서 소개한 속담은 어떤 상황에서 쓰면 좋을지 생각해 볼까요.

참고하세요

본책 p.93 정답 예시

1 이야기와 만나는 문장 쓰기 사건의 원인이 되는 본문 속 문장을 따라 써 봅시다. (왼쪽 초록색 문장 따라 쓰기)

2 이해하는 문장 쓰기 대장간에 놀러간 이항복이 어떤 행동을 했는지 확인합니다.

예시 **이항복은 대장간에 버려진 쇳조각을 달라고 해서 독에 모아 두었습니다.**

3 생각을 발견하는 문장 쓰기 쇳조각을 받은 대장장이의 생각이나 기분을 유추합니다.

예시① **대장장이는 아무리 작은 쇳조각이라도 그걸 모으면 많은 양이 된다는 사실을 깨달았을 것입니다.**
예시② **대장장이는 자기가 무시했던 쇳조각이 이렇게 큰 도움이 될 줄 몰랐다며 크게 기뻐했을 것입니다.**

4 상상하는 문장 쓰기 내가 대장장이라면 이항복에게 어떻게 말했을지 상상해 봅니다.

예시① **내가 대장장이라면 이항복에게 다시는 노름을 하지 않겠다고 말하겠습니다.**
예시② **내가 대장장이라면 이제부터는 아무리 작은 쇳조각이라도 함부로 버리지 않겠다고 말하겠습니다.**

모아쓰기 네 개의 문장을 이어서 하나의 문단을 완성합니다.

예시① **"바닥에 떨어진 쇳조각은 쓰지 않는가?"**
이항복은 대장간에 버려진 쇳조각을 달라고 해서 독에 모아 두었습니다. 대장장이는 아무리 작은 쇳조각이라도 그걸 모으면 많은 양이 된다는 사실을 깨달았을 것입니다. 내가 대장장이라면 이항복에게 다시는 노름을 하지 않겠다고 말하겠습니다.

예시② **"바닥에 떨어진 쇳조각은 쓰지 않는가?"**
이항복은 대장간에 버려진 쇳조각을 달라고 해서 독에 모아 두었습니다. 대장장이는 자기가 무시했던 쇳조각이 이렇게 큰 도움이 될 줄 몰랐다며 크게 기뻐했을 것입니다. 내가 대장장이라면 이제부터는 아무리 작은 쇳조각이라도 함부로 버리지 않겠다고 말하겠습니다.

가이드의 읽을거리 ● 이항복은 조선 광해군 시절 매우 뛰어났던 인물로 익히 알려진 '오성과 한음' 이야기에 등장하는 오성의 실제 이름입니다. 한음은 다섯 살 어렸던 이덕형을 가리키지요.
두 사람은 같은 해에 과거에 급제하여 나라의 큰 위기였던 임진왜란을 극복하는 데에 큰 활약을 하였습니다. 두 사람의 우정이 워낙 돈독한 까닭에 많은 사람들은 이항복과 이덕형이 어린 시절부터 절친했을 것이라 생각했고, 그로 인해 두 사람의 우정에 얽힌 이야기가 많이 알려지게 되었습니다. 물론 최근에 알려진 바에 따르면, 두 사람의 어린 시절 이야기는 추측일 뿐 실제가 아니었을 가능성이 높다고는 하지만요.
이항복이 등장하는 또 다른 이야기를 찾아 들려 주고, 이항복은 어떤 인물일지 생각하며 이야기 나누어 보세요.

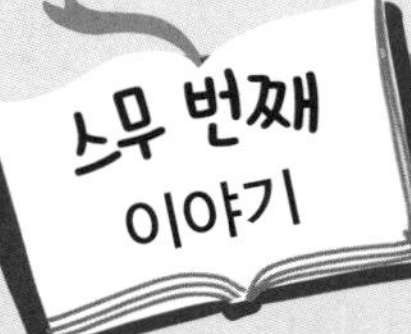

황희 정승네 치마 하나로 세 어이딸이 입듯

조선 최고의 명재상이라 불린 황희 정승은 세종 시절 무려 20년 가까이 영의정에 올랐던 인물이에요. 조선 시대 영의정은 지금의 국무총리에 해당할 만큼 높은 직책이었으니 당시 세종이 황희 정승을 얼마나 신뢰했는지 짐작할 수 있겠죠?

하지만 황희 정승이 영의정에 오르기까지는 어려움이 많았어요. 왕의 의견에 반대해 귀양을 가기도 하고 벼슬에서 쫓겨난 적도 있었지요. 그러다 보니 본래 검소했던 생활과 강직한 성품은 더욱 굳어져 검소함에 있어서는 황희 정승을 따라잡을 사람이 없을 정도였어요. 한번은 황희 정승의 집에서 일하는 하인이 마당을 쓸고 있는데, 한 선비가 찾아왔어요. 선비는 하인에게 물었어요.

"여기가 황희 정승 댁이 맞는가?"

"네. 그렇습니다만……."

하인이 그렇다고 대답하자 선비는 하인에게 종이 뭉치를 건네 주며 말했어요.

"이거 별것 아니네만, 나리께 좀 전해 주게."

선비가 전해 준 건 고등어 한 마리를 싼 종이 뭉치였어요. 하인은 선비가 건네 준 것을 도로 선비의 손에 쥐어 주며 손사래를 쳤어요.

"아이고. 이거 받으면 제가 큰일 납니다. 그냥 가져가세요."

"보잘 것 없지만 나리께서 오래도록 건강하시길 바라는 의미에서 드리는 거라네."

선비는 하인의 손에 종이 뭉치를 들려 주고는 대문 밖으로 도망 나갔어요. 난감해진 하인이 우두커니 서 있는 사이, 황희 정승이 하인을 불렀어요.

"밖에 무슨 일 있느냐?"

"그게 다름이 아니라……."

하인의 말을 모두 들은 황희 정승이 말했어요.

"대문 밖에 걸어 두게나. 오가다 보고 찾으러 오도록 말일세."

이렇듯 생선 한 마리조차 받지 않으려는 황희 정승을 두고 조정의 간신들은 불만이 이만저만 큰 게 아니었어요.

"내참, 저 혼자 깨끗한 척은 다 하는구만."

황희 정승을 시기하던 간신들은 급기야 없는 말까지 지어내기 시작했어요. 황희 정승이 겉으로만 검소한 척 할뿐 사실 집에는 온갖 비단이며, 곡식이 넘쳐난다고 말이에요. 소문은 세종의 귀에까지 전해졌어요. 황희 정승을 매우 아끼던 세종은 황희 정승의 집을 직접 찾아 알아보아야겠다고 생각했어요.

"내 오늘은 영의정의 집을 가 보려고 하네. 아무도 모르게 준비해 주게."

세종은 신하 몇 명만을 앞세워 황희 정승의 집으로 향했어요. 갑작스러운 방문에 깜짝 놀란 황희 정승이 세종 앞에 버선발로 뛰쳐나와 머리를 조아리며 말했어요.

"임금께서 어인 일로 이 누추한 곳에 오셨습니까?"

"날이 저물고 하도 적적하여 놀러 와 보았네. 허허."

황희 정승은 임금을 아랫목으로 안내하고 큰절을 한 다음, 부인과 딸들이 들어와 인사하기를 기다렸어요. 한데, 냉큼 나와 인사를 해야 하는 가족들이 도통 들어오질 않는 거예요. 사실 부인과 딸들은 다급히 인사를 해야 하는 상황에서 변변한 치마가 없어 망설이고 있던 참이었어요. 입을 만한 것이라고는 황희 정승의 아내가 가진 옥색 치마 한 벌뿐이었지요.

"얘들아, 이럴 게 아니라 우선 내가 인사를 드리고 나오면 차례로 이 치마를 갈아입고 들어가서 인사를 하는 게 좋겠구나."

잠시 뒤 황희 정승의 아내가 먼저 옥색 치마를 입고 절을 했어요. 연이어 첫째 딸과 둘째 딸이 절을 했지요. 이 모습을 본 세종대왕은 속으로 크게 웃으며 말했어요.

"오늘 볼일은 모두 보았으니, 이만 돌아가겠네."

인물관계도 예시 답안

세종을 비롯한 많은 사람들에게 추앙받는 황희 정승이 간신들에게는 눈엣가시였기 때문입니다.

가이드 tip 질문의 의도

답변으로 나올 수 있는 4개의 문장은 사건이 일어나게 된 주요 문장을 확인하고, 본문을 통해 제시된 속담의 뜻을 자연스럽게 익힐 수 있도록 구성되었습니다.

① 사건의 실마리가 된 문장 따라 쓰기 → ② 사건이 발생한 이유 이해하기 → ③ 등장인물의 생각 유추하기 → ④ 사실을 알게 된 세종의 입장에서 상상하며 쓰기

를 통해 속담이 가진 의미를 이해할 수 있도록 지도해 주세요.

읽기 전 생각해 볼 것들

본문을 읽기 전 제목, 삽화 등을 보면서 본문의 내용을 유추하게 해 주세요.

1. 제목으로 나온 속담이 어떤 뜻인지, 또 본문은 어떤 내용일지 미리 이야기해 볼까요.
2. 삽화에서 임금이 무엇을 보고 있는지 유추해 볼까요.
3. 본문에서 소개한 속담을 어떤 상황에서 쓰면 좋을지 생각해 볼까요.

참고하세요 본책 p.97 정답 예시

1 이야기와 만나는 문장 쓰기 사건의 실마리가 된 본문 속 문장을 따라 써 봅시다. (왼쪽 초록색 문장 따라 쓰기)

2 이해하는 문장 쓰기 세종이 황희 정승의 집으로 간 이유가 무엇인지 본문 내용에서 확인합니니다.

예시 세종은 황희 정승이 소문대로 부유하게 살고 있는지 눈으로 확인하려고 찾아갔습니다.

3 생각을 발견하는 문장 쓰기 임금이 오자 황희 정승의 부인과 딸들은 어떤 생각을 했을지 유추해 봅니다.

예시 1 황희 정승의 부인과 딸들은 입을 옷이 없어서 무척 당황스러웠을 것입니다.

예시 2 황희 정승의 부인과 딸들은 황희 정승을 또 귀양 보낼까 봐 걱정했을 것입니다.

4 상상하는 문장 쓰기 내가 세종이라면 궁궐로 돌아와 무엇을 했을지 상상해 봅니다.

예시 1 내가 세종이라면 궁에 돌아와서 황희 정승의 아내와 딸들에게 비단 치마를 선물해 주겠습니다.

예시 2 내가 세종이라면 황희 정승의 검소함을 널리 알리라고 신하에게 지시하겠습니다.

모아쓰기 네 개의 문장을 이어서 하나의 문단을 완성합니다.

예시 1 "임금께서 어인 일로 이 누추한 곳에 오셨습니까?"
세종은 황희 정승이 소문대로 부유하게 살고 있는지 눈으로 확인하려고 찾아갔습니다. 황희 정승의 부인과 딸들은 입을 옷이 없어서 무척 당황스러웠을 것입니다. 내가 세종이라면 궁에 돌아와서 황희 정승의 아내와 딸들에게 비단 치마를 선물해 주겠습니다.

예시 2 "임금께서 어인 일로 이 누추한 곳에 오셨습니까?"
세종은 황희 정승이 소문대로 부유하게 살고 있는지 눈으로 확인하려고 찾아갔습니다. 황희 정승의 부인과 딸들은 황희 정승을 또 귀양 보낼까 봐 걱정했을 것입니다. 내가 세종이라면 황희 정승의 검소함을 널리 알리라고 신하에게 지시하겠습니다.

가이드의 읽을거리 ● 황희 정승은 조선에서 가장 오랫동안 영의정을 역임한 사람이었습니다. 하지만 전체 공직 생활 기간만 따지면 더 길답니다. 영의정만 18년, 좌의정 5년, 우의정 1년을 합쳐 총 24년을 정승 자리에 있었으니 말입니다. 여기에는 황희를 신뢰한 임금들의 뜻도 있었지만, 그 자신이 매우 장수했기 때문이기도 합니다. 황희가 90세까지 살았으니 공직 생활도 그만큼 길었던 것이지요.

황희에 대해 알려진 또 다른 이야기는 어느 날 길을 가다가 누런 소와 검은 소를 데리고 쟁기질을 하는 농부를 통해 큰 깨달음을 얻은 일화입니다. 황희가 농부에게 어느 소가 일을 더 잘하냐고 물으니 농부가 귓속말로 의아해하는 황희에게 말했다고 하지요. 아무리 짐승이라도 못한다는 말을 들으면 기분이 나쁠 거라고 말입니다.

황희 정승에 대해 좀 더 알아보고, 현대의 정치인과 관리인이 배워야 할 점은 무엇일지 물어봐 주세요.

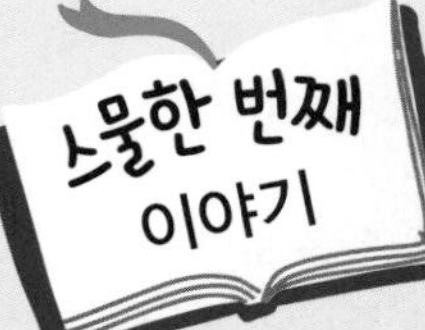

닭 쫓던 개 지붕 쳐다본다

옛날 어느 집 마당에서 있었던 일이에요. 따사로운 봄날, 주인이 외출하고 난 집에는 동물들만이 남아 집을 지키고 있었어요. 마침 동물들의 식사 시간이었던 터라 닭은 좁쌀을 쪼아 먹고, 개는 마루 밑에서 주인이 남긴 밥을 먹고 있었어요. 외양간의 황소는 여물을 먹고 있었고요.

식사를 끝낸 닭이 가슴을 쫙 펴고 마당을 한 바퀴 휘 돌아보자, 질겅질겅 여물을 씹던 황소가 한숨을 푹 내쉬며 말했어요.

"하는 일 없이 빌빌거리는 놈은 귀한 곡식을 먹고, 하루 종일 쟁기질이며, 달구지를 끌고 다니는 나는 지푸라기나 먹어야 하다니……."

황소가 자신을 향해 한 말을 들은 닭이 기가 차다는 듯 말했어요.

"네가 그러니까 이런 대접을 받는 거야!"

"뭐라고?"

닭의 말에 화가 난 황소가 씩씩거리며 닭을 쏘아 보았어요.

"자, 들어 봐. 네가 보기에는 내가 아무 일도 하지 않는 것처럼 보이지? 하지만 나는 사람들한테 시간을 알려 주는 아주 중요한 일을 하고 있어. 이 일이 얼마나 중요했으면 하느님이 벼슬까지 내려 주셨겠어?"

닭은 아까보다 더 가슴을 부풀리며 붉은 닭 볏을 보란 듯이 세워 보였어요. 그 모습이 얼마나 아니꼬왔던지 이번에는 마루 밑에서 주인이 남긴 밥을 먹던 개가 나서서 말했어요.

"가만히 듣고 있자니 정말 기가 차고 코가 차는구나. 고작 시간을 알려 주는 게 아주 중요한 일이라고? 황소는 사람들이 먹고살 수 있도록 농사짓는 일을 돕고 나는 하루 종일 산짐승이나 도둑이 들어오지 못하도록 집을 지키는데, 어떻게 아침에 고작 몇 번 우는 일이 더 중요하다는 말이냐?"

개가 하는 말에 황소는 연신 고개를 끄덕끄덕 했어요. 마음 같아서는 두 발을 들고 박수라도 치고 싶은 심정이었지요. 하지만 닭은 개의 말에도 아랑곳없이 더 큰 소리로 또박또박 대답했어요.

"이것 봐. 너희들은 정말 멍청하다니까. 내가 해가 뜰 때 '꼬끼오'라고 우는 걸 듣고도 그런 말을 하는 거야? 그 말을 한자로 바꾸면 고할 고(告)와 그 기(其), 중요할 요(要), 즉 '고기요(告其要)'야. 중요한 걸 알린다는 뜻이지. 아무 뜻도 없이 우는 니들 울음소리랑은 전혀 다르다 이 말이야."

닭의 말에 개는 머리끝까지 화가 났어요.

"너 진짜 말 다했어?"

"너희들이 태어날 때부터 고귀한 신분인 나를 질투해 봤자 이미 정해진 건 바꿀 수가 없는 거야."

닭이 있는 대로 약을 올리자 개는 더 이상 참지 못하겠다는 듯 닭을 향해 크게 짖었어요.

"멍멍! 진짜 아무 뜻이 없는지 어디 두고 보자고!"

순식간에 닭에게 달려간 개는 닭 머리의 붉은 볏을 물어뜯었어요. 깜짝 놀란 닭은 후다닥 지붕 위로 날아 올라갔지요. 그리고 화가 난 개를 피하느라 땅으로 내려오지 않았어요.

하지만 개는 화가 난다고 해도 지붕 위까지 따라 올라갈 수는 없는 노릇이었어요. 그저 지붕만 쳐다보며 분을 삭일 수밖에요. 개에게 물어뜯긴 닭의 볏은 이때부터 톱니 모양이 되었다나요?

이처럼 '닭 쫓던 개 지붕 쳐다본다'라는 속담은 아무리 애를 써 보아도 더 이상 어찌할 도리가 없어서 포기할 수밖에 없는 상황에서 쓰이는 말이랍니다.

인물관계도 예시 답안

닭이 멍청한 다른 동물들과 다르게 자신은 고귀한 신분이라 말하는 것에 화가 났기 때문입니다.

가이드 tip 질문의 의도

답변으로 나올 수 있는 4개의 문장은 갈등의 시작이 되는 문장을 확인하고, 속담의 유래를 이해할 수 있도록 구성되었습니다.

① 갈등이 시작되는 문장 따라 쓰기 → ② 따라 쓴 문장의 배경 상황 이해하기 → ③ 소와 개의 감정 유추하기 → ④ 개의 입장에서 상상하며 쓰기

를 통해 본문 속 닭의 행동과 그로 인해 일어난 사건을 속담으로 연결해 생각할 수 있도록 지도해 주세요.

읽기 전 생각해 볼 것들

본문을 읽기 전 제목, 삽화 등을 보면서 본문의 내용을 유추하게 해 주세요.

1. 제목으로 나온 속담의 뜻과 본문의 내용을 미리 이야기해 볼까요.
2. 삽화를 보고 소와 개 그리고 닭이 느끼는 서로에 대한 감정을 유추해 볼까요.
3. 본문에서 소개된 속담을 어떤 상황에서 쓰면 좋을지 생각해 볼까요.

참고하세요

본책 p.103 정답 예시

1 이야기와 만나는 문장 쓰기 이야기의 핵심이 되는 본문 속 문장을 따라 써 봅시다. (왼쪽 초록색 문장 따라 쓰기)

2 이해하는 문장 쓰기 닭이 황소에게 자신의 고귀함을 뽐낸 이유를 확인합니다.

예시 닭은 자기가 '고기요'라고 울기 때문에 다른 동물들과는 다르다고 말했습니다.

3 생각을 발견하는 문장 쓰기 닭의 말을 들은 황소와 개가 어떤 기분이었을지 유추합니다.

예시 1 황소와 개는 잘난 척 하는 닭이 많이 얄미웠을 것입니다.
예시 2 황소와 개는 자신들이 하는 일을 깎아내리는 닭이 못마땅했을 것입니다.

4 상상하는 문장 쓰기 내가 개라면 잘난 척 하는 닭을 어떻게 대했을지 상상해 봅니다.

예시 1 내가 개라면 닭이 모이를 먹지 못하게 방해했을 것입니다.
예시 2 내가 개라면 닭이 닭장으로 들어가서 쉬지 못하게 막았을 것입니다.

모아쓰기 네 개의 문장을 이어서 하나의 문단을 완성합니다.

예시 1 "아무 뜻도 없이 우는 니들 울음소리랑은 전혀 다르다 이 말이야."
닭은 자기가 '고기요'라고 울기 때문에 다른 동물들과는 다르다고 말했습니다. 황소와 개는 잘난 척 하는 닭이 많이 얄미웠을 것입니다. 내가 개라면 닭이 모이를 먹지 못하게 방해했을 것입니다.

예시 2 "아무 뜻도 없이 우는 니들 울음소리랑은 전혀 다르다 이 말이야."
닭은 자기가 '고기요'라고 울기 때문에 다른 동물들과는 다르다고 말했습니다. 황소와 개는 자신들이 하는 일을 깎아내리는 닭이 못마땅했을 것입니다. 내가 개라면 닭이 닭장으로 들어가서 쉬지 못하게 막았을 것입니다.

가이드의 읽을거리 ● 닭은 땅 위에서 생활하는 새입니다. 비록 날지는 못하더라도 예부터 태양의 새라 추켜세워지며, 천황(天皇), 지황(地皇), 인황(人皇)이라 불렸습니다. 덧붙여 설명하자면, 천황은 닭이 머리를 고고하게 쳐드는 데서 비롯됐고, 지황은 날개를 퍼덕거리는 데서, 인황은 꼬리를 치켜세우며 크게 우는 데서 유래했습니다. 우리의 옛 조상들은 예부터 닭을 신성조(神聖鳥)라 여긴 셈이지요.
이러한 저간의 사정을 아는지 닭은 머리를 꼿꼿하게 세우고 다른 동물들을 무시합니다. 종일 볕이나 쐬고 귀한 곡식을 오물오물 쪼아 먹는 닭에게 소와 개는 약이 오릅니다. 특히 개는 어떻게든 닭의 버릇을 고쳐 놓고 싶지만, 닭은 순식간에 도망가 버리는데요. 높다란 지붕 위까지 올라간 닭을 잡기는 여간 힘든 일이 아닙니다.
그러니 '닭 쫓던 개 지붕 쳐다' 봐야지 별 수 있나요. 주변에 닭처럼 얄미운 친구가 있는지 물어봐 주세요. 그리고 그 친구와 잘 지낼 수 있는 방법도 함께 이야기 나누어 보세요.

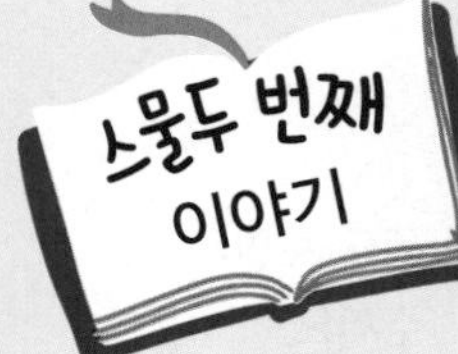

계란으로 바위 치기

지금으로부터 약 3천 년 전, 중국 전국시대에 묵자라는 인물이 살았어요. 묵자는 참사랑으로 혼란스러운 세상을 잠재울 수 있다고 믿었던 사상가이자 철학자였어요. 그는 사람들이 평등하게 서로 사랑하고 평화롭게 살아야 한다고 주장했어요.

묵자가 살던 당시 중국은 피 튀기는 전쟁이 끊이지 않았는데요. 전쟁으로 수많은 사람들이 죽고 남아 있는 사람들조차 집과 땅을 빼앗겨 고향을 떠나야 했어요. 묵자는 전쟁으로 피해를 입은 힘없는 백성들을 지켜보며, 더 이상 전쟁이 일어나서는 안 된다고 생각했지요.

하루는 묵자가 전쟁 후 폐허가 된 지역을 둘러보고 있을 때였어요. 한창 일을 해야 할 사람들은 피 흘리며 죽어 갔고, 부모를 잃은 아이들은 길거리에서 울고 있었어요. 집들은 죄다 불타 남아 있는 사람들도 앞으로 살아갈 길이 막막해 보였어요. 처참하기 이를 데 없는 모습을 보는 묵자의 두 눈에도 눈물이 고였어요.

'이대로 두어서는 안 돼. 어떻게든 전쟁을 막아야 해.'

묵자는 전쟁을 일으킨 북쪽 나라의 왕을 만나야겠다고 결심했어요. 그리고 곧장 북쪽을 향해 걸어갔어요. 한참을 걷는데 어디선가 자신을 향해 말하는 소리가 들려왔어요.

"더 이상 가지 마시오."

잠시 발걸음을 멈춘 묵자가 주위를 둘러보자 웬 나이든 노인 하나가 자신을 향해 말하는 게 아니겠어요.

"분명히 말하는데 더 이상 가지 말라고 했소."

묵자가 노인에게 말했어요.

"제가 어디를 가는 줄 알고 가지 말라고 하십니까?"

노인은 기다란 지팡이를 짚고는 자리를 털고 일어서며 묵자에게로 다가왔어요. 그리고 손에 든 지팡이로 북쪽 하늘을 가리키며 말했어요.

"저기 저 하늘을 보시오. 검은 기운이 가득하지 않소. 필시 나쁜 일이 생길 게 분명하오. 지금은 절대 북으로 가서는 안 된다오."

사실 노인은 점을 치는 점쟁이였어요. 묵자는 노인이 점쟁이라는 사실을 알고 난 후에도 가던 길을 멈출 생각이 없었어요. 오히려 발걸음을 재촉할 정도였지요. 노인은 자신의 말에도 아랑곳없이 길을 떠나는 묵자를 향해 혀를 끌끌 찼어요.

노인의 만류에도 묵자가 포기하지 않은 데는 모두 이유가 있었어요.

'서두르지 않으면 더 많은 사람들이 희생될 거야.'

묵자는 전쟁으로 인한 피해를 조금이라도 줄이려면 한시가 바쁘다고 여겼어요. 노인을 뒤로 한 묵자의 발걸음은 더욱 빨라졌어요. 하지만 이런 묵자도 자신의 뜻을 거둘 수밖에 없는 일이 일어났어요. 바로 물살이 너무나도 거센 강에 가로 막혔기 때문이지요.

묵자는 건널 수 없는 강 앞에서 끝내 발길을 돌려 왔던 길로 되돌아올 수밖에 없었어요. 아니나 다를까 북으로 가지 못하도록 말린 노인을 다시 만나게 되었지요.

"그것 보시게. 내가 가지 말라고 하지 않았소. 내 말을 듣지 않더니 헛수고만 했구려."

노인이 묵자를 비웃듯 말하자 묵자는 잠시 생각하다가 말문을 열었어요.

"당신의 말을 듣고 가던 길을 멈춘다면 천하에 길을 갈 수 있는 사람은 없을 것이오. 그러니 나를 비난하는 것은 계란으로 바위를 치는 것과 같소이다."

묵자는 남의 말을 듣고 쉽게 결정을 바꿀 수는 없다는 의미에서 이 같은 말을 했어요. 그 후로 '계란으로 바위 치기'는 아무리 애를 써도 도저히 바꿀 수 없는 경우에 쓰이게 되었답니다.

인물관계도 예시 답안

묵자는 노인이 남의 말을 듣고 쉽게 결정을 바꾸지 않던 자신을 비웃어서 기분이 상했습니다.

가이드 tip 질문의 의도

답변으로 나올 수 있는 4개의 문장은 주요 사건의 원인을 확인하고 제시된 속담에서 전하고자 하는 바가 무엇인지 알 수 있도록 구성되었습니다.

① 사건의 원인이 되는 문장 따라 쓰기 → ② 따라 쓴 문장 이후 상황을 이해하기 → ③ 등장인물의 생각 유추하기 → ④ 등장인물의 입장에서 상상하며 쓰기

를 통해 본문 속 주인공이 처한 상황과 속담이 나오게 된 유래를 이해할 수 있도록 지도해 주세요.

읽기 전 생각해 볼 것들

본문을 읽기 전 제목, 삽화 등을 보면서 본문의 내용을 유추하게 해 주세요.

1. 제목으로 나온 속담의 뜻과 본문의 내용을 미리 이야기해 볼까요.
2. 삽화를 보고 점쟁이 노인과 묵자 사이에 무슨 일이 있었는지 유추해 볼까요.
3. 본문에서 소개한 속담은 어떤 상황에서 쓰면 좋을지 생각해 볼까요.

참고하세요

본책 p.107 정답 예시

1 이야기와 만나는 문장 쓰기 사건의 원인이 되는 본문 속 문장을 따라 써 봅시다. (왼쪽 초록색 문장 따라 쓰기)

2 이해하는 문장 쓰기 묵자는 점쟁이 노인의 말에 어떻게 반응했는지 확인합니다.

예시 **묵자는 아랑곳하지 않고 북쪽으로 향했습니다.**

3 생각을 발견하는 문장 쓰기 묵자에 대한 점쟁이 노인의 생각을 유추합니다.

예시① **점쟁이 노인은 묵자가 고집불통이라고 생각했을 것입니다.**

예시② **점쟁이 노인은 자신의 말을 듣지 않은 묵자가 한심하다고 생각했을 것입니다.**

4 상상하는 문장 쓰기 내가 점쟁이 노인이라면 돌아온 묵자에게 무슨 말을 해 주었을지 상상해 봅니다.

예시① **내가 점쟁이 노인이라면 기회가 올 때까지 기다리는 게 좋겠다고 말하겠습니다.**

예시② **내가 점쟁이 노인이라면 사람의 힘으로 어쩔 수 없는 일도 있다고 말하겠습니다.**

모아쓰기 네 개의 문장을 이어서 하나의 문단을 완성합니다. 문장이 매끄럽게 연결되도록 적절한 접속어를 활용하게 도와주세요.

예시① **"지금은 절대 북으로 가서는 안 된다오."
(하지만) 묵자는 아랑곳하지 않고 북쪽으로 향했습니다. 점쟁이 노인은 묵자가 고집불통이라고 생각했을 것입니다. 내가 점쟁이 노인이라면 기회가 올 때까지 기다리는 게 좋겠다고 말하겠습니다.**

예시② **"지금은 절대 북으로 가서는 안 된다오."
(하지만) 묵자는 아랑곳하지 않고 북쪽으로 향했습니다. 점쟁이 노인은 자신의 말을 듣지 않은 묵자가 한심하다고 생각했을 것입니다. 내가 점쟁이 노인이라면 사람의 힘으로 어쩔 수 없는 일도 있다고 말하겠습니다.**

가이드의 읽을거리 ● 계란은 영양가가 풍부한 식품이지만, 쉽게 깨지는 껍질 때문에 연약함을 상징하기도 합니다. '계란으로 바위치기'는 계란으로 단단한 바위를 절대 깨트릴 수 없다는 의미인데요. 아주 약한 것으로 절대 부서지지 않을 강한 것에 대항하려는 무모함을 지적할 때 흔히 쓰입니다.

본문의 이야기는 묵자가 길흉을 점치는 일자라는 점쟁이를 만난 일화를 각색한 것입니다. 북방의 제나라로 향하는 묵자를 한사코 말렸지만 묵자는 그의 말을 듣지 않았습니다. 묵자는 일자의 말을 미신이라 여기며 꿋꿋이 길을 가지만 강이 범람하는 바람에 되돌아오지요. 일자는 되돌아온 묵자를 비웃었고, 화가 난 묵자가 "다른 사람의 말로 내 말을 부정하는 것은 계란으로 바위를 치는 것과 같다"라고 한 것에서 '이란투석(以卵投石)'이 쓰이게 되었답니다.

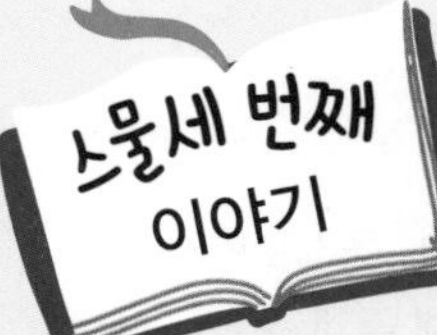

고양이 목에 방울 달기

조선 후기 학자인 홍만종이 쓴 《순오지》라는 책에 나오는 이야기예요. 홍만종은 이 책에 옛날부터 전해 내려오는 여러 가지 말과 떠도는 속담을 기록했는데요. '고양이 목에 방울 달기' 역시 《순오지》에 실린 또 하나의 이야기예요.

쥐들이 들끓던 어느 집에 쥐잡기로 유명한 고양이 한 마리가 들어왔어요. 쥐 때문에 골치를 앓던 주인에게 신세를 진 나그네가 남기고 간 선물이었지요. 나그네의 말대로 날쌔고 힘이 좋은 고양이는 쥐들이 눈에 띄는 족족 잡아 주인을 기쁘게 했어요.

무엇 하나 무서울 것 없이 살던 쥐들은 고양이의 등장에 잔뜩 긴장할 수밖에 없었어요. 곡식 창고에서 곡식을 훔쳐 먹던 일은 옛일이고, 이제는 시도 때도 없이 나타나는 고양이 때문에 옴짝달싹하지 못하는 신세가 되고 말았지요.

견디다 못한 쥐들이 모여서 긴급 회의를 열었어요.

"쫄쫄 굶은 지 벌써 나흘이 지났어요."

"밥이 뭐예요. 목숨을 부지하는 것만도 일인걸요."

여기저기서 불평이 쏟아졌어요.

"이래 가지고는 도저히 살 수 없어요. 뭔가 방법을 찾아야 해요."

"맞아요!"

쥐들이 일제히 회의를 진행하는 우두머리 쥐를 쳐다보았어요. 우두머리 쥐는 그제야 일어나 쥐들을 향해 말했어요.

"좋소. 자, 그럼 어떤 방법이 좋을지 각자 생각을 얘기해 보도록 합시다."

우두머리 쥐는 말을 끝내고 쥐들을 쳐다보았어요. 웅성웅성 말소리가 들리기는 했지만 아무도 손을 들고 자신 있게 의견을 말하지는 못했어요.

그때였어요. 키 작고 가장 나이 어린 쥐가 조심스레 손을 들었어요. 모두들 쳐다보는 가운데, 우두머리 쥐가 어린 쥐에게 고개를 끄덕여 보였어요.

"제게 좋은 생각이 있어요."

"어디 말해 보거라."

우두머리 쥐의 말에 용기를 얻은 어린 쥐는 차근차근 자신의 생각을 말했어요.

"고양이 목에 방울을 다는 거예요. 고양이 목에 방울을 달면 고양이가 움직일 때마다 방울 소리가 날 테니 미리 피할 수 있잖아요."

어린 쥐의 말에 나머지 쥐들은 모두 좋은 생각이라며 감탄했어요. 이제는 고양이를 두려워하지 않아도 된다면서 너도 나도 잔뜩 들떴지요. 딱 한 마리의 쥐만 빼고 말이에요. 한쪽에서 이 모습을 지켜보던 늙은 쥐가 힘겹게 일어나 말했어요.

"그럼 누가 고양이 목에 방울을 달 것이오?"

늙은 쥐의 말에 회의장은 찬물을 끼얹은 듯 조용해졌어요. 쥐들은 그제야 고양이 목에 방울을 달면 모든 문제가 해결될 거라고만 생각했지, 누가 고양이 목에 방울을 달 것인지에 대해서는 미처 생각지 못했다는 사실을 깨달았어요.

한참을 기다렸지만 서로 눈치만 볼 뿐 앞장서서 해 보겠다는 쥐가 없었어요. 그도 그럴 것이 아무리 재빠른 쥐라고 하더라도 고양이 목에 방울을 달기는커녕 근처에만 가도 잡아먹힐 것이 뻔했거든요.

결국 쥐들의 회의는 아무 소득도 없이 끝이 났고, 쥐들은 이후로도 쭉 고양이 앞에서 꼼짝없이 잡아먹히거나 도망갈 수밖에 없었다고 하네요.

'고양이 목에 방울 달기'는 이처럼 실행하기 어려운 일을 공연히 의논할 때 쓰는 속담이랍니다.

인물관계도 예시 답안

아무리 좋은 방법이라고 해도 고양이 목에 방울을 달겠다는 쥐가 있을 리는 없기 때문입니다.

가이드 tip 질문의 의도

답변으로 나올 수 있는 4개의 문장은 핵심 문장 속 문제 해결 방법을 확인하고, 속담의 유래를 이해할 수 있도록 구성되었습니다.

> ① 핵심 문장 따라 쓰기 → ② 어려운 해결책에 대한 쥐들의 반응 확인하기 → ③ 늙은 쥐의 생각 유추하기 → ④ 다른 쥐의 입장에서 상상하며 쓰기

를 통해 본문 속 쥐들의 말과 그로 인해 생겨난 속담을 연결할 수 있도록 지도해 주세요.

읽기 전 생각해 볼 것들

본문을 읽기 전 제목, 삽화 등을 보면서 본문의 내용을 유추하게 해 주세요.

1. 제목으로 나온 속담의 뜻과 본문의 내용을 미리 이야기해 볼까요.
2. 삽화를 보고 쥐들이 모여서 어떤 이야기를 하고 있는지 유추해 볼까요.
3. 본문에서 소개된 속담이 쓰이는 상황을 생각해 볼까요.

참고하세요

본책 p.111 정답 예시

1 이야기와 만나는 문장 쓰기 이야기의 핵심이 되는 본문 속 문장을 따라 써 봅시다. (왼쪽 초록색 문장 따라 쓰기)

2 이해하는 문장 쓰기 늙은 쥐의 질문에 다른 쥐들은 어떻게 반응했는지 확인합니다.

예시 **나머지 쥐들은 늙은 쥐의 질문에 아무 대답도 하지 못했습니다.**

3 생각을 발견하는 문장 쓰기 늙은 쥐는 다른 쥐들의 의견에 대해 어떻게 생각했을지 유추합니다.

예시 1 **늙은 쥐는 해내지도 못할 일에 대해 흥분한 쥐들이 한심하다고 생각했을 것입니다.**
예시 2 **늙은 쥐는 실제로는 이루어질 수 없는 일에 기뻐한 쥐들이 어리석다고 생각했을 것입니다.**

4 상상하는 문장 쓰기 내가 또 다른 쥐라면 같은 상황에서 어떤 말을 했을지 상상해 봅니다.

예시 1 **내가 또 다른 쥐라면 돌아가면서 보초를 서자고 할 것입니다.**
예시 2 **내가 또 다른 쥐라면 다 같이 힘을 합쳐서 방울 달기를 시도해 보자고 할 것입니다.**

모아쓰기 네 개의 문장을 이어서 하나의 문단을 완성합니다. 문장이 매끄럽게 연결되도록 적절한 접속어를 활용하게 도와주세요.

예시 1 **"그럼 누가 고양이 목에 방울을 달 것이오?"**
나머지 쥐들은 늙은 쥐의 질문에 아무 대답도 하지 못했습니다. 늙은 쥐는 해내지도 못할 일에 대해 흥분한 쥐들이 한심하다고 생각했을 것입니다. 내가 또 다른 쥐라면 돌아가면서 보초를 서자고 할 것입니다.

예시 2 **"그럼 누가 고양이 목에 방울을 달 것이오?"**
나머지 쥐들은 늙은 쥐의 질문에 아무 대답도 하지 못했습니다. 늙은 쥐는 실제로는 이루어질 수 없는 일에 기뻐한 쥐들이 어리석다고 생각했을 것입니다. (하지만) 내가 또 다른 쥐라면 다 같이 힘을 합쳐서 방울 달기를 시도해 보자고 할 것입니다.

가이드의 읽을거리 ● '고양이 목에 방울 달기'는 전 세계적으로 많이 알려진 이야기입니다. 같은 이야기가 비슷한 시기에 발간된 《이솝우화》와 《라퐁텐 우화집》에도 수록되어 있으니까요. 우리나라는 1678년에 홍만종이 쓴 《순오지》라는 책에서 '묘항현령(猫項懸鈴)'이라는 제목으로 소개되었습니다. 아마도 하나의 이야기가 전 세계 이곳저곳으로 퍼져 나간 듯합니다.
이 속담의 의미는 크게 두 가지로 볼 수 있습니다. 하나는 현실적으로 불가능한 일에 의견을 나누는 일의 허망함이고 또 하나는 모두를 위해 필요한 일이지만 그것을 해낼 만한 용기 있는 사람을 찾기 어렵다는 뜻입니다. 앞의 해석은 되지 않을 일을 논의하는 건 시간 낭비라는 입장이고, 뒤의 해석은 문제를 해결할 영웅이 없다는 것에 대한 한탄에 가깝습니다.
'고양이 목에 방울 달기'라는 말과 어울리는 두 가지의 상황을 경험한 적이 있나요? 그때가 언제였는지, 또 어떤 의미에서 그렇게 생각하는지를 아이와 함께 이야기해 보세요.

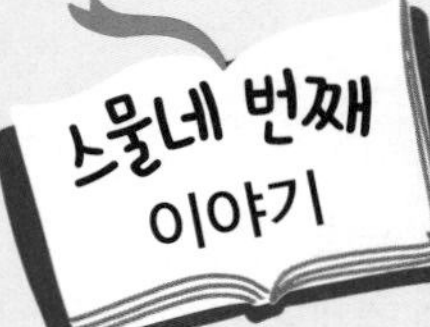

보고 못 먹는 것은 그림의 떡

오랜 옛날 중국이 위, 촉, 오 세 개의 나라로 나뉜 때를 삼국시대라고 하는데요. 이번 이야기는 삼국시대 위나라에서 있었던 일이에요. 위나라에는 노육이라는 재주가 매우 뛰어난 사람이 살았어요. 노육은 고작 열 살에 충신이었던 아버지를 여의고, 어른이 되어서는 전쟁 때문에 두 형을 잃었어요. 그럼에도 홀로 된 형수와 조카들을 돌보는 데 온 힘을 다하며, 늘 정직하고 성실해서 많은 사람들이 그를 우러러 보았답니다. 노육의 진실함을 익히 알고 있던 위나라 왕 조예는 인재를 뽑는 가장 높은 자리에 그를 임명했어요.

"우리나라를 장차 이끌어 갈 인재를 뽑는 일이 자네의 두 어깨에 달려 있네."

조예의 말에 노육이 머리를 조아리며 대답했어요.

"깊이 새겨 그르침이 없도록 하겠습니다."

조예는 흡족한 표정으로 말을 이었어요.

"자네도 잘 알겠지만 인재를 가려 뽑을 때는 그 명성만 보아서는 안 되네. 명성이란 한낱 쓸데없는 거품과도 같은 것이니 말일세."

하지만 노육의 생각은 조금 달랐어요. 그리고 왕 앞에서도 자신의 생각을 말하는 데 주저하지 않았지요.

"허나 기왕이면 유명한 사람이 낫지 않겠습니까?"

조예는 노육의 말에 고개를 가로저으며 말했어요.

"사람들이 말하는 명성이란 그림의 떡과 같아서 보면서도 먹지 못하지 않는가."

조예는 명성이 높은 사람을 뽑을 경우 윗사람인 노육의 말을 잘 들으려하지 않을 수 있다고 생각한 것이지요. 노육은 조예의 말을 곧바로 알아듣고 미소를 지으며 답했어요.

"물론입니다. 명성만으로는 그 사람이 인재인지를 확실히 판단할 수 없지요. 하지만 학문과 행실이 높아서 명성을 얻게 된 것이므로 이는 미워할 바가 아니지 않습니까? 그리고 시험으로 인재를 뽑지 않는 상황에서 명성에 따라 인재를 뽑지 않는다면 무엇을 기준으로 인재를 뽑을 수 있겠습니까?"

"그럼 어찌하면 좋겠는가?"

조예의 물음에 노육은 잠시 쉬었다가 말을 이었어요.

"시험을 통해 그들의 재능을 확인하면 어떻겠습니까?"

조예는 생각에 잠겼어요. 노육의 말대로 위나라에서는 일찍이 시험 제도가 폐지되어 결국 명성에 따라 인재를 뽑을 수밖에 없는 상황이었거든요.

"허면 시험 제도를 다시 만들어야 한다는 말인가?"

"그렇습니다. 시험 제도가 없어 누군가를 비방하고 칭찬함으로써 그 사람의 앞길이 결정되고 있습니다. 진짜와 가짜가 뒤섞여 있고 누가 나라를 위해 일하는지 시시비비를 가리기 어려운 형편입니다."

노육의 솔직한 말에 조예는 잠시 할 말을 잃었어요. 시험 제도를 다시 만드는 건 인재를 뽑는 제도에 문제가 있다는 사실을 스스로 고백하는 꼴이었기 때문이었지요.

"좋다. 시험 제도를 다시 시행하도록 하라."

고민 끝에 조예는 노육의 말에 따라 나라의 인재를 뽑기 위해 시험을 치르도록 허락했어요. 노육은 조예의 뜻에 따라 시험 제도를 다시 만들어 실력 있는 인재들을 뽑았고 이들은 나라를 위해 열심히 일했어요.

이처럼 '보고 못 먹는 것은 그림의 떡'은 명성에 따라 인재를 뽑을 때 생길 수 있는 단점에 대한 조예의 말에서 유래한 것이랍니다. 긴 속담을 줄여서 주로 '그림의 떡'이라는 표현을 쓰기도 합니다.

인물관계도 예시 답안

명성이 그림의 떡이라면, 인재를 뽑을 수 있는 기준이 시험 제도밖에 없다고 생각했기 때문입니다.

가이드 tip 질문의 의도

답변으로 나올 수 있는 4개의 문장은 본문의 속담이 나오게 된 배경을 확인하고, 제시된 속담의 유래를 알 수 있도록 구성되었습니다.

① 핵심 문장 따라 쓰기 → ② 명성에 따른 인재 선발 부작용 이해하기 → ③ 시험 제도를 되살리자는 이유 유추하기 → ④ 신하의 입장에서 상상하며 쓰기

를 통해 짧은 관형구에 원래는 어떤 의미가 담겨 있는지 이해할 수 있도록 지도해 주세요.

읽기 전 생각해 볼 것들

본문을 읽기 전 제목, 삽화 등을 보면서 본문의 내용을 유추하게 해 주세요.

1. 제목으로 나온 속담의 뜻과 본문의 내용을 미리 이야기해 볼까요.
2. 삽화를 보고 두 사람은 어떤 관계인지 유추해 볼까요.
3. 본문에서 소개한 속담은 어떤 상황에서 쓰면 좋을지 생각해 볼까요.

참고하세요

본책 p.115 정답 예시

1 이야기와 만나는 문장 쓰기 이야기의 핵심이 되는 본문 속 문장을 따라 써 봅시다. (왼쪽 초록색 문장 따라 쓰기)

2 이해하는 문장 쓰기 조예가 명성이 있는 인재의 단점이 무엇이라고 했는지 확인합니다.

예시 조예는 명성이 높은 사람은 노육의 말을 잘 듣지 않을 거라고 생각했습니다.

3 생각을 발견하는 문장 쓰기 시험 제도를 되살리자고 한 노육의 속뜻이 무엇인지 유추합니다.

예시① 노육은 시험 제도를 되살리면 실력 있는 인재를 뽑을 수 있을 거라고 생각했습니다.
예시② 노육은 시험 제도가 있으면 명성에 따라 인재를 채용하지 않아도 된다고 생각했습니다.

4 상상하는 문장 쓰기 내가 노육이 아닌 다른 신하라면 어떤 방법으로 인재를 뽑자고 했을지 상상해 봅니다.

예시① 내가 신하라면 명성과 시험을 같이 보자고 말했을 것입니다.
예시② 내가 신하라면 일단 몇 달 정도 같이 일해 본 다음에 뽑을지를 결정하자고 했을 것입니다.

모아쓰기 네 개의 문장을 이어서 하나의 문단을 완성합니다.

예시① "사람들이 말하는 명성이란 그림의 떡과 같아서 보면서도 먹지 못하지 않는가."
조예는 명성이 높은 사람은 노육의 말을 잘 듣지 않을 거라고 생각했습니다. 노육은 시험 제도를 되살리면 실력 있는 인재를 뽑을 수 있을 거라고 생각했습니다. 내가 신하라면 명성과 시험을 같이 보자고 말했을 것입니다.

예시② "사람들이 말하는 명성이란 그림의 떡과 같아서 보면서도 먹지 못하지 않는가."
조예는 명성이 높은 사람은 노육의 말을 잘 듣지 않을 거라고 생각했습니다. 노육은 시험 제도가 있으면 명성에 따라 인재를 채용하지 않아도 된다고 생각했습니다. 내가 신하라면 일단 몇 달 정도 같이 일해 본 다음에 뽑을지를 결정하자고 했을 것입니다.

가이드의 읽을거리 ● 화병 또는 화중지병(畵中之餠)은 《삼국지》에서 가장 먼저 찾아볼 수 있습니다. 본문처럼 위나라 왕인 조예와 노육의 대화에서 유래했지요. 우리나라에서는 '그림의 떡'이라는 말로 흔히 사용됩니다.
'그림의 떡'과 관련해서는 또 다른 이야기가 전해집니다. 옛날에 학문이 뛰어난 선비가 벼슬에 오르지 못하고 가난하게 살고 있었는데, 마침 설날이 되어 가족이 모였습니다. 마을 아이들은 곱게 옷을 입고 떡을 들고 다니며 먹는데, 누더기 옷을 입은 선비의 아이들은 그저 다른 아이들을 쳐다볼 수밖에 없었답니다. 이를 본 선비가 종이 위에 떡을 그려 방바닥에 놓고는 아이들을 불러 떡을 먹자고 했습니다. 선비의 가족은 그림의 떡을 먹는 시늉을 하며 펑펑 울어 버렸는데, 후에 관직에 나간 선비는 이 일을 생각하며 어려운 이들을 도왔다는 이야기입니다.

스물다섯 번째 이야기

사람은 죽으면 이름을 남기고 호랑이는 죽으면 가죽을 남긴다

오래 전 중국 양나라 시절에 있었던 일이에요. 양나라에는 왕언장이라는 싸움 잘 하기로 유명한 장군이 있었는데요. 그는 늘 쇠창을 들고 싸워서 '왕철창'이라고도 불렸어요. 왕언장은 어찌나 우직하고 실력이 출중했던지 양나라를 공격한 당나라 황제까지도 그를 자기편으로 만들고 싶어 할 정도였지요.

하지만 정작 양나라의 왕은 왕언장의 충성을 의심하며 탐탁지 않게 여겼어요. 게다가 왕의 주변을 떠나지 않는 간신들은 그를 끊임없이 모함하기도 했지요. 왕언장은 본래 병사 출신이었기에 글을 배우지 못했어요. 그때만 해도 보통 사람이나 병사들은 글을 배울 기회가 없었기 때문이에요. 그럼에도 왕언장은 주위 사람들에게 책을 읽도록 시키고 옆에서 귀 기울여 듣는 일을 즐겨 했어요.

왕언장이 간신의 모함으로 장군 자리에서 쫓겨났을 때의 일이에요. 이날도 왕언장은 주변 사람을 시켜 책 읽기를 청해 듣고 있었어요.

"사람은 죽으면 이름을 남기고 호랑이는 죽으면 가죽을 남긴다."

"잠깐!"

왕언장은 책을 읽는 도중에 말을 끊고 잠시 생각에 잠겼어요.

'사람은 죽으면 이름을 남기고 호랑이는 죽으면 가죽을 남긴다? 그래. 맞아. 짐승도 가죽을 남기는데 만물의 영장인 사람으로 태어났다면 훌륭한 일을 해서 이름을 남겨야 하는 거야. 이 말을 죽을 때까지 잊지 않아야겠다.'

책에서 나온 말에 깊이 감명을 받은 왕언장은 속으로 죽기 전까지 그 말을 잊지 않겠다고 맹세했어요.

한편, 양나라는 시간이 지날수록 혼란스러워졌어요. 서로 왕을 차지하려는 형제간 싸움이 그치지 않았고, 신하들도 권력을 차지하기 위해 온갖 나쁜 짓을 일삼았어요. 민심은 흉흉해지고 나라의 앞날은 바람 앞의 등불처럼 위태로웠지요. 이때를 틈타 당나라가 양나라를 쳐들어왔어요. 다급해진 양나라 왕은 쫓아냈던 왕언장을 다시 불러들여 장군 자리에 앉혔어요.

왕언장은 늘 그랬듯 누구보다 앞장서서 전투에 임했어요. 용감무쌍한 왕언장의 활약에 양나라 군사들의 사기도 올라갔어요. 하지만 왕언장과 군사들이 아무리 애를 써도 쓰러져 가는 양나라를 일으키기에는 역부족이었어요. 게다가 어마어마한 군사력을 자랑하는 당나라 앞에 양나라가 무너지는 것은 시간문제였지요. 결국 치열한 전투 끝에 왕언장이 당나라 군사에 붙잡혀 황제 앞에 끌려가게 되었어요. 당나라 황제는 왕언장에게 부드러운 목소리로 달래며 말했어요.

"내 특별히 너를 보자고 한 까닭이 있다."

"……."

"양나라는 이제 역사 속으로 사라질 것이다. 너의 충성심과 용맹함은 익히 들어 알고 있다. 당나라는 너와 같은 인재에게 언제나 문을 열어 두고 있다. 나와 함께 하는 게 어떻겠느냐?"

당나라 황제의 제안에 왕언장은 표정 하나 바꾸지 않고 대답했어요.

"아침에는 양나라를, 저녁에는 당나라를 섬긴다면 살아서 무슨 면목으로 세상 사람들을 대하겠느냐?"

죽음 앞에서도 당당한 왕언장의 태도는 황제를 비롯한 당나라 신하들에게 강한 인상을 남겼어요. 왕언장은 끝내 사형을 당하고 말았지만, '사람은 죽으면 이름을 남기고 호랑이는 죽으면 가죽을 남긴다'라는 말처럼 그의 이름은 지금까지도 사람들의 입에 오르내리고 있답니다.

인물관계도 예시 답안

양나라를 섬겼다가 또 당나라를 섬긴다면
사람으로서 이름을 남길 수 없었기 때문입니다.

가이드 tip 질문의 의도

답변으로 나올 수 있는 4개의 문장은 본문의 핵심 문장을 확인하고, 이름을 남기는 것이 어떤 의미인지 이해할 수 있도록 구성되었습니다.

① 핵심 문장 따라 쓰기 → ② 왕언장의 다짐 확인하기 → ③ 당나라 황제의 생각 유추하기 → ④ 당나라 황제의 입장에서 상상하며 쓰기

를 통해 본문 속 인물들의 말과 행동이 어떤 가치를 담고 있는지 생각할 수 있도록 지도해 주세요.

읽기 전 생각해 볼 것들

본문을 읽기 전 제목, 삽화 등을 보면서 본문의 내용을 유추하게 해 주세요.

1. 제목으로 나온 속담의 뜻과 본문의 내용을 미리 이야기해 볼까요.
2. 삽화를 보고 훗날 이름을 남기게 될 주인공이 누구일지 유추해 볼까요.
3. 본문에서 소개된 속담을 어떤 상황에서 쓰면 좋을지 생각해 볼까요.

참고하세요 본책 p.119 정답 예시

1 이야기와 만나는 문장 쓰기 이야기의 핵심이 되는 본문 속 문장을 따라 써 봅시다. (왼쪽 초록색 문장 따라 쓰기)

2 이해하는 문장 쓰기 왕언장이 무엇을 맹세했는지 확인합니다.

예시 왕언장은 훌륭한 일을 해서 이름을 남기겠다고 맹세했습니다.

3 생각을 발견하는 문장 쓰기 당나라 황제가 왕언장을 어떻게 생각했을지 유추합니다.

예시 ① 당나라 황제는 왕언장이 끝까지 충성을 다하는 존경할 만한 사람이라고 생각했을 것입니다.

예시 ② 당나라 황제는 왕언장이 이익보다 명예를 중요하게 여기는 사람이라고 생각했을 것입니다.

4 상상하는 문장 쓰기 내가 당나라 황제라면 어떤 말을 했을지 상상해 봅니다다.

예시 ① 내가 당나라 황제라면 신하들에게 왕언장을 본받으라고 말했을 것입니다.

예시 ② 내가 당나라 황제라면 당나라로 와서 싸우더라도 이름을 남길 방법은 있을 거라고 설득했을 것입니다.

모아쓰기 네 개의 문장을 이어서 하나의 문단을 완성합니다.

예시 ① "사람은 죽으면 이름을 남기고 호랑이는 죽으면 가죽을 남긴다."
왕언장은 훌륭한 일을 해서 이름을 남기겠다고 맹세했습니다. 당나라 황제는 왕언장이 끝까지 충성을 다하는 존경할 만한 사람이라고 생각했을 것입니다. 내가 당나라 황제라면 신하들에게 왕언장을 본받으라고 말했을 것입니다.

예시 ② "사람은 죽으면 이름을 남기고 호랑이는 죽으면 가죽을 남긴다."
왕언장은 훌륭한 일을 해서 이름을 남기겠다고 맹세했습니다. 당나라 황제는 왕언장이 이익보다 명예를 중요하게 여기는 사람이라고 생각했을 것입니다. 내가 당나라 황제라면 당나라로 와서 싸우더라도 이름을 남길 방법은 있을 거라고 설득했을 것입니다.

가이드의 읽을거리 ● 왕언장이 살았던 중국의 5대 10국 시대는 중국 역사에 있어서 가장 큰 혼란기로 평가됩니다. 5대는 다섯 왕조를, 10국은 지방 정권을 뜻하는데, 양나라와 당나라는 이 5대 왕조에 포함된 나라였습니다.
양나라의 왕언장은 병사로 들어가서 전투마다 큰 공을 세워 장수가 되었는데요. 성격이 강직하고 곧은 탓에 왕에게 미움을 받았습니다. 간신들도 그를 모함했지요. 무수한 공을 세우고도 제대로 대접하지 못하며 한직에 물러나 있던 왕언장은 본문의 이야기처럼 '사람은 죽으면 이름을 남기고 호랑이는 죽으면 가죽을 남긴다'라는 말을 알게 된 뒤 그 말을 평생 따르고 살 것이라 맹세합니다. 당나라 황제가 왕언장에게 손을 내민 것은 살아 돌아가더라도 포로가 된 이상, 죽임을 당할 수밖에 없는 그의 운명을 안타까워했기 때문일 것입니다.

기억하고 있나요? 정답

1장

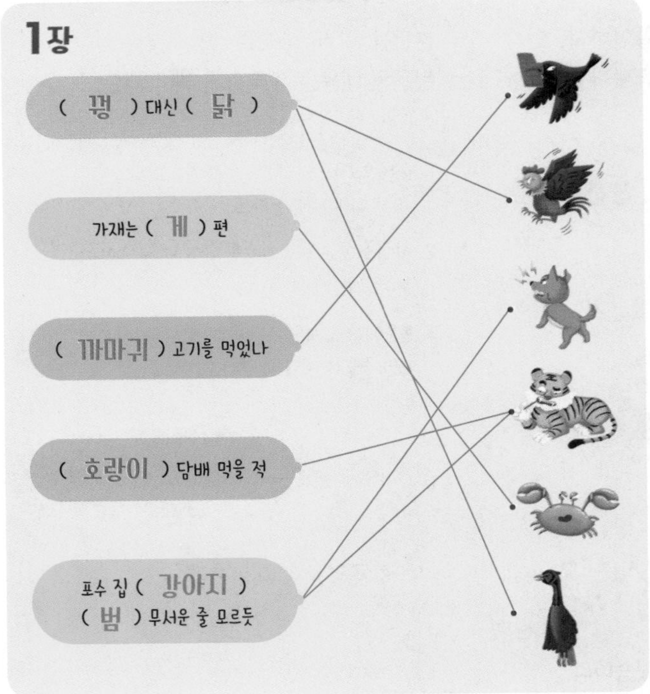

2장

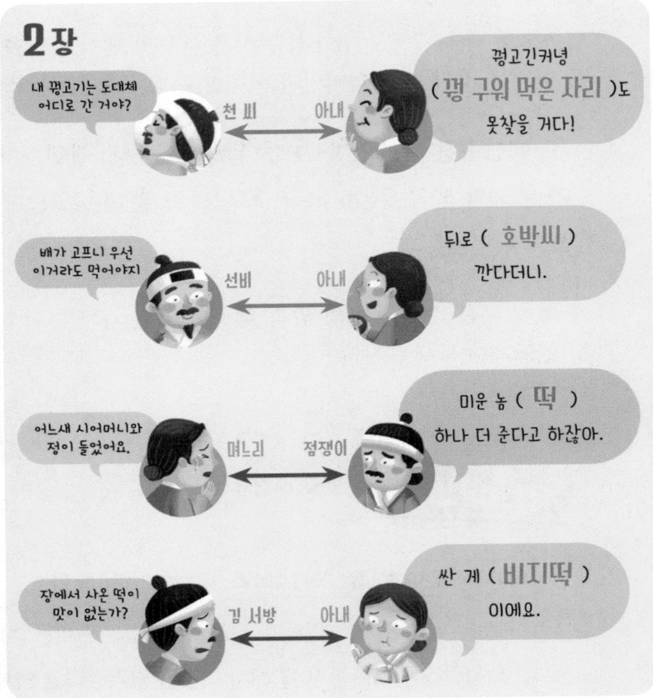

3장

1병	2자	초	지	종
4주	환	5증	6신	수
먹	3독	조	7여	선
구	름	부	념	생
구	8대	들	보	님

4장

5장

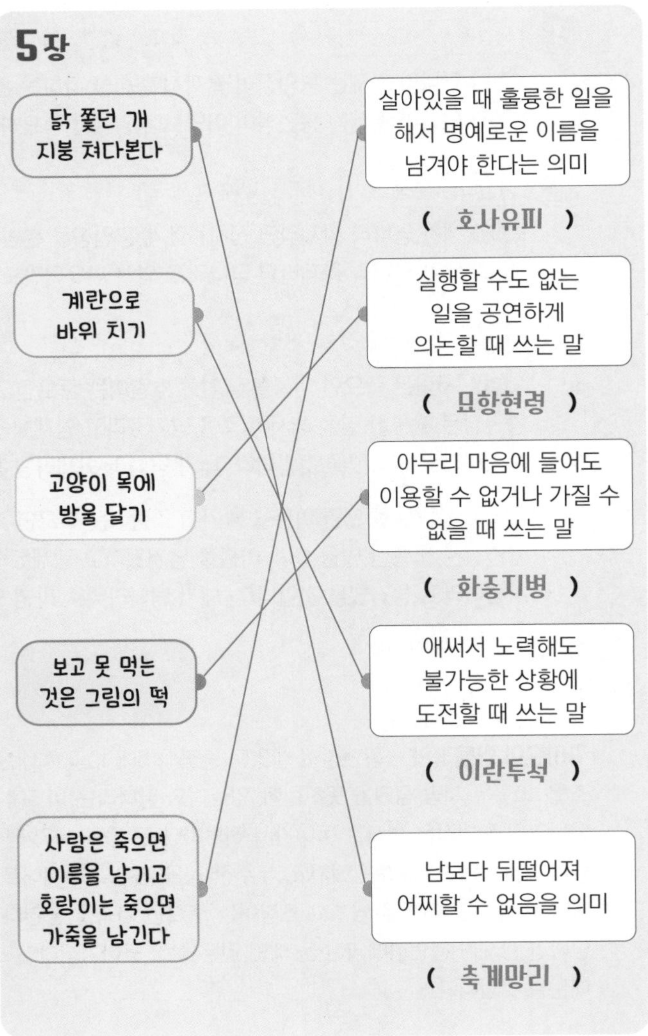